도서출판 대장간은
쇠를 달구어 연장을 만들듯이
생각을 다듬어 기독교 가치관을
바르게 세우는 곳입니다.

대장간이란 이름에는
사라져가는 복음의 능력을 되살리고,
낡은 것을 새롭게 풀무질하며, 잘못된 것을
바로 세우겠다는 의지가 담겨져 있습니다.

www.daejanggan.org

캐서린 켈러,

인류세의 얽힌 희망의 타래를 풀어가다

지은이 캐서린 켈러, 김은혜, 김수연, 송용섭, 박일준
옮긴이 박일준
초판발행 2024년 2월 9일

펴낸이 배용하
책임편집 배용하
등록 제364-2008-000013호
펴낸 곳 **도서출판 대장간**
www.daejanggan.org
등록한 곳 충청남도 논산시 가야곡면 매죽헌로1176번길 8-54
편집부 전화 (041) 742-1424
영업부 전화 (041) 742-1424 전송 0303-0959-1424

분류 기독교 | 신학 | 생태 | 정치
ISBN 978-89-7071-651-0 03230

값 15,000원

캐서린 켈러

인류세의 얽힌 희망의 타래를 풀어가다

캐서린 켈러, 김은혜, 김수연, 송용섭, 박일준
같이 지음

박 일 준 옮김

이 저서는 2022년도 한국연구재단의 국제협력사업의 지원을 받아 연구되었음.
(과제번호)(NRF-2022K2A9A1A01098041)

차례

1부•캐서린 켈러, 얽힌 희망의 타래를 풀어가는 생태-사물-정치-신학 이야기

2부•한국적 생태정치신학과의 만남과 대화

1부
캐서린 켈러,
얽힌 희망의 타래를 풀어가는 생태-사물-정치-신학 이야기

캐서린 켈러

얽힌 희망의 타래를 풀다

트랜스페미니스트 신학의 불/가능성[1]

희망과 믿음의 역설적 얽힘

이 글이 단순히 몇 가지 유용한 생각들을 공유하는데 그치지 않고, 더 나아가 서로의 삶과 현실과 세계 속에서 우리가 서로 얽혀있다는entangled 2 느낌, 즉 그 의미를 상상할 수 있게 만들어 줄 수 있기를 바란다. 그리고 그 느낌이 희망적인 느낌이길 희망한다.

이것은 약간 순환적이다, 그렇지 않은가?—희망을 희망하다니! 아마도 이 말은 현재 순간에 대해서 그리고 이 현재순간이 지구적으로 순환하며 얽혀있음에 대하여 무언가를 말하는 듯하다. 기독교인으로서 우리는 오랫동안 희망을 말하는 습벽의 방식이 있다; 바울 이래로 우리는 우리의 신앙과 사랑을 희망과 동떨어진 것으로 말하지 않는다. 그런데 이는 희망이라는 것에 도리어 매우 도전적

1) 본 강연문은 2017년 10월23일 감리교신학대학과 10월24일 장로회신학대학교에서 열린 "신학과 페미니즘의 대화"의 원고를 본서의 출판 의도와 규칙에 맞게 수정한 것임을 일러둔다.

2) 역주: entanglement는 얽혀있다는 단순한 개념이기 보다는 물리학의 "양자중첩" 혹은 "양자얽힘"(quantum entanglement)로부터 유래하는 말로서, 분명한 인과관계로 설명할 수 없는 관계성의 작용이 존재하는 차원을 가리키는 말이다. 켈러는 이 말을 지속적으로 이런 의미에서 사용함을 유념해야 한다.

인 순간이다. 신앙과 희망의 역설적이고도 얽힌 관계, 그렇지 않은가?

한 공상과학 작가는 뉴욕 타임스에 '허리케인, 홍수, 화재 이 모든 것이 묵시적 종말의 때를 위한 최종 리허설이라고 생각하는 당신을 용서할 것이다'는 제목의 내용을 기고했다. 이것은 세속적 역설이다. 왜냐하면 묵시적 종말apocalypse은 미국에서 기독교 근본주의 우익과 동일시되기 때문이다. 그러나 어떤 기독교인도 지금의 극단적인 지구 상황을 간단히 무시할 수 없다. 핵, 생태, 정치 분야의 극단적 상황... 여기에 특별히 한국인들이 핵무기에 의한 대량살상의 위협에 갑자기 다시 직면하게 된 상황3이 얼마나 터무니없는지 상기시킬 필요는 없을 것이다. 나는 그런 일이 일어날 것이라고 생각하지 않지만, 여기서 희망이 시험받고 있다고 생각한다.

동시에 지구행성은 지구 온난화의 명백한 징후들로 고통받고 있다: 지구 경제가 탄소 연료 시스템에서 하차하든지 아니면 모든 미래 세대가 파멸되든지 할 것이다. 그리고 지금 파리기후회담이 최선으로 구축한 현실적인 희망이 짓밟히고trumped 있다. 여기에 사용된 동사 '짓밟다' 즉 trump는 이제 묵시 종말론적 의미를 갖는다!4

인종차별주의와 성차별주의 그리고 이성애주의의 해로운 결합을 여러분에게 굳이 상기시킬 필요는 없을 것이다! 미국의 민주주의를 짓밟고 유럽 일부 지역을 위협하는 반이민 백인 국가주의5는 자체 안에 국제적 네오파시즘이 될 위험을 담지하고 있다. 묵시적 종말을 위한 최종 리허설에서 이민자 반대를 천명

3) 역주: 2017년부터 2018년 사이 북한은 여러 핵무기 발사실험들을 진행하면서, 당시 미국 대통령 도널드 트럼프와 핵 위험 설전을 벌인 일이 있었다. 본 원고는 그런 시대적 상황을 배경으로 하고 있다.

4) 역주: 도널드 트럼프 대통령 재임시절 쓰여진 원고임을 기억하면, 왜 trump라는 단어가 사용되는지 이해할 수 있다.

5) 역주: nationalism은 맥락에 따라 '국수주의', '민족주의' 혹은 '국가주의'로 번역될 수 있는데, 이는 우리의 근대적 국가 개념이 '민족-국가'(nation-state)로부터 출발하기 때문이다.

한 백인 국가주의는 7개의 머리를 가진 짐승의 역할을 할 수 있다. 이 모든 것이 함께 위험한 결합을 구성한다. 그렇게 우리의 희망은 진정으로 취약한 세계 속에 복잡하게 얽혀 있다.entangled!

따라서 아프리카계 비관론자들Afropessimists6처럼, 급진적인 사상가들조차도 희망을 포기하는 것은 놀라운 일이 아니다. 한국을 비롯한 세계 곳곳에서 불의를 폭로하는데 헌신한 미구엘 데 라 토레스Miguel de la Toress와 같은 신학자조차 이런 길로 나아가고 있다. 그는 『절망을 품기』*Embracing Hopelessness*라는 책을 최근 출간했다. 그는 희망이 없는 사람들을 위해 이 책을 썼다. 그는 희망이 그저 기분전환, 실망, 초자연주의자의 거짓말에 불과하다고 생각한다. 그래서 그는 사람들이 "아무 것도 잃을 것이 없는" 상황에 이르러야만 한다고 생각한다. 그런 후에라야 사람들은 폭발하여, 더 나은 세상을 위한 잠정적인 차이를 만들어내고자 할 것이다. 그는 "모든 것이 헛되다"는 전도서의 구절로 그 책을 시작한다.

우리는 이 비판적 절망에 대한 급진적인 목소리들을 진지하게 들어야만 한다고 생각한다. 그렇지 않으면 나의 희망 이야기는 전혀 진실되게 들리지 않을 것이다. 오히려 희망은 쉽사리 단순한 낙관주의로 퇴행한다. 그저 우리 스스로 더 좋은 느낌을 갖게 하는데만 치중하면서 말이다. 이런 상황에서 극심하게 파괴된 동아프리카 지역 출신의 신학자 에마뉘엘 카통굴레Emmanuel Katongole와의 만남은 아주 의미심장하다. 나는 최근 그의 책을 가지고 수업을 했다.—『저항으로서 탄식: 아프리카를 위한 희망의 신학』*Lament as Protest: a Theology of Hope for Africa* 그는 감당키 어려운 고통을 겪은 콩고와 우간다와 르완다의 공동체들에게 희망이 지속되는 이유에 대해서 의아해하면서, 예레미야 애가의 시편들을 포함하여 불의

6) 역주: 흑인 인권운동에 적극적으로 참여하며 사회변혁을 꿈꾸지만, 사회변혁에 대해서 희망보다는 비관적 절망이 가득 찬 이들을 가리키는 말이다. 이는 미국 내 아프리카계 구성원들이 처한 절망적인 현실을 반영한다.

한 고난 앞에서 엄청난 슬픔과 분노를 표출하는 다른 성서 본문을 연구했다. 그는 불가능한 것을 앞에 두고 탄식하는 일이야말로 희망을 가능케 하는 일이라는 사실을 깨닫는다. 즉 탄식이야말로 진정한 희망의 씨앗인 것이다.

희망의 성서적 의미에 관해 생각하면서, 유대인 페미니스트 성서학자인 내 오랜 친구에게 편지를 썼다. 그녀는 지난 주 답장으로 아래 욥기 구절을 보내주었다. 이 구절은 욥의 깊은 고난과 탄식, 그리고 하나님에 대한 불평을 표현한다.

> 내가 누울 때면 말하기를 언제나 일어날꼬
> 언제나 밤이 갈꼬 하며 새벽까지 이리 뒤척 저리 뒤척하는구나.
> 내 살에는 구더기와 흙 조각이 의복처럼 입혔고
> 내 피부는 굳어졌다가 터지는구나.
> 나의 날은 베틀의 북보다 빠르니 희망 없이 보내는구나(욥 7:4-7 [개역개정]).

불행 속에 있는 욥에게는 어떤 선한 일도 불가능해 보인다. 하지만 내가 이 구절을 나누는 이유는 이미 이 어두운 시편이 계시적으로 무언가를 드러내 주고 있기 때문이다. "베틀의 북보다 빠르니"는 희망을 뜻하는 히브리어 tiqva—끈이나 실과 같은 것을 이용해 무엇을 짜는 것을 의미한다—를 사용하고 있다. 희망한다는 것은 함께 모으거나 혹은 함께 엮는 것이다. 아마도 욥이 아주 솔직하게 자신의 절망을 품었기 때문에, 마침내 창조세계의 야생적 아름다움에 대한 위대한 우주론적 계시를 소용돌이 바람 가운데 받는 은총을 누릴 수 있었는 지도 모른다. 그 불/가능성이 깨어져, 새로운 가능성으로 열린다. 따라서 여호와YHWH를 희망하는 것은 함께 엮임을 느끼는 것—즉 하나님과 함께 그리고 모든 피조물과 함께 엮임을 느끼는 것이다.

그래서 희망은 얽힘과 거의 동의어다! 나는 2016년에 출간한 『불가능의 구름』Cloud of the Impossible에서 얽힘entanglement이라는 은유를 사용했는데, 이는 양자역학에서 빌려온 용어로서, 공간과 시간의 모든 간격을 넘어 전자가 동시적으로 얽혀있다는 개념을 가리킨다. 아인슈타인은 이것을 '먼 거리에서 일어나는 유령 같은 작용'spooky action at a distance이라고 불렀다—이는 얽혀있는 두 입자가 서로를 상호 보완하는 것이 아니다! 사실 아인슈타인은 이 얽힘 현상이 물리학을 신비하고 비이성적으로 만든다고 생각했다. 그러나 현대 물리학은 양자 얽힘quantum entanglement을 강력하게 입증한다. 즉 일단 연결되면, 두 개의 미세한 우주적 입자는 영원히 연결 상태를 유지하며, 지구, 태양계 그리고 은하 어디에서도 서로 동시적으로 반응한다. 창조세계는 깊이를 가늠할 수 없이 하나로 거대하게 엮인 작품이다. 그런데 이 엮임이 무슨 희망을 우리에게 가져다 줄 수 있을까? 우리는 지구를 파멸시키는 백인 남성 우월주의자들의 핵 무력과 얽혀있다. 단지 하나님 혹은 지역공동체와 얽혀 있는 것만이 아니다!

트랜스페미니즘과 과정신학

지난 수십년 간의 일을 잠시 약술하면서, 이야기를 새로운 틀에서 시작해 보고자 한다. 이를 통해 젠더gender에 대한 성찰에 이르고, 더 나아가 내가 트랜스페미니즘transfeminism이라 부르는 것으로 나아갈 수 있을 것이다. 트랜스페미니즘을 포스트페미니즘postfeminism과 혼동해서는 안 된다. 포스트페미니즘은 피상적인 낙관주의로서, 우리가 상당한 진보를 이루었으므로 더 이상 페미니즘이 필요 없다고 믿는다. 이것은 희망으로 간주될 수 없다. 이것은 우리 세계의 정직한 상호엮임interweave이 아니다.

나의 사유를 이끌어 온 것은 항상 상호엮임interweaving, 꼬임intertwining, 연결connection, 상호의존성interdependence, 그리고 보다 최근에는 얽힘entanglement의 은유들이었다. 이 관계성에 대한 직관이 어떻게 신학적으로 그리고 따라서 우주론적으로 되어갔는지, 그리고—과정신학적 사유를 발전시켜 오는 과정에서—어떻게 내가 페미니스트적 사고의 근거를 발견하게 되었는지 함께 나누고자 한다. 이 생각은 수 십 년전 떠오른 생각이지만, 이 시각은 아직 사라지지 않았다—오히려 더 깊고, 더 어둡고, 더 애매하고, 그리고 또한 보다 더 얽혀졌다.

페미니즘혹은 여성주의은 내가 기독교인으로 머무를 수 있도록 해준 사유이다. 왜냐하면 페미니즘은 젠더들 간의 정의로운 관계에 대한 헌신을 보여주었고, 따라서 젠더에 대한 새로운 이해를 가져다주었기 때문이다. "만일 하나님이 남자라면, 남자가 하나님이다"라고 말한 메리 데일리Mary Daly는 나에게 완전히 새로운 가능성을 열어주었다. 비록 그녀는 교회를 포기했지만, 우리들 중 많은 이들은 여전히 교회에 남아 있다. 1970년대 즈음 조만간 신학계에서도 여성 현자들이 존재하기를 바라는 나의 바램을 지지하는 남성 현자들[7]이 있다는 것을 알게 되었다. 내가 발견한 가장 지혜로운 현자는 존 캅John Cobb이었다. 그는 94세라는 고령에도 불구하고 더 현명해졌다 그가 쓴 책 『다원주의 시대의 그리스도』*Christ in a Pluralistic Age*를 읽으면서, 나도 기독교 신학자가 될 수 있음을 깨달았다. 왜냐하면 그 책은 그리스도를 창조적인 변혁creative transformation으로서 읽어내기 때문이다: 예를 들어 캅에게 불교와의 더 깊은 교류를 요청하는 우주적 로고스로서 그리스도, 그리고 기독교적 배타주의가 아니라 관계적 다원주의를 요청하는 그리스도의 모습이 담겨 있는데, 이 그리스도는 여성인 나를 진정한 나 자신으로 되도록

7) 역주: 지혜로운 현자의 이미지는 언제나 노인의 이미지를 담고 있어서, 원문은 현자를 가리킬 때 "older"라는 단어를 사용했지만, 말의 의도를 고려해 '현자'로 번역한다.

불러 세웠다. 그래서 나는 과정 신학을 배우러 갔고, 그 안에 담겨있는 화이트헤드의 1920년대 우주론을 철학적 배경으로 배웠다. 과정신학은 나의 페미니즘을 발전시키는 틀이었다.

과정신학의 틀구조를 다음과 같이 요약할 수 있을 것인데, 난 여전히 이 구조 안에서 살아가고 있다: 과정 사상은 우주를 깊은 상호작용의 과정으로 보는 시각을 제공한다. 이것은 당신과 내가 단순히 외부적으로만 연결된 것이 아니라는 뜻이다 — 우리는 지금 이미 서로의 일부이다. 따라서 공기 분자와 빛의 광자는 우리의 일부가 된다. 모든 파괴에도 불구하고 우리는 끝없는 창조 과정 속에 함께 있다: 우리 모두는 함께 창조적 변혁으로 부름받는다. 여기서 '모두'란 남성, 여성, 또는 제3의 성을 포함한 인간 뿐만 아니라 분자와 광자 또한 고양이와 개 등을 포함한다. 우리는 이 함께함을 짓밟을trump 수도 있고, 우리는 이 창조성에 저항할 수도 있지만, 그러나 그것을 초월할 수는 없다. 이는 우리가 하나의 큰 우주적 잡탕 스프가 된다는 뜻이 아니다; 우리는 항상 다르게 되어가고 있다. 그러나 서로 분리되지는 않는다. 화이트헤드는 양자 물리학과 상대성 이론을 숙고하면서 그 당시만 해도 아주 새로운 내용을 말했다: "특정한 의미에서, 모든 것은 항상 모든 곳에 존재한다." 여기서 '특정한 의미에서'라는 말은 모든 것은 잠재적으로in potentiality 모든 곳에 존재하지만, 현실적으로는in actuality 어떤 특정한 곳에 존재한다는 뜻이다: 그리고 그 어떤 특정한 곳은 되어감becoming의 순간이고 잠재성이 실현되는 순간이라는 의미다. 대부분의 우주는 멀리 떨어져 있거나 부적합한 상태로 있지만, 그럼에도 불구하고 관계 안에 있다. 양자 얽힘은 당시에는 널리 알려진 개념이 아니었지만, 화이트헤드의 사유 속에서 우리는 그에 대한 공명을 들을 수 있다.

그런데 이 얽힘의 개념은 과정 사상 안에서 실존적, 사회적 함의를 입기 시작한다. 왜냐하면 우주의 사건들을 상호의존성 속에서 보는 과정사상은 지난 수세기 동안 서구 근대가 주도해온 표준적 상식과 완전히 정면으로 대립하기 때문이다: 독립된 개별 주체들이 분리된 대상들이 전개되는 환경을 주도한다는 관점과 정면으로 충돌한다. 근대의 상식은 뉴턴 물리학의 관점으로 요약할 수 있는데, 이는 분리된 관찰자가 죽어있고 불투명한 물질의 분리된 원자 조각들로 구성된 우주를 관찰한다고 보는 관점이다. 이는 베이컨이 "아는 것이 힘이다"라고 말할 때 가정되는 '아는' 주체이다. 이것이 바로 서구의 표준 자아ego로서, 이 자아 개념에 함축된 주권 개념을 통해 더욱 강화되었고, 그럼으로써 이 자아는 신비mystery를 지배mastery를 통해 극복하고자 하였다. 이 자아상이 근대 서구의 식민지 투기사업들을 무장시켰고, 스스로를 기독교적 상상imagery으로 포장했으며, 또한 '미국을 위대하게 만들자'Make America Great라는 문구를 새긴 모자를 쓰고 등장했다. 물론 누구든지 이 모자를 쓸 수 있지만 오로지 하나의 성性, sex, 하나의 젠더gender만이 이 주권적 에고, 분리된 자아를 올바로 대표할 수 있다.고 서구의 상식은 생각했다

따라서 페미니즘은 항상 하나의 딜레마와 마주한다: 즉 보다 더 이상적 남성상과 같이 되어야 하는가, 즉 그와 동등하면서도 자유롭기 위해, 보다 자율적이고 독립적인 주체가 되어야 하는가? 그러나 그것은 우리를 억압했던 가부장들과 똑같이 되는 것을 의미한다! 이것이 나의 첫 저서 『부서진 망으로부터』From a Broken Web에서 시몬 드 보부아르의 『제2의 성』*The Second Sex*과 함께 씨름했던 내용이었다. 보부아르의 책은 여성들에게 제1의 성the first sex의 형상으로 스스로를 재구성하도록 촉구하는 것 같았다. 유일한 다른 대안은 여성적이고 그래서 의존적인 상태로 머무르는 것이다. 그래서 인류 종의 모든 힘겨운 관계적인 일들을 감당하는 것. 그리하여 하나님의 형상 속에 담지된 우리의 창조성이 결코 피어

나지 못하는 것이다. 그런데 하나님의 형상 안에서 남자와 여자 모두가 상상되었음을 상기하자. 이제 하나님에 관한 이야기를 할 것이다

그러나 가부장제의 형상 속에서 우리를 길들이지 않으면서, 우리의 자유와 목소리를 찾기 위한 투쟁은 치열했고 아직도 그렇다. 그래서 나는 상호의존성을 강조하는 전일론적인 우주론의 도움을 받아 제3의 길을 선택했다: 여자로서 우리는 독립적independent이 됨으로서 의존성dependence을 탈주하는 것이 아니라, 상호의존성interdependence의 역량을 강화함으로써 의존성을 탈피한다. 다시 말해서 독립적independent이 된다는 것은 '의존성 속에'in-dependence 있다는 것을 의미하고, 이는 곧 '상호의존성'inter-dependence 속에 있다는 것을 의미한다는 말이다. 그런데 여기서 **in**-dependence와 **inter**-dependence의 접두어 변환이 한국어로 의미있게 잘 전달될런지는 모르겠다. 낡은 자아는 여전히 독립기념일8을 축하한다. 하지만 이제는 상호의존성의 날 **Inter**dependence Day을 축하할 때이다.

물론 이러한 생각의 생태학적 함의들은 끝이 없다; 이미 80년대 로즈마리 류터Rosemary Radford Ruether와 더불어, 페미니스트 신학은 에코페미니즘과 분리불가하게 되었다. 그래서 나의 첫 번째 저서 『부서진 망으로부터』—엮음weaving에 관한 모든 심상들은 이미 여기에 다 있다—는 우리의 관계적 상호의존성이 거미줄처럼 섬세하게 엮인 망을 상호인격적으로, 사회적으로, 공동체적으로 그리고 생태우주적으로 따라갔다. 이 책에서 나는 전형적으로 남성적인 것으로서 간주되는 분리된 자아와 전통적으로 여성적인 것으로서 이해되는 융해가능한 자아—그렇게 융해되어 드러나는 자아의 결여—모두를 반박했다; 그리고나선 연결

8) 역주: 미국의 건국기념일은 독립기념일 즉 Independence Day로 불린다. 켈러는 여기서 '독립'이 아니라 '상호의존성'(interdependence)이 페미니즘이 나아가야 할 길임을 주장하면서, 서구의 남성적 '독립기념일' 개념과는 다른 페미니즘의 '상호의존성의 날'을 Interdependence Day로 재치있게 표현하지만, 한국어로는 두 말이 서로 너무 어감이 동떨어져, 켈러가 의도하는 리듬이 잘 살아나지는 않는다.

적 자아connective self를 제안했다. 이 연결적 자아는 바로 우리 모두가 다르게 펼쳐질 수 있도록 해줄 것이다. 우리 자신의 의미는 항상 과정 중에 있기 때문에 젠더들 간의 단순한 경계는 있을 수 없고, 따라서 성sex과 젠더 사이에도 마찬가지이다; 과정the preocess은 억압과 투쟁과 변혁의 장구한 역사들 속에 얽혀있다. 이 역사들은 우리 각자의 정체성의 일부이다. 역사는 우리 각자의 관점으로부터 다르게 얽혀 도래한다; 그리고 시간이 흘러감에 따라 나 자신에게도 역사는 다르게 얽혀진다. 갈등하는 관계들의 뒤죽박죽으로부터 자신을 어떻게 새롭게 구성해 내느냐에 따라 말이다. 나는 당신과 다르다; 나는 나의 과거 자아들과도 다르다. 그러나 이것들은 관계 속에 있는 차이들이다.

여성만의 페미니즘을 넘어 모두와 관계하는 페미니즘으로: 트랜스페미니즘

차이들은 다름 아닌 관계성이다. A와 B가 아무런 관계가 없으면, 그들 사이에 차이도 없다.

여기서 잠깐 말하고 싶은 내용이 있다. 교수시절 초창기에 몇 차례 어떤 한국학생의 이의제기를 받았던 적이 있다. 그 사람이 남성인지 여성이었는지는 말하지 않겠다. 그러나 나는 한국인들이 이미 지나치게 많은 관계, 지나치게 많은 공동체와 헌신과 연결 속에 있다고 느낀다는 사실을 알게 되었다. 서구로의 여행은 이런 모든 압박과 의무로부터의 구조, 즉 새로운 자신을 실험하고—진정으로 다르게—존재할 수 있는 일종의 숨쉴 공간을 그들에게 약속했다. 아마도 유교적인 의미에서 관계에 대한 압도적인 의무감이 기존하고 있었을 것이고, 그것이 기독교의 강렬한 공동체적 헌신 개념과 혼합되어 나타났을 것이다. 나는 그런 우려를 존중한다—비록 내가 보기에는 여전히 그런 문제는 이를테면 너무 지나친 미국식 개인주의의 카우보이적 자본주의 문제보다는 나아 보인다고 할지라도 말이다. 그러나 나는 우리가 궁극적으로 바라는 것이 단절과 분리가 아니라 서로의 큰 차이를 존중하는 폭넓은 관계가 아닐까 생각한다. 나는 상당히 많은 한국 유학생들과 관계를 맺어왔고, 그들 중 많은 사람이 이러한 생태여성적 과정 신학의 관점들을 받아들였다. 그들 각자의 다른 관점들을 통해서 말이다.

나의 제자인 한국계 미국인 앤 조Anne Joh, 조원희는 이 문제를 자신의 책 『십자가의 마음』*The Heart of the Cross*의 주제로 삼아 정情과 관련된 문제를 탐구했다. 그녀는 이 주제를 리타 나카시마 브룩Lita Nakashima Brock이 에로스적 힘을 페미니스트적 의미로 전개한 것과 비유했다. 즉 관계들 위에 부여되는 힘이 아니라, 내적인 힘, 그러면서도 육체적이면서 동시에 성스러운 사랑의 힘—진정으로 성육신적인 힘으로 말이다. 조원희는 전반적으로, 특별히 개인주의 문화들 속에서 어떻게 관계성의 정情이 일종의 끈끈함stikiness으로 나타나는지 그래서 분리된 자아에 대한 위협으로 나타나는지를 보여준다. 조원희는 한국적 정情 개념에 대한 연구를 통해, 한국인들의 생명력이었던 개념 그래서 모든 것에 편만해 있는 한 개념에 이르게 된다고 결론짓는데, 이는 수많은 한恨을 겪어왔던 한국인들의 삶과 맞닿아 있다. 그녀는 정情의 기독론을 제안하는데, 이는 해방신학, 여성신학, 탈식민지신학에서 깊은 영향을 받았고, 또한 이 정情의 기독론은 "생명의 연결된 관계성으로부터 그리고 그 관계성 사이에서 일어난다. 정情의 기독론에서 십자가는 자유와 전일성을 향한 심층적 지향 가운데 한恨의 공포와 정情의 힘 모두를 의미한다."[9] 이러한 기독론은 창조적 변혁으로서의 그리스도라는 캅의 기

9) Wonhee Anne Joh, *The Heart of the Cross: A Postcolonial Christology* (Westminster John Know Press, 2006), 128.

독론과 의미 있는 연대를 가질 수 있을 것이다—하지만 조원희는 페미니스트 입장에서 모든 것의 중심에서 끈질기지만 생명력 있는 사랑의 관계를 더 강조하고 있기는 하다.

보다 최근에 지아 소피아 오Jea Sopia Oh; 한국명: 오지아가 자신의 『탈식민지 생명신학』*Postcolonial Theology of Life*에서 살아있음 혹은 살림salim 개념을 탁월하게 발전시켰다. 이것은 김지하의 시와 철학에 대한 성찰로서, 김지하의 사상은 널리 알려졌듯 교도소 창에 피어난 들꽃을 명상하는 순간으로부터 피어나왔다. 살림은 더 이상 감옥에 갇힐 수 없으며, 또한 죽음에도 위협당할 수 없다. 오지아는 김지하가 1989년 생태운동의 일환으로서 창설한 놀라운 살림 운동을 토론한다. 그녀는 여성의 해방과 평등성과 재능에 대해 김지하가 보여준 열렬한 헌신을 논구한다. 이 모든 것은 우연한 연결이 아니다!

바로 이런 연결성이 여성운동을 젠더의 정체성 문제를 훨씬 뛰어넘는 운동으로 만든다. 우리는 섬세한 관계들로 구성된 전체로서의 우주 속에서 사람으로서 서로 얽혀 있으며, 그 관계들의 불균형과 잠재성에 책임을 지고 있다. 그리고 기독교적 우주관에는 우리에게 책임을 부여하고, 창조적이고 변혁적인 살림으로 응답하라고 요청하는 신적인 지혜가 있다. 그러나 이때 여성으로서 우리의 이슈들은 다른 모든 긴급한 여러 이슈들—즉 경제학과 생태학, 민족, 계급, 종교적 차이, 인종, 평화 대 전쟁 등의 이슈들—로 열려져 연결을 맺어나가는데, 이 이슈들은 상황에 따라 비중과 의미가 다르지만, 그러나 여전히 상호연결되어 있다.

이것이 아프리카계 미국인들인 우머니스트womanist 사상가들이 교차성intersectionality에 대해 말하기 시작한 이유이다: 그들은 자신의 현실이 사회운동의 틈바구니들 사이에 끼여있다고 느꼈다; 그래서 그들은 젠더가 인종보다 더 중요한 문제라거나; 혹은 인종이 젠더보다 더 중요한 문제라거나; 혹은 계층보다 인종

또는 젠더가 더 중요한 문제라고 말하기를 거절했다. 그 대신 그들은 억압들의 복잡성을—따라서 문제와 해결책을 상호적으로 엮어야 할 필요성을—주장했다. 아시아 여성들 또한 교차성을 명확히 표현한 최초의 사람들이었다.[10]

필자가 제안하는 트랜스페미니즘transfeminism이란 다음을 말하기 위함이다: 어느 페미니즘이 실현 가치가 있다면, 그것은 그 페미니즘이 항상 여성성feminity을 넘어선, 여성들의 운동women's movement을 넘어선, 또한 어떤 단일한 이슈나 관점 혹은 상황을 넘어선 운동이기 때문이다. 여기서 트랜스페미니즘은—트랜스trans-라는 의미에서—경계를 넘어가지만, 그의 페미니스트 역사와 단절되지 않는다. 사실 페미니즘은 때로 한 가지 이슈에 매우 집중할 필요가 있었다 트랜스페미니즘은 이동하는 페미니즘feminism in transit으로서, 자신의 한계들을 위반하여 넘어서는 페미니즘이지만, 그렇다고 위로부터 내려오는 힘에 의한 초월이나 혹은 단절을 의미하는 초월이 아니다; 내가 초월을 말한다면, 그것은 관통해서 넘어간다는 라틴어 본래의 뜻에서 초월이다—그러나 이 트랜스페미니즘은 앞선 단계의 페미니즘들을 넘어간다는 의미이지, 결코 페미니즘의 과제들이 완료되었다고 생각하는 포스트페미니즘이 아니다. 따라서 트랜스페미니즘은 필연적으로 교차성의 작업이다.

이 교차성 속에 모든 것이 상호엮여져 있다.interwoven 그 엮임이 선하든 악한든 간에 말이다. 억압은 우리 영혼 깊은 곳으로 파 들어가, 백인 이성애자 남성의 규범적 이미지들이나 식민지적 우월성 혹은 신식민지적 우월성의 규범들로 우리 자신을 내면화한다. 그러므로 우리는 자신 안에 있는 이 거짓된 규범들로부터 자유를 얻어야만 한다. 푸코가 분명히 밝혀주고 있듯이, 권력은 근원적으로 외부에서 행사되는 것이 아니라, 우리 모두 안에 내재화된 훈육하는 힘으로 행

10) Patricia Hill Collins and Sirma Bilge, *Intersectionality* (Oxford, UK: Polity Press, 2016).

사된다. 그렇다면 우리의 요점은 모든 관계를 단절하는 것이 아니라, 오히려 다시 엮는reweave 것이다—마음으로 온전히 말이다.mindfully 즉 의식적으로 말이다. 관계는 좋을 수도, 나쁠 수도, 중립적일 수도 있다. 그러나 우리의 상호의존성에 대한 인식은 '해방하는 선'a liberating good이다.

그렇다면, 우리는 약함을 강함으로 만들 수 있다—예수님이 마태복음 25장에서 언급한 "지극히 작은 자"라고 부른 사람은 상호관계성들에 대해 가장 잘 아는 사람일지도 모른다. 여러 많은 가지들은 하나의 거대한 포도나무에서 힘의 근원을 찾는다. 우리 실존의 타래들은 상호적 엮임interweaving의 우주적 과정 속에 현현한다. 그래서 우리는 이것이 어디로 가는지 안다! 교차성은 희망이라는 엮음의 과정을 이름하는 또 다른 방식이다. 희망은 우리의 철저한 상호의존성을 확증한다. 그렇게 희망은 불가능한 것처럼 보이는 가능성들을 열기 시작한다. 그래서 한국의 촛불 운동이나 '흑인의 생명도 소중하다를 외치는 운동'Black Lives Matter movement이 고립으로 절망을 느끼는 사람들을 일깨울 수 있었다. 그들은 서로의 고난을 나눈다; 그러면 새로운 희망이 느껴지기 시작한다. 행복한 결말에 대한 보증은 전혀 없다; 그러나 창조적 변혁의 가능성은 있다. 혐오, 총기, 폭탄, 장벽들에 대한 지역적 대안을 주장하는 지구적 운동의 가능성, 지구적 평화의 가능성, 지구적 생태회복의 가능성 말이다. 이것은 나의 오랜 친구 위르겐 몰트만이 "희망의 연대"라고 부른 것이다.

희망의 베를 짜는 하나님: 하나님의 트랜스페미니즘

기독교인과 우리의 하나님은 어떻게 되는가? 이 모든 것에서 하나님의 역할은 무엇인가? 시편 기자는 "주는 나의 [희]망*tikva*이시오"71:5라고 말한다. 이것은 어떤 완벽한 미래나 초자연적 보상에 대한 추상이 아니다. 이것은 절대적인 태초에서 종말로 나아가는 직선적 시간에 관한 것이 아니다. 이것은 바로 지금 우리 손 위에 올려진 희망이다—하나님은 씨줄이요, 날줄이며, 직조하는 베틀이다. 그러나 우리가 거기에서 발견하는 것은 '서로'이며, 그래서 우리는 아롱튼 함께 엮여있다. 우리는 하나님 안으로 모인다. 그러므로 우리의 "소망은 주께 있다." 하나님은 위대한 베짜는 분weaver이다. 희망의 연대 속에서 우리는 서로를 발견한다—그리고 모든 피조세계를 발견한다. 그러나 우리는 하나님 안에서 서로를 발견한다. 이것은 과정 신학이 말하는 범재신론pan-en-theism의 의미다. 이것은 모든 것이 하나님이라는 뜻의 범신론이 아니다. 그러나 모든 것은 하나님 안에 있다. 우리 모두 말이다. 그렇기에 우리 지구인들은 아마도 하나님에게 큰 사랑과 기쁨과 고난의 원천일 것이다. 그러나 하나님은 고전적인 의미에서 이 세계와 분리된, 그리하여 초월적으로 위에 계신 주님이 아니다. 이 하나님은 우리가 알 수 있는 모든 것을 넘어선다는 역동적인 의미에서 초월적이다. 이를 신적 트랜스페미니즘divine transfeminism이라 할 수도 있을 것이다.

그러나 하나님의 초월하는 신비 속에서 우리 역시 초월하도록 부름받은 존재, 즉 현 상태status quo를 돌파하여 넘어서도록 부름 받은 존재이다. 이것은 내적 초월a transcending within이다—초월하는 만큼 내재한다. 따라서 하나님은 서구의 남성적 자아ego의 이미지로—즉 분리되어 멀리 동떨어져 있으면서, 위에서 지배하는 어떤 존재로서—만들어지지 않는다.[11] 하나님은 독재자처럼 창조세계를 통제하지 않는다. 그러나 각 피조물에게 항상 새로운 가능성을 제공한다. 하나님은 새로운 가능성으로 유혹하고, 부르신다. 하지만 우리는 그것을 얻지 못할

11) 역주: 우리 인간이 하나님의 형상 속에서 만들어졌듯이, 때로 많은 경우, 우리 인간의 형상으로 하나님이 만들어지는 우상숭배적 현상들이 있다. 바로 그런 시대적 징후를 꼬집어서 이렇게 "하나님은 만들어지지 않는다"고 표현하였다.

수도 혹은 실현하지 못할 수 있다. 그러나 우리가 시도한다는 점에서, 불가능성은 이미 깨어지기 시작한다—불/가능성으로서 말이다. 그래서 가능성 속에in possibility 이르게 된다. 우리는 가능성 안에 있게 된다. 15세기 쿠자의 니콜라스Cusa는 하나님을 가능성 자체*posse ipsum*라고 불렀다—이 가능성은 우리가 함께 일하는 것을 의미한다. 하나님은 이 가능성들을 우리를 위해 실현해 주시지 않는다. 하나님에게 희망을 두고 있는 사람들은 약속을 받는다—이는 보장이 아니다. 겸손함과 용기를 가지고, 희망의 살림 속에서—우리는 그와 같은 일을 함께, 얽혀, 엮어간다, 바로 지금 말이다.

지금(now)의 정치신학

인간의 예외성인가 행성적 얽힘인가?[12]

지금now은 유별난 개념이다. 이 단어는 완전히 추상적인 개념으로서, 어느 때 어느 곳에서든 시간의 임의적인 순간에 절대적으로 적용가능하다. 하지만 이 단어는 '지금-순간'now-moment의 특이점singularity을 지금 가리키고 있다. 이 단어는 바로 지금의 고유한 사건일수도 있지만, 그러나 만일 그것이 나의 지금을 경험하는 동일한 나의 본질로 실체화된다면, 지금의 시간화 자체는 이미 그 실체를 무효화시킨다. 즉, 나는 지금-여기-있는-나이다—그리고 다른 순간들의 나와는 정확히 동일한 '나'가 아니다. 지금. 그리고 지금... 그리고 지금의 고독함 속에서, 그 지금-여기-있는- 나는 그 자신의 관계들이 만들어내는 세계를 주목하게 될 것인데, 이는 '나'를 결코 홀로 내버려두지 않을 것이다. 그래서 여기 여러분과 함께 할 때, 나는 미국 신학자로서 나의 차이를, 심지어 나의 유별남을 느끼겠지만; 그러나 복잡한complicated 한-미관계는 우리가 공유한 역사의 일부이며, 그래서 내가 이 순간에 대해서, 즉 우리가 공유하는 이 '지금'에 대해서 물을 때, 거기에는 장구한 역사의 강도intensity와 지구 행성을 살아가는 우리 모두들 사이의 잠재성이 담겨있다. 또한 그것은 '지금' 미국 정치의 유해한 힘들을 담지하고 있기

12) 본 원고는 2017년 10월26일 오후 4시 연세대학교 신과대학에서 생태와 문화 융복합연구센터 주관으로 열린 국제학술회의 "Alternative Thoughts to Global Capitalism in the Posthuman Age"에서 발표된 원고를 본서 출판 원칙과 의도에 맞게 수정한 것임을 일러둔다.

도 하다—아니면 해로운 익살극이라고 해야 하나?[13] 그 위험하고 불균형한 파워게임과 더불어 '여기' '지금' 있다는 것은 흥미로운 순간이며, 그 파워게임은 또한 동시에 정신적으로 불안정한 두 명의 지도자들이 벌이는 미러 게임mirror game 이기도 하다.[14]

요점은 "지금-순간"now-moment이라는 개념은 은연중에 정치적이며, 그래서 이와 같은 순간에 즉 명시적으로 정치적 긴장이 고조되는 이 순간에 신학이 지금-순간에 대한 개념을 명확히 밝히는 것은 의미가 있다. 이 때문에 나는 "정치신학"에 대하여 최근까지 추구해왔던 것에 대한 성찰을 공유하고자한다. 왜냐하면 정치신학이라는 개념은 자체로 이중적인 해명에 진력하기 때문이다: 신학은 이미 항상 정치적이며, 정치는 항상 이미 신학적이다. 정치신학과 연관된 현대적 논의의 요점은 이렇다: 우리처럼 신학 교육을 받은 이들은 어떤 신학이 특정한 정치적 시점에 작용하고 있는지를 분별하고 싶을 것이다—그리하여 그 순간의 정치를 보다 정직하고 보다 책임 있게 제시하고 싶어 할 것이다.

우리 시대 "정치신학"의 담론은 대부분 좌파 철학자들의 작업을 통해 이루어졌는데, 이들은 스스로 기독교인이라고 생각하지 않으면서, 독일 우파 정치이론가인 칼 슈미트Karl Schmitt—1922년에 『정치신학』을 썼다—의 이론을 받아들였다. 내가 지금 마무리 중에 있는 『지구 정치신학』이라는 책[15]에서 그런 담론을

13) 역주: 이 원고가 작성되던 시기 미국 대통령 도널드 트럼프가 정치를 익살극으로 변질시키고 있음을 꼬집고 있는 말이다.

14) 역주: 여기에 언급되는 '정신적으로 불안정한 두 명의 지도자'는 북한의 김정은과 미국의 트럼프를 가리키는데, 당시 김정은은 수 차례의 핵미사일 발사 시험으로 국제정치를 위태롭게 만들었고, 트럼프는 이에 대응해 미국 대통령이 갖고 있는 핵탄두 발사버튼을 언급하며 극단의 대결을 증폭시키고 있던 중이었다.

15) 역주: 이 책은 2018년 *Political Theology of the Earth: Our Planetary Emergency and the Struggle for a New Public*이란 제목으로Columbia University Press에서 출판되었고, 2022년 『지구정치신학: 지구적 비상사태와 새로운 생태신학의 전환점을 위한 투쟁』이란 제목으로 도서출판 대장간에서 출판되었다.

다루고 있다. 독자들이 관심하는 바와 공감되는 부분들이 거기 있기를 바란다.

본 장은 다섯 부분으로 진행된다. 1) '지금-시간'the now-time으로서 카이로스kairos라는 개념, 즉 무척이나 바울적인 색채로 윤색된 이 개념을 정치신학과 연결하는 하나의 사유를 공유하고자 한다. 그 시간, 즉 카이로스는 예외적인 최종 순간의 시간인가? 이 질문은 우리를 두 번째 논점으로 이끄는데, 2) 바로 여기서 우리는 카이로스와 그의 정치학에 관한 보다 폭넓은 신학적 대화에 열려지게 된다. 3) 이는 통치주권sovereign power 개념에 대한 숙고로 이끌어 가는데, 슈미트는 통치주권을 예외적 상태 속에서 내리는 결정, 혹은 "긴급 사태"state of emergency 속에서 내리는 결정으로 이론화한다. 4) 나는 이 예외적 결정주의exceptional decisionism가 온갖 종류의 역사적 예외주의exceptionalism와 연관되어 있다고 생각한다: 즉 기독교적-예외주의, 정치적-예외주의, 성적-예외주의, 그리고 또한 인간-예외주의. 이는 우리로 하여금 통치주권적 예외주의sovereign exceptionalism에 대한 대안을 모색하도록 할 것인데, 이를 카이로스적 시작kairotic inception이라 부를 것이다. 5) 시작inception—새로운 발생—은 반예외주의counterexceptionalsim라는 형이상학의 지지를 요청할 것이다—지루한 평균이나 환원의 형이상학이 아니라 다양한 신학적 자연주의 속에 암호화될 수도 있는 신비한 얽힘mysterious entanglement의 형이상학 말이다.

지금-시간으로서 카이로스

그렇다면, 이 지금-시간에, 인간의 지금-순간들의 장구한 연쇄가 이루어갈 미래가 위험에 처한 듯이 보인다. 시간 자체나 지구의 지질학적 시간이 위협당하는 것이 아니라, 인간이 경험하는 시간성으로서 역사적 시간이 위협당하고 있다. 인간의 시간 속에서 과거는 어떤 미래를 향해 나선형으로 선회해 나아간다: 서구의 따분한 근대적 진보의 연대기라는 미래이든지, 창조에서 종말에 이르도록 도식화된 길을 의미하는 구속사의 신학적 배경이라는 미래이든지, 또는 진화론적 도약이나 혁명적 희망이라는 여러 다른 개념이든지 말이다. 만일 우리가 세계의 종말을 선포하는 기독교 근본주의자들이 아니라면, 우리는 어떤 미래를 추정한다. 바로 그 인간의 추정이 무엇보다도 기후 변화가 가져온 비인간적 nonhuman 영향으로 인해 정지된 듯하다. 만일 근대적 진보의 연대기가 가져온 탄소 연소 기술이 조만간 극적으로 바뀌지 않는다면, 인류의 실험은 비인간—즉 불과 물과 땅과 바람의—자연의 종말론적으로 심화되는 불균형에 직면하여 생존을 위한 비참한 경쟁으로 붕괴될 수도 있다는 사실을 우리는 지금 알고 있다. 또한 인류의 한 사람이 미국이 과거에 만들어, 파리에서 우리 모두가 합의한 준수한 환경적 진보를 짓밟으려trump, 트럼프스럽게 하고 있다는 사실을 우리는 알고 있다.[16] 필자는 지금 세계 종말에 관한 설교로 열변을 토하고자 하는 것이 아니다. 내가 설교들을 통해 주장하듯, 세계의 종말은 결국 전혀 성서적 개념이 아니다. 그러나 성서는 시간이 짧다고 말하곤 한다. 그리고 정말 시간은 짧다—특히 우리가 지구온난화에 대해 기술적인 해결책을 시도할 때 벌어질 일에 관한 이야기를 다룬 봉준호 감독의 파국적 비유인 〈설국열차〉와 같은 끔찍한 결과를 방지하고자 한다면 말이다.

말하자면, 하나님이 우리의 년수를 헤아리시기 때문에 시간이 부족한 것이 아니라, 생태적으로나 정치적으로 요구되는 집중적인 지구적 협력과 경제적 변혁을 일구어 내기에 시간이 짧기 때문에 우리는 시간이 부족하다. 만일 내가 시

16) 역주: 당시 미국 대통령 도널드 트럼프가 파리기후협약에서 미국을 탈퇴시킨 것을 가리킨다.

간이 부족하다고 말한다면, 사실 나는 고린도서의 바울을 인용하고 있는 셈이다. 고린도전서 7:29은 "때가 단축되었다"고 말한다. 여기서 바울이 사용한 "단축"이라는 단어는 분명히 2천 년의 시간을 의미하는 것이 아니었다. 그는 기후재앙을 약속하는 것도 아니다. 그러나 나는 개인적으로 바울과 만날 약속을 할 필요가 있었다ㅡ이 약속은 성차별주의/동성애차별주의/대체주의/이원주의를 담고있는 바울 서신과 해방하는 복음을 대립적 관계로 설정하는 습벽을 갖고 있는 20세기 페미니스트 신학자에게는 여전히 쉬운 일이 아니다. 그럼에도 불구하고, 금세기에 나는 이 신앙의 선조의 도움이 필요했는데, 그를 위해서는 어쨌든 종말로 달려가는 시간을 느리게 하는 어떤 심층적인 시간의 소급을 필요로 한다. 그런데 보자. 내가 바울에게서 발견한 것은 다름 아니라, NRSV 번역 "the appointed time is short"은 두 가지 잘못을 범하고 있다는 사실이다. "단축"short이라고 번역된 그리스어는 훨씬 더 복잡하고 훨씬 더 매력적이며, 사실, 훨씬 더 정치적이다; '단축되었다'로 번역된 'short'의 그리스어 *sunestalemnos*인데, 이는 "안으로 모인" 혹은 "응축된"을 뜻한다. 내가 이 단서를 얻은 것은 성서연구를 통해서가 아니라 정치철학자 조르조 아감벤Giorgio Agamben이 바울에 대한 묵상 내용을 담은 『남아 있는 시간』*The Time That Remains*에서이다.17

다음으로 "appointed time"에서 appointed는 원어의 의미로 보자면 "남아 있다"는 뜻이다. 따라서 이 구절은 "남아 있는 시간이 응축된다"는 뜻이다. 달리 말하면, 바울은 시간 일정표의 미리 정해진 끝을 선포하는 것이 아니다. 그는 재림하시는 그리스도와의 임박한 만남을 계획하는 것도 아니다. 이 응축된 시간은 연장연속체라는 속성을 전제로 계산할 수 있고, 연대기적으로 연장되거나 또는

---

17) Giorgio Agamben, *The Time That Remains: A Commentary on the Letter to the Romans*, *trans*. Patricia Dailey (Palo Alto, CA: Stanford University Press, 2005).

종료될 수 있는 크로노스chronos와 구별된다. 이 시간은 카이로스의 시간이다. 아감벤의 분석에 따르면, "카이로스는 응축된 그리고 요약된 크로노스다." 이 응축이 감소shrinkage로 오해될 수 있다. 하지만 바울에게 "카이로스는 가득히 채워져 있다."18

신약학자 L. L. 웰번Welborn이 말하듯이, "카이로스는 크로노스를 사로잡고 중지시킨다."19 연대기적 시간chronotime의 텅 빈 연속성은 메시아적 응축messianic contraction에 의해 중단되는데, 이는 복음서의 "하나님의 나라"에 대한 가르침과 같은 맥락이다: 정치적-영적으로 충전된 변혁, 이는 곧 웰번이 "각성"awakening이라 부르는 것이다. 이것이 카이로스의 지금-시간을 열어준다. 따라서 바울의 요점은 종말의 선포로 자신의 공동체를 위협하려는 것이 아니라, 그와 반대로 파멸doom의 마비적 효과를 몰아내려는 것이다: "나는 여러분이 두려움에서 해방되기를 바랍니다." 왜냐하면, 서신의 표현에 따르면, "이 세상의 도식schema 즉 형식, 질서, 도식주의은 지나감이니라...."20 세상 자체가 아니라 기존 세상 질서가 종말에 처한 것이다. 따라서 카이로스는 모든 시간으로부터의 예외상태로서 종말을 말하는 것이 아니다. 오히려, 카이로스는 언제나 가능한 지금을 이름하는 말이다.

두려움 없는 정신으로, 우리는 지금의 정치신학을 함께 숙고할 수 있는가? 위기가 비등하는 이 인류세의 시기에 세상의 구조－지구 자체가 아니라 우리가 구축한 세계의 장기적 안정성에 기초한 문명의 구조－가 실제로 정치적으로 위험한 상태에 있는 것 같다. "정치적"이란 단어는 우선－도시국가, 시민, 도시, 문명의 단

---

18) Agamben, *The Time That Remains*, 19.

19) L.L. Welborn, *Paul's Summons to Messianic Life: Political Theology and the Coming Awakening* (New York: Columbia University Press, 2015), 16.

20) 1 Cor 7.32, 35.

위로서—모여진 이들, 계약된 자들the contracted을 뜻한다. 『최초의 도시 그리스도인』에서 웨인 미크스Wayne Meeks가 입증했듯이, 기독교는 바울에 의해 도시화된 이후 줄곧 정치적이었다.[21] 기독교는 기존 물질 세계의 제국적 확장을 통해 신정정치를 퍼뜨렸다. 우리 시대—근대성의 크로노스—에서 이 곪아가는 세계는 신-제국의 도시 엘리트에 의해 빈민과 쓰레기의 지구로 전락하고 있다.

카이로스의 정치신학

신구약의 상속자는 이 물질적 도식구조, 즉 폴리스에 밀집된 경제와 생태-즉 바빌론의 창녀, 새예루살렘, 혹은 모호하게 진동하는 메트로폴리스—를 무시할 수 없다. 신학은 항상 이미 정치적이다. 사실 나는 또 다른 바울인 폴Paul 틸리히의 저서를 운 좋게도 먼저 읽었고, 거기서 바울의 카이로스가 갖는 상징을 알게 되었다. 나는 틸리히의 모든 가르침을 소개해준 내 동료 C 박사를 기리며 틸리히를 지금-여기에 길게 인용한다.

> 우리는 역사가 구체적인 상황에 의해 하나님 나라의 핵심적인 출현이라는 돌파를 받아들일 때까지 성숙하게 되는 순간에 대해서 이야기했다. 신약성경은 이 순간을 '시간의 성취'라 불렀는데, 이는 그리스어로 카이로스이다. 이 용어는 우리가 1차 세계 대전 후 독일의 종교 사회주의 운동과 연결 지어 신학적, 철학적 토론에 도입한 이래로 빈번하게

21) 복음서들이 시골과 촌락의 감수성과 쉽게 동화되는 것과 달리, 바울의 기독교는 "제국을 통해 번져 나가는 도심지 컬트"였다. 이에 대한 가장 초기의 증거는 바울과 연관된 문서들에서 찾아볼 수 있다. 참고 - Wayne Meeks, *The First Urban Christians: The Social World of the Apostle Paul*, second edition (New Haven: Yale University Press, 1983), x.

사용되어 왔다.... 그리고, 무엇보다도, 카이로스는 2차 세계대전 후 중부 유럽의 많은 사람이 가졌던 느낌, 즉 역사와 인생의 의미에 대한 새로운 이해가 잉태한 역사적 순간이 시작되었다는 느낌을 표현해야만 한다. 이 느낌이 경험적으로 확실한 것인지에 상관없이—부분적으로는 그렇고 부분적으로는 그렇지 않았다—이 개념 자체는 중요한 의미를 갖는다.... 그의 본래적 의미—올바른 때, 즉 어떤 것이 성취될 수 있는 때—는 측정된 시간 또는 시계의 시간인 크로노스와 분명히 구분되어야 한다. 전자는 질적이고 후자는 양적이다.... 이 구별은 세례자 요한과 예수가, '당장 가까이'at hand 있는, 하나님 나라와 관련하여 시간의 성취를 말할 때, 사용된다.

"카이로스-경험들이 교회의 역사에 포함되어 있다는 사실, 그리고 '위대한 카이로스', 즉 역사의 중심의 등장은 하나님 나라가 특정한 돌파 속에 스스로 모습을 드러내는 상대적인 '카이로스들'카이로이를 통해 거듭 거듭 반복해서 경험된다는 사실은 우리의 성찰에 결정적이다."22

그리고, 반복하는바, 지금 우리의 경험을 이어서 설명한다.

틸리히를 전혀 참고하지 않고 아감벤은 바울의 카이로스를 양차 세계대전 사이 틸리히와 독일에서 동시대인이었던 사람의 목소리, 즉 발터 벤야민Walter Benjamin의 목소리와 연결시킨다. 벤야민은 유대인 사상가로서 당시 나치 독일을 탈출하였던 틸리히와 달리 생전에 나치 독일을 탈출하지 않았다. 베냐민은 지금의

22) Paul Tillich, *Systematic Theology, Volume 3: Life in the Spirit, History and the Kingdom of God* (Chicago: University of Chicago Press, 1963), 369-372.

시간 즉 Jetztzeit를 뒤돌아 보는 순간으로서 말한 것으로 유명한데, 이는 인간 역사를 두려움에 가득 찬 시선으로 되돌아본 파울 클레Paul Klee의 그림 〈역사의 천사〉를 통해 구성된 것이다. 그러나 모든 지금의시간은 가능성의 끝, 최후eschatos를 갖고 있다: "왜냐하면 모든 순간은 메시아가 들어올 수 있는 좁은 문이기 때문이다."23 아감벤은 베냐민의 이 세속화된 메시아니즘이 바울의 카이로스를 재유대화rejudaized한 것이라고 주장한다. 따라서 영적으로 그리고 정치적으로 고양된 지금의시간now-time은 강력한―그래서 정말 응축되고 격렬해진―정치적 책임을 수반한다.

예외성으로서 통치주권의 정치신학: 칼 슈미트에 대한 비판적 성찰

이는 우리를 다음의 핵심 요점으로 예인한다: 만일 신학이 항상 이미 정치적이라면, 그래서 동시에 이를 신학적 논리theo-logic로 뒤집어 표현한다면, 정치는 항상 이미 신학적이다. 그러므로 나는 자주 인용되는 슈미트의 다음 공리를 부인할 수 없다: "근대 국가이론의 모든 중요한 개념들은 세속화된 신학적 개념들이다."24 정치신학 개념은 이미 반세기 전에 포스트-홀로코스트를 주창한 독일 좌파 신학자들에 의해 주창된 바 있다. 지구촌 남반구의 해방신학이 던져주는 신선한 목소리와 함께 유럽의 연대를 주창하는 운동 가운데, 요하네스 메츠Johannes Metz, 위르겐 몰트만, 도로테 죌레Dorothee Sölle는 슈미트가 나치와의 연루로 더럽힌 그 개념을 해방시켰다.25 그러나 그들의 "정치신학"은 너무 유럽 중심

23) Walter Benjamin, "Theses on the Philosophy of History," in *Illuminations: Essays and Reflections*, ed. by Hannah Arendt (New York: Shocken Books, 1969), 264.
24) Carl Schmitt, *Political Theology: Four Chapters on the Concept of Sovereignty, trans. George Schwab* (Chicago: University of Chicago Press, 2005), chap. 3.
25) 정치신학이 독일의 신학적 맥락 속에서 발전해간 상황적 정황과 해석에 대해서는 다음

적이어서 20세기의 가장 진보적인 신학자들에게조차 호소력을 얻지 못했다. 이 개념은 해방의 특이성들, 즉 페미니스트적, 흑인Black적, 성적 혹은 생태적 정체성들의 특이성들을 희석시킬 위험이 있었다. 다시 말해서 민중적 정체성들을 희석시킬 위험성 말이다.

그런데, 앞서 언급했듯이, 정치신학은 비기독교적 세속 정치이론에 의해 이제 신학으로 다시 복귀하는 중이다. 그래서 이 세속적 정치신학은 신학에 학제간 대화를 압박하면서, 탈세속주의postsecularism라는 뒷문을 열어준다. 그렇지만 나는 정체성의 정치로부터 헤어나려고 정치신학을 이용하지 않는다. 그 대신 나는 우리가 갖는 차이들의 탈본질주의적이고 밀집된—참으로 응축된—얽힘을 우리의 차이점이 갖는 본질적이고 밀도 있는—정말 응축된—얽힘으로 결집하고자 한다: 정체성의 견고한 실체나 통일성의 견고한 동일성이 아니라, 연대의 복잡성solidary complexity으로서 말이다. 물론 이는 나의 오랜 친구 몰트만이 금세기에 기후변화와 세계종교들을 염두에 두고, 바로 "희망의 연대"the solidarity of hope26라고 말했던 것과 관련이 있다. 이는 또한 내가 『불가능의 구름』*Cloud of the Impossible*에서 언급했던 "부정신학적 얽힘apophatic entanglement"와 관련된다.

우리가 이 연대를 모든 단순한 통일성으로부터 구별하기를 배워야 한다는 것보다 개념적으로 내게 더 중요한 것은 없다. 국민으로서 "우리"의 동일성은 바로 슈미트가 정치를 친구/적의 구분을 통해 정의하는 이유이다. 이 친구/적의 구별은 외국인, 타자 등 적을 만들어, "그들"a they에 맞서 하나의 "우리"를 통합하고자 하는 것이다. 이것은 그때와 마찬가지로 지금도 작용하고 있는 반동적 권

을 참고하라: John B. Cobb Jr., *Process Theology as Political Theology* (Philadelphia: The Westminster Press, 1982).

26) Jürgen Moltmann, *The Living God and the Fullness of Life*, trans. Margaret Kohl (Louisville, KY: Westminster John Knox Press, 2015).

력과 파시즘 혹은 네오파시즘이 국가 권력을 창출하기 위해 적을 필요로 하는 이유이다—그리고 백인우월주의와 결합된 이민자에 대한 적대감이 지난 미국 대선에서 매우 중요했던 이유이다. 그리고 더 나아가, 이것이 바로 위기, 비상상황, 그리고 아마도 전쟁조차 슈미트적 통치주권 개념에 필수적인 이유다. 슈미트의 또 다른 주요 공리는 다음과 같다: "주권자는 바로 예외를 결정하는 사람이다." 여기서 예외는 비상상황을 뜻한다. 주권국가의 권력은 무엇을 비상상태로 간주할 것인지를 결정하는 지도자, 즉 법을 중지시킬 수 있는 입법자에게로 응축된다.[27] 그것은 바로 예외적 위기를 결정하는 권력, 즉 그것을 결정하는 통치주권자의 예외적 권력이 곧 통치주권의 규칙 자체를 입증한다는 것을 의미한다.

바로 여기에 즉 권력의 정점에—다시 말해 예외성에—슈미트는 신학을 못 박는다. 만약 근대의 모든 정치적 개념이 세속화된 신학이라면, 그것은 바로 역사적으로 "전능한 하나님이 전능한 입법자"가 되었기 때문이다. 신학에서 위로부터 예외적인 권력을 행사하는 하나님 개념이 국가의 법으로 이전되어 투사된다: "사법권에서의 예외성은 신학에서의 기적 개념에 해당한다."[28] 여기서 슈미트는 키르케고르의 말을 교묘하게 바꿔어 말한다: "예외는 통치권보다 더 흥미롭다. 통치권은 아무 것도 증명하지 않는다. 예외가 모든 것을 입증한다.... 예외를 통해 실재 삶의 권력은 반복에 의해 무기력해진 메커니즘의 딱딱한 껍질을 관통해 나아간다."[29] 따라서 그는—헤겔이든, 자유주의자이든, 마르크스주의자이든—보편주의에 반대하기 위해 키르케고르를 동원한다. 그러나 슈미트는 키르케고르가 상당히 변증법적으로 "예외는 보편 속에서 화해를 이룬다"[30]는 말을 언

27) Schmitt, *Political Theology*, 5.
28) Schmitt, *Political Theology*, 36.
29) Schmitt, *Political Theology*, 15.
30) "활기차고 결연한 예외는 스스로를 유지하는데, 이 예외는 비록 보편적인 것과 갈등하고 있다고 하더라도, 여전히 그 보편의 파생물이다. ... 결과적으로 그 예외는 보편과 그 자신 스

급했다는 사실을 결코 언급하지 않는다.

슈미트는 다시 말하기를: "결정의 순간으로의, 즉 이성과 토론에 기반하지 않은 그리고 스스로를 정당화하지 않는 순수한 결정으로의 국가의 환원; 말하자면, 무로부터 창조된 절대적 결정으로의 환원"−이것이 통치주권의 본질이다.[31] 그에게 그 외 모든 것은 무기력한 보편성이며, 그렇지 않으면 무정부와 혼란이다. 공산주의자, 사회주의자, 무정부주의자, 또는 자유주의자의 차이점들, 이 모든 차이점들은 슈미트적 통치주권에 의해 하나의 활기찬 적으로 융합된다. "무에서 창조된 결정"은 새로움, 권력, 즉 모든 역경에 맞선 의지의 힘을 표현한다. 이것은 합리화된 크로노스, 즉 세속화된 근대의 균질화된 시간을 분명히 파열시킨다. 이것은 카이로스적 돌파를 흉내낸다. 그러나 결정의 이 절대적 본래성은 바울의 카이로스가 아니라 성서가 기록된 시대 이후에 만들어진 무로부터의 창조creatio ex nihilo 개념을 통해 제창된다: 즉 집결하는 지금의시간이 아니라 순수한 기원 말이다. 이는 순전한 예외로서 기원을 묘사하는 낡은 창조론이다. 나는 다른 곳에서 성서 이야기는 허공 속에서 이루어진 전능한 결정도, 또한 순환의 텅 빈 연속성도 혹은 시간이라는 직선도 지지하지 않음을 주장한 바 있다. 창세기 엘로힘의 결단력은 무의 순수성을 결여한다; 참으로 그 결단력은 무가 아니라 "심연"the deep, 즉 히브리어 태홈tehom으로, 다시 말해서 어거스틴이 "무라는 어떤 것"nothingsomething이라 불렀던 것으로 자체로 응축한다.[32] 나는 이런 맥락에서

스로를 설명하고, 그리고 만일 그 보편을 진심으로 탐구하기를 원한다면, 그는 합법화된 예외의 주변을 둘러보기만 하면 된다; 그(예외)는 보편 그 자체보다 훨씬 더 분명하게 모든 것을 드러낸다. 합법적 예외는 그 보편 속에서 화해를 이룬다. ... 만일 하늘이 올바른 99명보다 한 명의 죄인을 더 사랑한다면, 그 죄인은 물론 이것을 처음부터 알지는 못할 것이다" (Søren Kierkegaard, *Fear and Trembling/Repetition*, ed. and trans. Edna Hong and Howard Hong [Princeton, NJ: Princeton University Press, 1983], 227.)

31) Schmitt, *Political Theology*, 66. note on de Maistre...[fix]

32) Catherine Keller, *Face of the Deep: A Theology of Becoming* (New York: Routledge, 2004), esp. pp 74f.

나의 예전 제자 지아 소피아 오의 지구적 살림salim의 연구에 감흥을 받은 바 있는데, 그녀는 김지하의 틈 개념을 테홈 즉, 신성한 심연들로부터 분리할 수 없는 신비한 어둠에 대한 나의 성찰과 연결시켜준 바 있다.33

카이로스34의 창조성은 예외성을 의미하는 것도 그렇다고 통치주권을 의미하는 것도 아니다. 그 대신 그것은 시작inception을 수행한다. 그것은 새로움the novum의 기회, 즉 우리로 하여금 다시 시작하도록 촉구하는 가능성이다—혼돈, 위기, 창조가 혼재하는 현재 순간에 자기 선언적 예외주의에 저항하고 그리고 통치주권으로 환원될 수 없는 결단력을 발휘하는 정치를 상상하면서 말이다.

슈미트의 군주적 주권은 일찍이 기독교에서, 적어도 콘스탄티누스 황제의 궁정 신학자였던 4세기의 주교 유세비우스에게서 찾아볼 수 있다는 사실을 주목하자. 유세비우스는 적기를, "그리고 분명코 군주는 모든 다른 헌법이나 정부 형태를 월등히 초월한다; 왜냐하면 그와 반대로 권력의 민주적 평등이 오히려 무정부와 무질서로 기술될 수도 있기 때문이다."35 유세비우스는 모든 다수성

33) Jea Sophia Oh, *A Postcolonial Theology of Life: Planetarity East and West* (Upland, CA: Sopher Press, 2011).

34) 카이로스가 담지한 정치적 시간성에 대한 참신한 해석을 위해서는 다음을 참고하라: Rowan Tepper's "A Political Post-History of the Concept of Time": http://www.academia.edu/1468890/Kairos_-_A_Political_Post-History_of_the_Concept_of_Time.

35) Eusebius of Caesaria, "From a Speech for the Thirtieth Anniversary of Constantine's Accession," in *From Irenaeus to Grotius: A Sourcebook in Christian Political Thought*, ed. Oliver O'Donovan and Joan Lockwood O'Donovan (Grand Rapids, MI: Eerdman's, 1999), 60. 아울러 다음도 참고하라: Eusebius, "From a Speech on the Dedication of the Holy Sepulchre Church," From Irenaeus to Grotius, 60: "따라서 동일하신 하나님의 명시적인 임명에 의해, 축복의 두 근원들, 즉 로마제국과 기독교적 경건의 교리는 모두 인간의 이익을 위해 발생했다. 왜냐하면 이 시기 전까지 시리아, 아시아, 마케도니아, 이집트 그리고 아라비아 등과 같은 세계의 다양한 나라들은 다른 규칙들에 종속되어 왔기 때문이다. 유대인들은 다시금 팔레스타인 땅에 대한 지배권을 확보했다. 그리고 이 민족들은 그 동일한 미친 정신에 의해 발동된 모든 촌락과 도시와 지역에서 중단 없는 살인 전쟁과 갈등 속에 등장했다. 그러나 두 강력한 힘들이 그와 동일한 지점에서 출발하는데, 이제로부터 한 명의 단일한 통치자가 다스리는 로마 제국과 이 경합하는 요소들을 복종시키고 화해시킨 기독교 종교가 그것들이다. 우리 구세주의 강력한 능력은 어둠의 권세들 하에 있는 많은 정부들과 많은 신들을 즉각 파괴

multiplicity과 평등에 반대하여, 유일신교의 통합하는 힘을 이용한다. 그렇기에, 전능과 그의 세속화에 굴복하지 않은 채 우리는 슈미트로부터 세속화된 형태로 신학적 모티프가 은밀히 작동한다는 사실에 대한 인식을 차용할 수 있어야 할 것이다. 말하자면 정치신학에 대한 인식 말이다.

예외주의적 신학을 넘어서기

2018년 출간된『지구정치신학』에서 상세히 다룬 내용을 여기서 간단히 요약해 본다: 세계의 통치자로서 권좌에 앉은 주권적 예외의 신-론theo-logic은 장황한 일련의 정치적 예외주의들을 산출해 왔다. 이것은 로마제국의 기독교화와 더불어 시작되며, 따라서 기독교의 신정정치적 예외주의의 역사와 더불어 시작한다. 이는 종교적 배타주의교회밖에는 구원이 없다와 상관되어 있으며, 따라서 존재론적인 절대적 예외로서 통치하는 탈역사화된 그리스도와 상관된다: 인간적 범례가 아니라, 초자연적 예외다. 이 통치주권적 기독론은 남성Man의 지배에 동력을 공급한다. 그의 오래된 이성애자 남성 우월주의와 더불어, 우리 모두는 하나님의 형상으로 지음 받았다—그러나 남성은 예외적으로 하나님과 같다.God-like 물론 예외적인 여성들의 역할이 있었지만, 그들은 오히려 가부장의 원칙을 입증했을 따름이다. 시간을 빨리 앞으로 돌려보면, 예외적 주권 권력의 이 정치적 기독론은 바로 역설적으로 미국 민주주의의 반군주주의적인 세속적 기원에 안착한다. 여성주의 신학자 켈리 브라운 더글러스Kelly Brown Douglas는 어떻게 앵글로색슨의 예외주의가 로마 교회에 대항하는 영국의 투쟁 속에서 숙성되었는지, 그리

하였고, 그리고, 무식하거나 문명화된 이들이든 간에, 모든 사람들에게 지상의 끝까지 하나님 자신의 유일한 통치주권을 선포하였다."

고 추후 대서양을 건너면서, 곧 미국이 될 땅에서 쉽사리 백인 우월주의로 변했는지를 추적한다. 물론 우리는 이 모든 예외주의가 어떻게 다시 비등하고 심각한 비상상황을 불러일으키는지 말할 수 있다

그러나 포스트휴먼posthuman이 주요주제로 등장하는 우리 시대에는 또 다른 형태의 예외주의, 즉 세속화된 형태로 근대의 모든 자연 정복 프로젝트를 추동한 인간 예외주의를 다루고자 한다: 비인간the nonhuman에 대한 남성Man의 주권 말이다. 이와 같은 창세기 1장의 왜곡은, 기독교 형태든 세속화된 형태든 간에, 근대 시대를 압도적으로 지배했다. 그러므로 우리가 신학자로 일하든 아니면 다른 학문을 수행하든 간에, 포스트휴먼에 대한 이 학제간 대화는 결정적으로 중요하다. 나는 개인적으로 포스트휴먼이란 단어를 사용하지 않는다고 말할 수 있는데, 이 단어가 트랜스휴머니스트들이 의미하는 바를 함축하는 것으로 너무 쉽사리 오해될 수 있기 때문이다: 즉, 우리가 유인원들로부터 출현했듯이, 지금의 인간으로서 '우리'로부터 기술을 통해 진화된 다른 형태의 우리를 만들기 위한 운동, 즉 기술을 통한 사이버-진화적 도약을 축하하는 운동과 혼동되는 오해 말이다. 다시 말해서 포스트휴먼이란 용어는 그저 또 하나의 새로운 사이버예외주의를 주창한다는 오해 말이다. 단지 내 생각에 불과할수도 있다. 그렇지만, 포스트휴먼이 실제로 포스트휴머니즘을 의미할 때, 그것은 매우 다른 의미를 담지하게 될 것이다: 그것은 인간을 넘어서는 운동이 아니라, 서구 근대의 휴머니즘에 의해 규정된 통치주권적 인간을 넘어서는 운동이다. 그것이 내가 인간적 예외주의라 부르는 것이다. 얼마나 위계적이거나 호전적이든 간에, 위대한 아시아의 문명들은 인간중심주의라는 이 극단에 이르지 않았다고 생각한다. 이 지구 행성 위에서 인간적 그리고 비인간적nonhuman 살림을 위해 우리는 궁극적으로 우리 인간 종을 자살로 몰아가는 이 예외주의에 대한 대안을 만들어 나가기 위해 함

께 일한다.

시작inception의 신학

나는 예외를 정치의 통지권력으로 만든 주권 개념이나 예외의 모든 언어에 반대하는 논쟁들에 관심하지 않는다. 왜냐하면 그 논쟁들이 예외를 정치의 통치권력으로 만들었기 때문이다. 이것이 바로 히틀러가 한 일이었다. 아감벤이 주목하듯이, 예외가 규칙이 되고, 그리고 그것이 법을 무시하는 카리스마와 결합될 때, 예외는 "살인 기계"를 작동시킨다. 아감벤은 부시 정권과 그의 이라크 전쟁이 시작한 국제법의 지속적인 위반에 대한 대답으로 『예외 국가』*State of Exception*라는 책을 썼다. 물론 카리스마, 통치주권, 예외라는 용어들조차 이제 정권과 전쟁에 대한 사악한 익살극을 만들어내는 지도자에게는 지나친 존중심을 발휘한 표현으로 여겨지기도 한다. 그러나 지금은 극단의 시기다. 스티븐 콜버트의 〈레이트 쇼〉, 존 올리버의 〈라스트 위크 투나잇〉—아마 여러분도 이 프로그램을 알 것이다—의 코믹 뉴스에 대해 하나님께 감사드린다—이 쇼들은 풍자를 통해 의미있는 저항을 시도한다.

『지구 정치신학』*Political Theology of the Earth*에서 나는 예외에 대한 대안은 시작inception, 곧 새 출발이라고 제안한다. 이것은 새로운 창조를 암시하지만, 무로부터의 새로운 창조가 아니라 우리 상황의 혼돈chaos으로부터의 창조를 말한다. 그것은 불가능한 것으로 여겨지는 것 사이에서 새로운 가능성을 연다. 정치신학에게 그것은 카이로스의 새로움이 놀이를 펼치고 있는 것을 가리킨다. 이것은 하나님 나라의 비유와 공명한다: 하나님 나라의 가능성은 작은 씨앗, 숨겨진 보물과 같지만, 그러나 열린다. 그래서 밖으로 나온다. 거기서 전개되는 메시아니즘은 대안적 방식의 살림이다. 이것은 십자가에 달아놓고 "유대인의 왕"이라는 명패로 메시아를 조롱하는 살인 기계의 왕국이 아니다. 그런데 예외주의자의 익살극은 비잔틴 제국과 더불어 시작된 제국주의의 모습을 새롭게 전개해 나아간다: 알프레드 노스 화이트헤드Alfred North Whitehead가 『과정과 실재』*Process & Reality* 마지막 장에서 역설적으로 표현했듯이, "교회는 하나님에게 오직 로마황제에게만 귀속된 속성을 부여했다."36

자신과 동시대인이었던 슈미트에 대한 언급없이, 화이트헤드는 자신의 글에서 정치신학의 핵심 문제를 포착한다: "하나님은 모든 형이상학적 원리들에 대한 예외로서 취급되어서는 안 되며, 또한 형이상학적 원리들의 붕괴를 막기 위해 들먹여져서도 안 된다. 하나님은 형이상학적 원리들의 핵심적인 범례이다."37 달리 말하면, 하나님은 만사를 통제하는 무로부터의 하나님이 아니다. 또한 규칙들을 정하고 부여하기 위해 마음대로 개입하는 절대적 예외로서의 하나님도 아니다. 하나님은 부동의 동자the Unmoved Mover가 아니라, 하츠혼Hartshorne의 표현처럼 "최고의 움직이는 동자"the Most Moved Mover이다. 하나님은 더 이상 비물질적이고 불변하며 영원한 초월을 상징하지 않는다. 하나님은 중대한 예외가 아니라 새로운 가능성의 시작을 나타내신다. 물론, 하나님이 정치적으로 그리고 형이상학적으로 전능한 부동의 동자이시라는 교리에 대하여 화이트헤드가 애초부터 저항했다는 사실이 지금까지 과정신학 운동에 상당한 동기부여를 해왔고, 그에 따라서 과정신학은 폭넓은 생태적, 경제적, 정치적 실천을 수행해 왔다. 과정 속에서 신성은 모든 시대의 공간, 집oikos, 모든 '되기'becomings의 생태공간이 되며, 신성 그 자체도 하나의 되기becoming이다. 과정적-관계적process-relational 존

36) Alfred North Whitehead, *Process and Reality: An Essay in Cosmology*, corrected edition, ed. by David R. Griffin and Donald W. Sherburne (New York: Free Press, 1979), 342.
37) Whitehead, *Process and Reality*, 343.

재론은 모든 지금의순간을, 즉 모든 "되기의 현실적 계기"를 그 역사와 그 세계의 물질화로서 그리고 우주의 개요로서 묘사하는데, 이 개요를 베냐민은 "괴물 같은 축약"이라 불렀다. 각 사건 계기는 "대우주를 소우주 안에서 반복한다."[38] 달리 말하면, 각 피조물은 그의 과거 우주의 응축으로서 읽혀질 수 있다.

이는 넘쳐나오는 차이들을 즉 그 새로움들을 상실함이 없는 반-예외적counter-exceptional 과정을 상상하는 하나의 형이상학적 방법으로서, 전통적 자연주의자의 사변으로부터 도래한다. 서로 다르지만 그러면서도 서로 관계하는 과정의 모델이 "탈자적[脫自的] 자연주의"ecstatic naturalism의 모델이 될 수 있을지 궁금하다.[39] 만일 가능하다면, 그것은 스스로를 자연 자체로부터 예외로 삼지 않고, 오히려 자연 스스로가 스스로를 넘어가는 脫自的 경험, 즉 ecstasy[40]를 열어나갈 것이라고 생각한다.

우리 중 일부는 앞으로 기독교 신학적 은유들을 가지고 연구할 것인데, 이는 이 기독교적 은유들이 여전히 우리 안에서 반향을 지니고 있기 때문이라기 보다는, 오히려 그 은유들을 통해 우리가 더 나은 세속화, 즉 근대 서구 예외주의의 세속화보다 사회적, 민주적, 지구적으로 보다 더 급진적인 세속화에 기여하고 있기 때문이다. 바울이 언급한 시간의 단축sunestalmenos과 다시금 연관해서, 우리는 다음과 같이 말할 수 있다: "카이로스적 시작 속에서 시간은 축소됨 없이 응

---

38) Whitehead, *Process and Reality*, 215.

39) 역주: 본 원고는 2017년 10월26일 오후 4시 연세대학교 신과대학에서 생태와 문화 융복합연구센터 주관으로 열린 국제학술회의 "Alternative Thoughts to Global Capitalism in the Posthuman Age"에서 미국 탈자적 자연주의(ecstatic naturalism)의 거장 로버트 코링턴(Robert S. Corrington)과 함께 발표되었으며, 따라서 함께 발표자로 참석한 코링턴에게 건네는 물음이었다.

40) 역주: 로버트 코링턴의 '탈자적 자연주의'는 자연(nature)을 'ecstasy'의 어원적 의미 즉 'being out side of itself'로 읽어내면서, 한자어 자연(自然)으로 읽어내면서 통상 'self-so-ing'으로 영어권에 번역된다. 만일 동북아시아인들이 사용하는 자연의 의미를 self-so-ing으로 읽어낼 수 있다면, 코링턴은 그 'self-so-ing'하는 자연의 ec-stasy 즉 'a ceaseless process of being out of itself'라는 의미로, 말하자면 '탈자'(脫自)로 읽어낸다.

축한다. 그래서 따라서 시간은 비상사태로 고갈되기보다는, 오히려 새로운 창발을 요청한다. 로마서 8장 22절의 위대한 은유적 순간에서 보듯이, 응축은 탄생의 고통 속에 응축된 전체 창조세계에 간여한다. "지금까지 말이다." 그 출산의 고통 속에서 그리고 그 탈자脫自, ec-stasy의 순간들 속에서 말이다. 바울의 종말론적 우주적 응축이 메시아적 그리스도의 단순한 재림으로 당장 읽혀질 필요는 없다. 그보다 오히려 베냐민의 말을 다시 반복한다: "시간의 매 순간은 메시아가 도래할 수도 있을 좁은 문이었다."[41]

메시아의 좁은 문 또는 우주의 태홈적 자궁에서 우리는 예외적인 하나의 젠더나 성의 영역에 있는 것이 아니다. 인간적으로 체현된 포스트휴먼적 가능성들은 이 열림에서 증식되기 때문에, 남성/여성, 이성애자/동성애자의 여느 위계적 이분법으로 환원될 수 없다. 나는 이것을 표현할 단어로 "트랜스페미니즘"transfeminism을 제안한다: 이것은 정체성의 페미니즘도 아니고 어리석은 포스트페니미즘도 아니다; 오히려 그 역사를 통해 또한 그 역사를 넘어, 젠더와 성 그리고 계급, 심지어는 종들의 행렬을 따라 정체성들과 차이들의 교차로로 진입하는 페미니즘의 지속적인 운동이다.[42] 교차성은 환원이 아니다. 마찬가지로, 시작은 "하나님"과 "세상"이라는 기표들의 차이를 중단시키는 것이 아니라 그 기

41) Benjamin, "Theses," 264.

42) 역주: 켈러가 2017년 방한한 이후 2018년 4월쯤 일부 극우 학자들과 신학자들이 모여 켈러의 '트랜스페미니즘'을 비판적으로 읽는 모임을 학회형식으로 개최한 바 있다. 여기서 이들은 몰지각과 반지성의 정점을 보여주는데, 켈러가 제안하는 '트랜스페미니즘'이 'trans-'라는 접두어를 달았다는 이유로 이를 'trans-sexuality'를 주창하는 페미니즘으로 단정하고, 동성애를 화두로 삼아 켈러의 신학을 비판하는 한심한 행태를 보여준 바 있다. 그 주동은 숭실대 기독교학과 명예교수인 김영한이었다. 기독교 철학을 한답시고 겨우 이런 식의 단순무식한 사고로 무장한 채, 극우선동정치만 일삼는다면, 이런 기독교는 자멸하고 말 것이다. 켈러의 '트랜스페미니즘'은 다양한 동기와 목표와 이익들을 갖고 전개되는 다양한 여성들의 운동들을 가로질러, 하나의 공통된 지향성을 갖자는 의미에서 소위 동성애나 transsexuality의 사람들을 거절하거나 낙인찍지는 않지만, 트랜스페미니즘이 그 성소수자들의 신학이거나 운동인 것은 전혀 아니다.

표들을 구별하고 분리하는 이원론을 중단시킨다. 혹은 그리스도의 성육신 대 다른 종교의 성육신 간의 이원론을 중단시킨다. 이를 위해 필자는 상호적 체화intercarnation에 대한 성찰을 제안한다: 우리의 관계적 얽힘 안에서 그리고 그를 통하여 육체가 되신 하나님. 얽힘은 이런 저런 관계의 목조름이나 옥죔이 아니라, 모든 것의 신비한 상호의존성이다. 즉 세계의 살림이다. 시간상의 점들이 아니라 거미망의 교차점들이다. 크로노스 안에서가 아니라 카이로스 안에서 말이다. 이 우주적 얽힘은, 우리가 그렇게 되도록 내버려 둔다면, 스스로 인간/자연의 모든 이원론을 극복한다.

이 낡은 근대의 이분법들을 작동시키는 예외주의들 대신에, 우리는 아주 다른 언어들과 아주 다른 방법들로 대안적인 시작을 양육한다. 아마도 우리는 때로 그의 살림을 느끼기까지 한다: 그 자연 속에서 탈자적으로; 그 성육신들 속에서 상호적 체화로; 그 차이들 속에 얽혀서 말이다.

창조, 묵시적 종말[43] 그리고 정치신학의 물화(物化)[44]

여기서 우리는 창조와 묵시적 종말apocalypse의 비선형적 상호작용에 대해 함께 성찰해볼 것이다. '창조'와 '종말'은 기독교 성서의 시작과 끝에 위치하는데, 적어도 서구에서는 시작부터 끝까지 역사라는 선을 따라 움직이면서 시간의 틀을 구성하는 중요한 두 상징이다. 이렇게 물질 우주의 공간은 하나의 단일한 시간에 의해 구성되고 있다. 이것은 종교적으로는 구원사*Heilsgeschichte*로, 세속적 어휘로 번역하면 진보progress로 읽혀진다. 필자는 그 시간성이 함축하는 정치신학에 대한 궁금증을 갖고 있는데, 왜냐하면 통치권력sovereignty의 세력들이 세계의 물질성을 만들어내고, 그래서 무엇이 중요한지혹은 '무엇이 물화[物化]하는지, what matters에 대한 집단의 감수성을 형성하기 때문이다. 그래서 여기서 물物 자체의 정치신학을 구성하는 알파와 오메가에 대하여 함께 성찰해보고자 한다.

---

43) 역주: apocalypse는 생각보다 다양한 의미의 지층들이 담지되어 있어서 한 마디로 번역하기가 애매하다. 우선 apocalypse는 계시(revealation)의 뜻으로 쓰인다. 그래서 요한계시록을 가리키는 단어가 되기도 한다. 하지만 이 '계시'는 대파멸의 예고로 간주되기도 한다. 그래서 '세계의 종말'이나 대파국을 의미하거나 그 연장선에서 대재난이나 파괴를 'apocalypse'라고 표현하기도 한다. 그래서 켈러가 창조와 apocalypse를 병치할 때, 이것은 창조와 종말의 대파국이라는 의미를 드러내려는 것이다.

44) 본 원고는 2022년 4월29일 장로회신학대학교 김은혜 교수를 연구책임자로 수행하는 한-미 인문분야 특별협력사업 "사물, 기후, 생태를 위한 지구행성신학"의 일환으로 진행된 Zoom 세미나의 발표원고를 출판 의도와 원칙에 맞게 수정한 것임을 일러둔다.

전통적 창조론과 종말론 그리고 그 정치신학적 함의: 무로부터의 창조교리를 중심으로

고전적 형식의 기독교는 물질세계를 절대적인 무無로부터 도래한 것으로 이해해 왔다. 그래서 물질세계는 시간의 결정론적 흐름들을 따라 전개되고, 그 시간의 흐름은 부활에서 정점에 이르렀다가 이후 완전한 종말로 끝나게 된다. 그런 다음에 초자연적 새창조와 같은 형태로 새로운 물질세계가 시작된다. 그래서 물질 우주는 무로부터*ex nihilo* 창조되었고, 그리고 이렇게 말하는 것이 가능하다면, 무로*ad nililam* 끝이 난다. 이 절대적 시작과 끝의 개념이 전능한 무로부터의 창조자 되시는 하나님 개념을 지탱해왔으며, 여기서 전능한 창조주는 역사를 주재하시고 그 역사가 종말의 파국에서 종료될 것도 주관하신다. 또한 그 전능한 창조자는 인간에게 물질세계를 지배할 권리를 부여하고, 최종적으로 우리가 수행한 지배의 성과를 심판하신다. 그래서 마침내 이 세계는 종말론적 성취에 도달한다. 그런데, 이러한 직선적 시간 과정에서 종말the End로 오독되는 대파멸apocalypse이 없는 것은 아니다. 그 대파멸은 어떤 의미에서는 처음부터 예견되어왔던 결말이다.

나는 이러한 관점을 풍자화하고 싶지는 않다. 왜냐하면 매우 신실하고 책임감 있고 창조적인 기독교가 이 관점을 일정부분 전제하고 있기 때문이다. 이는 단지 보수적인 신학에만 해당되는 것이 아니라 자유주의 신학의 상당수도 그렇다.

그러나 애초부터 시작과 끝에 대한 또 다른 이독異讀이 가능했다. 그 이독은 외양상 성서의 모습으로 나타나기 때문에 기독교를 곤혼스럽게 만들기도 하지만, 사실 성서는 언제나 신학을 통해 걸러져 왔다. 그리고 전통 신학은 대체로 전지전능한 무로부터의 창조자라는 관점을 유지해왔다. 이 전통 신학이 말하는 전지전능한 창조자는 통제권을 유지하면서도, 자유에 대해서는 그와 다르면서도 교묘한 관계를 유지해 왔다. 말하자면, 이 전통신학의 창조자 관점에는 통치권력의 일방성을 강조하는 특정의 정치신학적 관점이 담겨 있다는 말이다. 그래서 창세기에서 용인된 지배권이 다른 피조물들에 대한 인간의 통치권으로 해석되었고, 그래서 지구행성 위에서 펼쳐질 우리의 미래가 대파멸의 묵시록을 함축하는 것으로 읽혀졌는데, 이런 관점은 지금의 우리에게는 너무나 파괴적인 것으로 여겨진다.

물론 인간의 지배권이란 언제나 위로부터의 개입에 의해 제압될 수 있고, 또 인간이든 신적인 존재이든 간에 누군가의 손아귀에 넘겨진 통치권력sovereignty이란 이길 수 있는 권력powers to trump을 주장한다. [그리고 이러한 방식의 독해에서 영어 단어 trump가 '물리치다, 이기다'를 의미한다는 사실은 기묘한 동시성의 신호로 느껴지는데, 슬프게도 이것이 한국 상황과도 무관한 것 같지 않다.45 그리고 창조의 궁극적인 승리가 세상의 종말과 더불어 도래하는데, 이는 묵시적 종말apocalypse을 세상의 종말로 읽어낸 전통적 독해의 결과로서, 이를 통해 피조세계는 다시 무無로 되돌려졌다가 신제품으로 창조되는 것처럼 묘사된다: 무로부터의 새로운 창조.*nove creatio ex nihilo*

그래서 역사의 이 시점에서 시작과 끝을 읽는 다른 방법을 검토하는 것은 적절해 보인다. 즉 시작과 끝을 서로와 관련하여 읽어내는 또 다른 방식, 다시 말해서 창세기와 계시록을 읽는 또 다른 방식 말이다. 그리고 곧 보게 되겠지만, 성서

45) 역주: 한국의 정치는 늘 선거에서 이기는 정치로 압축된다. 이기기 위해 수단과 방법을 가리지 않는 정치풍토는 늘 '이길 수 있는 권력'을 갈망하고 주장한다. 켈러는 미국의 정치상황을 보고 그렇게 표현했지만, 또한 한국의 상황을 보면서 미국의 정치상황과 크게 다르지 않다는 것을 느끼는 것이다.

적 상징들을 이렇게 다르게 읽어내는 방식이 고대의 본문 즉 텍스트 자체에 보다 더 충실한 길임을 알게 될 것이다.

필자는 이 시작과 끝의 이야기를 정치신학의 문제matter와 연결해서 보다 체계적으로 검토해보고자 하는데, 이는 신학하는 장으로서 정치와 연관하여 창조와 종말apocalypse의 대안적 이야기를 고려해보기 위함이다. 말하자면, 지구정치신학을 뒷받침할 이야기 말이다.

만약 그 '무로부터'의 성서 이야기를 전능한 통제권력의 신학이라는 방향으로 몰아붙였다면, 그것으로부터 도출되는 정치신학은 무엇일까? 우리는 절대적 무로부터의 창조 교리를 서구 역사와 식민주의 그리고 지금의 신식민주의로 점철된 세계화된 문명으로부터 따로 떼어내서 생각할 수 없다. 출간된 지 20년 가까이 지난 졸저 『심연의 얼굴』*Face of the Deep*, 2003에서 나는 무로부터의 창조 교리의 역사를 2세기 후반 정통주의 기독교의 두 창설자인 이레니우스Irenaeus와 터툴리아누스Tertullian에게로 소급하여 추적하였다. 이들은 타티아누스Tatian와 테오필로스Theophilus의 초기 작업에 기초하여, 이단으로 선포된 영지주의의 신학적 입장에 반대하여 논증하고 있었다.

그런데 역사가 게르하르트 메이Gerhard May가 전해주는 바에 따르면, 무로부터의 창조라는 아이디어는 내가 다루었던 그 논쟁들보다 한 세대 앞서 살았던, 당시 유명한 영지주의 스승이었던 바실리데스Basilides에게서 이미 발견된다. 이것은 매우 흥미로운 이야기이다. 왜냐하면 영지주의는 바로 무로부터의 창조 교리가 신학적으로 싸우고 있는 이단으로 추정되기 때문이다. 그런데 바실리데스의 주장에 따르면, 하나님의 창조는 "인간 예술가나 장인의 경우처럼 단순히 이전에 [실존하는] 소재를 가지고 물건을 만들어 존재케 하는 것이 아니다." 다시 말해서, 적어도 바실리데스의 경우 무로부터의 창조라는 교리의 발명은 물질 자체에 대한 깊은 거부감을 담지한 영지주의적 단일신론에 기인하고 있는 것이다. 그런데 어찌된 일인지 후대의 정통교회는 이 교리를 통해 그 영지주의 이단을 흉내 내며 조롱하고 있는 것이다.

필자의 저서 『심연의 얼굴』의 요지는 진정한 정통 창조론을 결정하려는 것이 아니라, 창세기의 처음 두 구절에 대한 심도있는 독해를 제시하는 것이다. "태초에 하나님이 천지를 창조하시니라. 땅이 혼돈하고 공허하며formless, tohuvabohu 흑암이 깊음the deep, tehom 위에 있고 하나님의 영은 수면 위에 운행하시니라." 개역개정 그리고 심지어 가장 논란의 여지가 없는 성경학자들웨스터만, 폰 라드조차 창세기에는 물物이 창조되는 절대적 무와 같은 것은 없다는 사실을 유감스럽게 인정한다는 사실을 보게 된다. 물론 아우구스티누스Augustine가 『고백록』에서 표현하듯이, 거기에는 절대적으로 아무것도 없는 것이 아니었다. 거기에는 어떤 형태 없음formlessness이 존재하고 있었다. 그래서 아우구스티누스는 그것을 '무라는 어떤 것'somethingnothing, nihil aliquid이라고 불렀다.

본래 이 글의 요점은 그 시원적 심연, 태홈이라 불리는 어떤 것으로 깊이 들어가는 것이 아니다. 그러나 나는 로마제국이라는 매우 정치적인 상황 속에서 '무로부터'의 교리가 그 영지주의적 뿌리를 거쳐 기독교 정통주의로 발전해 갔다는 사실을 제시하고자 한다. 초기 신학자들은 여기에 걸려있는 것이 무엇인지 분명하게 알고 있었다. 그 영지주의적 대안의 신학을 조롱하면서, 터툴리아누스Tertullian는 만일 하나님의 능력이 '무'로 연장될 수 없다면, 그래서 "무로부터 모든 만물을 만들어"내실 수 없다면, 하나님은 더 이상 전능자Almighty라고 불리실 수 없다고 분명히 진술하고 있다! 말하자면, 터툴리아누스의 논증은 무로부터의 창조 교리를 신학적으로 정당화하는데 목적이 있는 것이 아니라, 오히려 영지주의를 조롱하기 위해 무로부터의 창조 교리를 소환하고 있다.

그래서 유래야 어찌되었건 이 무로부터의 교리는 절대적인 전능으로 모든 것을 창조하시고, 그He가 선택한 대로 모든 것을 통제하시는 하나님의 이미지를 지지한다. 그렇다 바로 그분He 말이다. 이렇게 무로부터의 교리는 고대 세계의 가부장적 위계질서를 절대적으로 통제하는 권력의 교리로 공고하게 만들었고, 바로 이 교리가 기독교 문명의 정치신학을 거의 전적으로 추동해오고 있다. 이는 분명코 신학의 세속화이고, 신학의 이러한 세속화는 분명히 민주적 형식의 인간적인 거버넌스보다 오히려 권위주의적 방식을 지향하며 나아갈 것이다.

전통적 창조론과 종말론에 대한 이독異讀

그렇다면 대안적인 성서 독해는 무엇인가? 그것은 통상 혼돈으로부터의 창조라고 불린다. 나는 이것을 '심연으로부터의 창조'*creatio ex profundis*, *creation out of the deep*라고 부른다. 태홈tehom의 대양적 형상 없음으로부터의 창조 말이다. 여기서 '심연'the deep은 물物 자체의 형상 없는 잠재성, 즉 무한한 에너지로 읽힐 수 있다. 심지어 하나님으로부터 분리될 수 없는 심연, 즉 신성 그 자체의 심연으로 말이다.

전통적인 성서읽기 관행에 따르면, '무로부터의 창조'는 '무로의'*ad nililam* 창조라는 것으로 나아가는데, 이것은 이 세계의 소멸annihilation과 완전히 새로운 세계의 초자연적 창조를 의미한다. 그래서 아포칼립스는 세계의 종말로 읽히고, 이런 맥락에서 새 예루살렘을 위한 대파멸을 통한 대청소로 간주될 수 있다. 그래서 더 정확히 말하자면, '무로부터의 새로운 창조'*novo creatio ex nihilo*가 된다. 그러나 이러한 독해는 사도 요한의 묵시Apocalypse를 담고 있는 예언적 텍스트에 대한 무척 위험하고 과도한 단순화over-simplification이다.

이 텍스트와 그것이 만들어내는 영향력들에 관하여 필자는 이미 두 권의 책을 저술했음을 조금은 두려운 마음으로 고백한다. 지난 세기말에 한 권 그리고 가장 최근에 출판된 『묵시적 종말에 맞서서: 기후, 민주주의, 그리고 마지막 기회들』*Facing Apocalypse: Climate, Democracy, and Other Last Chances*, 한국기독교연구소, 2021이 그것이다. 당장은 기후의 취약성보다 민주주의의 취약성에 독자들의 신경이 더 곤두설 수도 있다. 그리고 물론 독자들은 이 두 문제가 깊이 연결되어 있음도 알고 있을 것이다. 특히 반민주적 세력들이 당장의 자본주의적 권력의 이익을 위해 생태적 아포칼립스를 줄곧 무시하려고 하는 때에 말이다.

무엇보다도 지구온난화가 나를 성서의 그 마지막 책으로 다시 돌아가게 했다. 상당히 많은 수의 기독교인들이 우리미국의 공화당처럼 지구온난화를 무시하고 부정한다. 그렇지 않으면 종말이 도래하고 있다는, 그리고 곧 도래한다는 자신들만의 관점을 확신한다! 왜 기후변화를 걱정해? 몇 해 전 생태문제에 관심이 있는 나의 학생 중 한 명의 부모님이 했다는 이야기를 전해 들었다. '아들아, 우리는 농부들이다. 그래서 우리는 변화들을 알고 있단다. 그러나 염려하지 말아라. 그건 그저 예수님이 곧 다시 오고 계시다는 것을 의미한단다.' 나중에 알게 됐지만, 그 학생의 아버지는 현재 남부의 큰 도시에서 공화당 소속으로 시장이 되셨다. 내가 이것을 언급하는 이유는 우리가 지금 정치신학에 대하여 생각을 나누는 중이기 때문이다. 바로 그 태도, 그 아버지의 태도가 미국 개신교의 거의 전반을 지배하고 있다.

필자가 하고 싶은 말은 이것이다: 성서의 아포칼립스가 절대적 종말을 이야기하지 않는다는 것. 오히려 성서는 꿈속 이미지들을 통해서 인간과 비인간non-human 모두의 파국적 파괴들을 묘사하고 있다. 그 원인은 분명하다. 짐승같은 권력과 매춘적 세계경제의 형상들 때문이다. 물론 바빌론의 창녀 이미지는 여성혐오적 이미지로, 필자의 페미니즘 정신에 모욕적이지만 그러나 나는 더 이상 그것을 거부하지 않는다. 그 이미지는 생명의 완전한 상품화, 실로 자기-상품화를 포착하고 있으며, 이것이 아직은 자본주의적 신제국주의의 현실은 아니지만, 이미 그 당시 제국의 세계경제적 상황을 보여주기 때문이다.

그런데 새로운 시작은 여러 왕이 평화롭게 공존하고 있는 도시에 대한 비전이다. 즉 새로운 시작은 분명히 이 지구와 그 정치사의 계속을 의미한다. 그 새로운 시작은 세계 제국으로부터 자유롭고, 그리고 생명의 물과 나무가 그 중앙에 있다. 그러므로 이것은 생태정치문명에 대한 유토피아적인 비전, 즉 급진적인 "새로운 피조물"을 의미한다. 이것을 무로의 창조*creatio ad nihilam*가 아니라, '새로움으로의 창조'creatio ad novum라고 부르도록 하자. 하지만 역사의 변화를 위한 많은 운동들이 그랬듯이 만약 우리가 책임적으로 해석한다면, 이 새로움으로의 창조는 권위주의적인 하향식 권력이나 정치적 수동성이 아니라, 급진적인 변혁radical transformation을 위해 일하라고 우리를 촉구한다. 포기하지 말고, 세상의 멸망을 받아들이고, 신의 전능이 모든 것을 처리하도록 하라.

물화mattering로서 성육신, 더 나아가 상호적 육화

그래서 나는 무로부터의 창조가 전개하는 정치신학이, 그래서 무로의 종말론을 향한 직선적 시간표를 따라가도록 만드는 정치신학이 현재 시제의 잠재력을 약화시키고 있다고 주장한다. 이 정치신학의 세속화된 형태로서 구원사Hilesgeschichte는 지구 위에서 살아가는 우리 삶의 도구화와 오늘날 우리 몸의 퇴화, 즉 현시제의 물질성의 퇴화에 기여하면서, 행성 생태학의 퇴화에도 기여한다. 그렇다면 물질에 대한 어떤 대안적 이해가 가능할까? 계시록 초반에 말씀을 공표하는 묵시적 메시아가 그 단서를 제공한다. "나는 알파와 오메가라." 만약 알파와 오메가가 한 사람으로as one 함께 육화incarnate한다면, 그것은 시간 자체의 본질에 대하여 무언가를 말해준다.

지구의 모든 물화物化하는 몸들과 연결된 우리 몸에서 현재 시제와 그의 물질화가 어떻게 "나로서의 나""I am"를 체현할 수 있을까? 현재 시제로부터의 도피나 철수 대신 우리는 육화적incarnational 창조성을 분별할 수 있을까? 심연으로부터의 창조가 매 순간 새로움으로의 창조와 더불어 상호작용 속에서 일어난다는 사실을 분별할 수 있을까?

이 물음들은 물질성에 대한 이해를 위해 내가 과정신학에 의존하고 있음을 암시한다. 내 생각에 독자들은 화이트헤드의 철학과 그가 1929년에 출판한 『과정과 실재』를 통해서는 아니더라도, 신학자 존 캅의 작품을 통해서는 과정신학을 접했을 것이다. 하지만 한국에서 자유주의적 진보신학에 대한 과정사상의 영향력은 여전히 상당히 간접적인 것에 그치고 있다고 여겨진다.

여기서는 물질에 대한 과정 사상의 설명만을 끄집어 내보고자 한다. 과정 사상은 소위 신물질주의new materialism 46에 영향을 미쳤는데, 특히 화이트헤드의 사상을 중시했던 질 들뢰즈Gilles Deleuze와 제인 베넷Jane Bennett에게 영향을 미쳤다. 당대 위대한 수학자들 중 한 명으로 알려졌던 화이트헤드는 상대성 이론과 양자물리학의 관점으로 물질을 재사유하는 작업을 하면서, 자신만의 독특한 우주론을 만들어내야 한다는 자극을 받았다. 기존의 용어와 개념으로는 현대 물리학의

46) 역주: new materialism은 '신유물론'이라고 많이 번역되기도 한다. 하지만 materialism을 늘상 '유물론'이라고만 번역하면, 이 용어가 담지한 '물질주의'라는 함의성이 심연으로 억눌리고 만다. new materialism은 칼 마르스크와 엥겔스 이후 정치적으로 활용된 유물론으로서 materialism의 한계를 비판하면서, 정치적 이데올로기로서 유물론 대신 물질주의적 함의를 주목하고, 기후변화와 생태위기 시대에 물(物)의 행위주체성을 조명하자는 취지로 일어난 사상운동으로서 '신유물론'이라는 번역보다는 '신물질주의'라는 번역어가 본래 취지에 더 맞다고 여겨져 '신물질주의'로 번역한다.

발견들이 가져다 준 변화들을 제대로 수용할 수 없다고 느꼈기 때문이다. 그의 우주론은 하나님의 존재까지 포함하고 있다는 점에서 꽤나 충격적인 비전이었다. 그에게 피조세계는 신학적으로도 혹은 물리적으로도 무로부터 만들어진 거대한 실체가 아니었다. 창조는 창조성의 물질화materialization 혹은 '물질적 구현'이었다. 즉 시작도 끝도 없는 창조적 과정의 물화 혹은 물질적 체현體現이다.

우리가 "하나님"이라고 부르는 존재는 그 창조성을 조종하는 것이 아니라 안내한다. 나는 이 창조성을 성서의 태홈과 연관시켜왔다. 그리고 과정신학은 고전적 전지전능성 개념에 대한 가장 일관성있는 기독교적 대안을 제시한다. 그렇게 신학자가 되고 싶었던 젊은 페미니스트 시절 나에게 과정신학은 결정적이었다. 신성은 각 피조물을 매 순간 자기-실현을 향하여 부르고, "유혹"한다.lure 그 다음에 각자가 무엇이 되든지 간에 그것을 자기 안으로 내면화한다. 이를 전문용어로 표현하면, 하나님의 시초적 본성과 결과적 본성이라 한다. 우리는 하나님의 이 양극성을 알파와 오메가라 부를 수도 있을 것이다. 시초적 목적 혹은 유혹은 유입되는 관계들의 세계로부터의 실현으로, 다시 말해서 심연으로부터의 실현으로 초대한다. 그리고 실현된 사건 계기actualized occasion[47]는 얼마나 사소하든지 간에 새로운 어떤 것을 표현한다. 말하자면 새로움으로의 실현인 것이다. 각 순간의 끝에서 역사가 아니라 신성의 내면으로 취하여져, 그 안에서 다른 모든 것들과의 상호관계성으로 진입하면서, 화이트헤드가 인용하듯이, "하늘나라가 오늘 우리와 함께 있"게 된다.

화이트헤드의 초점은 물질화의 리듬에 있다. 신학자가 되었든 전자electron가 되었든 간에, 모든 피조물은 이 순간에 창조적 과정의 물질화이다. 존재한다는

47) 역주 '사건 계기'(occasion)는 현실체(actual entity), 존재 혹은 실존하는 것을 가리키는 화이트헤드의 용어이다. 화이트헤드에 따르면, 신을 포함한 모든 존재는 현실체이지만, '사건 계기'라는 범주로 묶인 존재에 신은 들어가지 않는다.

것, 즉 “현실체”actual entity가 되는 것은 순간의 사건이 되는 것을 의미하며, 이는 과정의 사건을 말한다. 그리고 그 과정의 내용은 피조물이 그의 세계와 맺는 관계들이다. 그래서 물질은 한 무더기의 정적이고 분리된 사물들이 아니다. 물物은 관계 속에서 되어가는 과정process of becoming in relation이며, 물질은 물질화materi-alization 혹은 물화物化이다. 그리고 각각의 물화는 물리적 측면과 정신적 측면 모두를 가지고 있다. 심지어 전자electron도 그렇다. 그 어떤 피조물도 불활성의 죽은 물질이 아니다. 물질은 살아 있다.alive 그래서 물질은 자신의 세계를 경험한다. 제인 베넷의 말로 표현하면, 물질은 생동한다.vibrant 이는 경험의 류와 종 사이의 광대한 차이들을 축소하는 것이 아니라, 오히려 경험의 종과 류들을 다양하게 분기하는 물화들로서 철저하게 서로 연결한다. 그리고 그 순간의 알파인 신의 유혹으로서 새로운 물화를 향한 어떤 가능성이 항상 제시된다. 그리고 그 동일한 순간의 오메가 속에서 이 실현은 피조물이 자신의 우주와 맺는 관계들로 대부분 무의식적으로 통합된다. 각 현실적 사건 계기는, 다시 말해서 각 피조물은 그 복잡한 무한한 흐름으로부터 심연, 즉 태홈의 휘돌아가는 물들의 역동적 잠재성으로부터 창발한다. 무로부터가 아니다.

하나님으로부터 초대받지만, 통제받는 것은 아니다. 그러므로 그 순간의 물질화는 우주가 맞이할 다음 순간의 ‘되기’becoming를 위한 물질이 된다. 하나님도 마찬가지다. 왜냐하면 하나님은 생성하는 세계의 외부에 있거나 또는 이 세계로부터 분리된 존재가 아니기 때문이다. 그렇지만 하나님은 이 세계와 동일하지도 않다. 이는 고전적 유신론도 아니고 범신론도 아니다. 우리 중 어떤 사람들은 이것을 범재신론panentheism이라 부르기도 한다.

그러므로 생성의 소우주적microcosmic 사건이 초점에 놓여있다. 사건은 창조의 순간으로서 자리, 즉 창조의 현장이다. 이 사건들이 모두 함께 하나의 우주를 만들고, 그렇게 대우주macrocosm가 만들어진다. 이 대우주는 하나의 우주universe라기보다는 다중우주multiverse라고 불리는 것과 같을 것이다. 과정 우주론이 반세기 넘는 시간 동안 생태지향적 신학을 어떻게 키워왔는지를 엿볼 수 있다. 실제로 나의 박사과정 지도교수였던 현재 97세인 존 캅은 인터넷 운동들을 만들어내며, 믿을 수 없을 만큼 활동적이다. 가장 최근에 캅은 중국과 특별한 관계를 맺으면서, '살아있는 지구 운동'the Living Earth movement을 태동시켰다. 이 작업은 거의 전적으로 세속적인 언어를 사용한다. 캅은 거의 1년에 1권꼴로 책을 계속 집필하고 있으며, 대부분 세속의 언어로 쓰고 있다.

살아있는 지구는 과정 생태 신학의 핵심 맥락이다. 이 과정 생태 신학 집단에서 지구는 특정한 종류의 정치신학을 추동하는데, 그것이 필자가 구상하는 지구정치신학political theology of the earth의 중요한 일부를 구성한다. 하지만 또한 과정 생태신학은 언제나 생태-정치eco-political 신학이다. 왜냐하면 그 어떤 정치도, 그 어떤 도시 즉 폴리스polis도 지구 생태학 안의 특정한 생태학으로서 그 물질화와 동떨어져서 존재하지 않기 때문이다. 그러나 도시문명의 정치 대부분이 세계화globalization로 표상되는 신자유주의적 자본주의의 목적들에 맞추어 좌표화되어 재구성되어 있다. 그리고 그 목적들은 정의롭고 민주적이지 못할 뿐만 아니라, 또한 완전히 그렇다고 말하기는 어렵지만, 그럼에도 물질적으로 지속가능한 미래라는 가능성과는 대부분 모순된 채로 머문다. 이 글을 읽는 독자 역시 한국에서 세계 자본주의의 지역화된 힘, 그것이 민족주의와 맺고 있는 복합적인 관계,

아울러 부패와 맺고 있는 관계뿐만 아니라, 반부패 운동과 맺고 있는 관계를 잘 알고 있으리라 믿는다. 세계화 자본주의가 소위 국힘당 혹은 한국기독교의 방대하고 다양한 성향들과 더불어 어떻게 작동하는지에 관해서는 필자의 지식이 모자라 구체적으로 언급하지는 못할 것 같다.

분명히 한국도 생태적, 경제적으로뿐만 아니라, 문화적, 종교적으로 소위 글로벌 관계에서 이탈할 수는 없다. 이것이 심지어 성 역할에 대한 젊은 남성들의 반응으로까지 표명되고 있는데, 지난 대선에서 Z세대 남성의 60%가 윤석렬 후보에게, Z세대 여성의 60%가 진보당에 투표했다. 필자의 짐작으로, 이 반동적 성향의 유권자들에게 경제적 기회라는 측면에서 페미니스트의 영향이 세계화의 해로운 영향으로 느껴졌을 거라고 추정해 본다. 확신하기는 어렵지만 말이다. 그렇다면 아마도 창조 생태 신학에 대한 기독교의 가르침이 세계성globality에 대한 비판적 기술을 통해 현재 시제에게, 즉 이 순간의 창조적 가능성들에게 말을 건넬 수 있을 것이다. 요점은 세계의 다른 지역들로부터 물러나는 것이 아니라, 기독교적 가르침을 살아있는 지구에 대한 자신의 지역적 참여로 번역해 내는 것이 될 것이다. 그래서 미국에서 활동하는 두 명의 한국 신학자가 제시하는 실마리들이 정치적으로 도움이 될 것이라 믿는다. 그들은 서로 교류하는 관계는 아니지만, 그들은 서로 다른 시기에 나에게 박사논문을 지도받았던 이들이다. 그들은 모두 세계시민적 신학cosmopolitan theology 개념을 기치로 세우고 있다.

강남순은 우주에 대한 페미니스트 디아스포리아적 서술과 그에 걸맞은 탈식민지적 정의의 정치를 통해 세계시민적 신학을 제공한다. 나는 한국에서 그녀의 영향력이 대단하다는 것을 알고 있으며, 그녀의 글은 거의 모두 한국어로 번역되었다. 특히 그녀의 저서인 『코스모폴리탄 신학』은 정체성 정치에 대한 다차원적인 강력한 대안으로서 그녀만의 기독교 페미니즘을 제시한다. 또한 강남순은 젠더 문제를 가장 우선순위의 문제로 부각시키는 분리주의 입장을 비판하는데, 그녀의 비판은 철저하게 관계적이고 체현적인embodied 세계시민정치에 근거해 있다.

그리고 안연태는 어린 시절 아르헨티나로 이민 간 가정에서 자란 경험을 바탕으로 식민지적 트라우마와 사회정치적 가능성에 대한 그만의 다원주의적인 독해를 세워나가고 있다. 나는 세미나에서 그저 부정신학에 대하여 아마도 아포파시스[apophasis] 혹은 그렇게 알려진 주제들에 대하여 가르쳤을 뿐인데, 그는 2017년에 「탈식민지적 심연: 폐허들로부터 구성하는 신비주의와 세계시민정치」"The Decolonial Abyss: Mysticism and Cosmopolitics from the Ruins"로 박사학위를 취득하였다. 그는 탈식민지적 심연을 창세기의 태훔이라는 아주 다른 심연과 연결시키면서, 심연적 중용abyssal middle에 관하여 이야기한다.

그의 이야기는 캐러비언 출신의 에두아르 글리상Édouard Glissant의 중간 항로the Middle Passage에 대한 해석에 근거하는데, '중간 항로'라는 이름은 수백만 명의 아프리카 사람들이 미국에 노예로 팔려가면서 항해했던 항로의 이름으로, 그에 대한 집단적 트라우마를 상징한다. 이 심연이 안연태에게 대양적 상처로 읽히기도 하지만 그와 동시에 대양적 자궁oceanic womb으로도 읽히고 있다. 안연태는 "모든 시작은 새로운 시작으로서, 자아를 창조하고, 정처 없는 중간의 폐허들로부터 근거를 세워나간다. … 생명은 이 중간this middle에서 태어난다. 그것은 생성의 지평선으로서 거기, 즉 이전의 되기becoming의 행위가 끝난 바로 그곳에서 새로운 삶과 새로운 되기의 희망이 인식된다"라고 썼다. 이 세계시민정치cosmopolitics는 물질적 되기material becoming의 정치신학으로도 읽혀질 수 있다고 생각한다.

여기에는 적어도 한국인의 종교적 디아스포라 사유에 대한 무언가가 담지되어 있으며, 그것이 결정적인 세계시민적 비전으로 물질화materializing 되고 있음을 느낀다. 나는 단지 이 작품들에 대부분 비인간 존재들로 구성된 물질적 현실 우주의 세계시민정치를 덧붙이고 싶다. 그래서 이 우주가 언제나 사회생태적으로, 말하자면 생태우주ecosmos로 읽히기를 바란다.

그리고 이러한 사유들과 더불어 정치적으로 그리고 생태적으로 물화하는mattering 신학의 가능성들에 관해서도 어느 정도 공유된 생각을 자극할 수 있기를 바란다. 이것을 굳이 지구정치신학이나 세계시민정치로 부를 필요는 없다. 그러나 우리는 종말의 순간apocalyptic moment에 함께 모였다. 요즘 내가 거듭 반복해서 말하는 것을 다시 말하자면, 아포칼립스는 세계의 끝the End을 의미하는 것이 아니라, "베일을 벗음" 혹은 "드러냄"unveiling을 의미한다는 것이다. 아포칼립스는 민주주의나 지구의 끝 또는 종말이 아니라, 심각한 위협들과 모든 가능성의 '드러냄'unveiling이다. 그래서 아포칼립스는 끝남closure이 아니라, 열림dis/closure이다. 기후위기 속에서 물질적으로 구현되고 있는 이 열림의 폭로disclosure가 알려주는 것은, 바로 우리가 지구의 물질 과정 전체와 철저하게 상호의존하고 있다는 사실 그리고 하나의 생물 종으로서 우리는 단지우리 중 소수에 의해 식민화하거나 또는 신식민화되기도 하면서 그 상호의존성의 시험을 지금까지 실패해 왔다는 사실이다.

모든 것 안에 모든 것되신 하나님과 상호적-육화intercarnation

오래 전에 상호의존에 대한 우주론적 통찰력을 가졌던 기독교 신학들이 존재한다. 예를 들어 1420년 쿠자의 니콜라스. 그렇지만 기독교는 대체로 이 아포칼립스에 대해 제대로 준비되어있지 않았다. 그리스 철학을 흡수하면서 기독교 신학은 하나님을 그리고 심지어 그리스도 안에 그리고 모든 만물 안에 계신 하나님까지도 형이상학적으로 세계로부터 독립적인 존재, 즉 물질적인 모든 것들로부터 독립적인 존재로 만들었다. 그리고 이 독립성은 종교적으로 그리고 그 다음에는 정치적으로 이상화되어 버렸다.

현재 문제의 일부는 미국의 민주주의가 독립을 위한 투쟁에서 태어났다는 사실로부터 연원한다. 그때부터 비록 그 독립운동이 반제국적인 특징을 지녔다고 하더라도, 독립성이라는 이상이 미국적 감성을 지배하게 되었다. 그렇게 독립성의 이상이 '자유'와 동의어가 되어 버렸다. 이 강력한 상징을 상호의존의 개념으로 전환하는 것은 불행히도 매우 어렵다. 그리고 역설적으로, 독립에 대한 집착이 이 나라를 포함한 모든 나라의 생태를 위협할 뿐만 아니라, 민주주의 자체까지도 위협하고 있다. 그래서 최근 타임지의 헤드라인 기사에서 저스틴 월랜드Justin Worland는 "민주주의가 초래하는 적자"democracy deficit에 관하여 이렇게 쓰고 있다. "이 양극화 시대에 얼마나 도전적인 과제이든지 간에 민주주의가 초래하는 적자를 극복하는 일은 화석연료로부터의 전환을 가속화하기 위해서 뿐만 아니라, 기후변화의 영향과 그에 따른 필수적 변화들에 가장 취약한 이들을 보호하기 위해 필수적이다." 그래서 기후변화와 같은 체계적 문제를 제기하도록 만들 수 있는 종류의 협력은 우주의 상호의존적 구조 자체를 반영할 수 밖에 없다.

이 세계시민정치적 상호의존성에 기독론적 중요성을 부여하기 위해서 나는 다른 곳에서 성육신incarnation만이 아니라, '상호적-육화'intercarnation에 관해서도 언급해 왔다.[48] 나의 신학 속에 이 개념이 담겨있다는 사실을 상기시켜 주고, 여기서 활용하도록 알려준 것은 박일준이었다. . 성육신은 2천 년 전에 있었던 하나의 고유한 사건을 의미심장하게 가리킨다. 그 사건은 창조와 종말 사이 중간

48) 역주: 참조: Catherine Keller, *Intercarnations: Exercises in Theological Possibility* (Fordham University Press, 2017).

쯤에 위치한 사건으로, 그 직선적 시간표의 절정으로 묘사되곤 한다. 그러나 만일 우리가 지금 그 사건에 참여하고 있다면, 그래서 "서로의 지체가 된다면members of one another, 롬 12:3-5, 다시 말해 그리스도의 몸의 일부가 된다면, 우리는 단지 나사렛 예수와의 관계에서만이 아니라 그의 영으로 우리 서로에 대한 철저한 관계성에, 그래서 원리적으로 피조세계의 모든 다른 존재들에 대한 관계성들에 촘촘히 참여한다.

우리는 철저한 상호의존성 안에 있는 지체로서만 물화하기 때문에, 우리 각자 안에서 체현되기를 추구하는 로고스는 모든 사람, 모든 것 그리고 모든 다른 존재들과 우리의 상호의존성 속으로 우리를 부른다. 이 로고스는 정확히 과정 신학자 존 캅이 50년 전에 『다원주의 시대의 그리스도』*Christ in Pluralistic Age*, 1975에서 보다 나은 가능성을 실현하기 위해 도래하는 모든 순간의 시초적 목적the initial aim으로 동일시했던 그 로고스이다. 이것이 바로 우리를 심연으로부터*ex profundis* 그리고 새로움으로ad novum 부르는 존재이다. 그리고 이 로고스가 언제나 보다 풍성한, 보다 더 세심한 상호적-육화intercarnation로 우리 모두를 부른다는 사실을 기억하자.

이 상호적-육화 혹은 상호적-체화는 이미 다양한 형식들과 어휘들로 생태신학 속에서 일어나고 있다. 예를 들어 예언적 생태 정의, 과정 신학, 생태여성신학 등과 같은 형식으로 계속해서 일어나고 있다. 그러한 신학들은 우리가 인간의 체계적인 악들이 저지르는 이것 혹은 저것을 고치기 위해 수동적으로 하나님을 기다려서는 안 된다고 가르치고 있다. 그러나 하나님은, 만일 우리가 듣는다면, 부르시고 인도하신다. 아포칼립스의 핵심은 너무 늦었다거나 종말이 우리에게 닥쳤다는 것이 아니다. 오히려 그 때가 지금이라는 것이다. 실로 기후위기는 바로 최근 10년 사이 벌어지고 있는 일이다.

더 잘 실패하기a Failing Better

우리는 최악의 상황이 불가피해지기 전에 아직은 생태우주시민적e-cosmopolitan 문명으로 전환할 수 있다. 지구온난화 온도가 1.5 를 넘어서기 전에 말이다. 그리고 최악의 경우가 일어나더라도, 여전히 종말 이후의 미래를 배제하지는 않는다. 그렇지만 우리는 역시 실패하고 있는 것처럼 보인다. 하나의 문명으로서, 교회로서 그리고 심지어 이러한 문명에 비판적인 교회와 학계로서 실패하고 있는 것처럼 보인다. 극작가 새뮤얼 베켓Samuel Beckett이 실패의 불가피성에 관하여 쓴 적이 있는데, 최근 잭 할버스탐Jack Halberstam이 『실패의 퀴어적 예술』*The Queer Art of Failure*, 2011에서 이를 다시 인용했다. 베켓은 "다시 시도하라. 다시 실패하라. 더 잘 실패한다Fail better"라고 썼다.

십자가는 실패의 예술에 대하여 무언가를 말하고 있다. 그렇지 않은가? 그리고 우리는 부활을 단지 "성공"으로 축소시키기를 원하는가? 그때의 성공이나 미래의 성공으로? 신학적으로 우리는 포용하는 사랑에 대한 신앙을 갖고 있다. 그러나 솔직히 말하자면, 우리는 궁극적인 성공을 보장받지는 못했다. 신theos의 로고스logos는 독재 권력이나 우주적 통제의 공식이 아니다. 이 로고스는 '포에시스' 즉 유혹하는, 끌어당기는 그래서 모든 물질적 피조물들의 응답을 통해 물화하는 시학poetics이다. 그래서 신학theology을 말하는 대안적 방식으로 신시학theopoetics이라는 말을 예전보다 더 빈번히 듣게 되는데, 여기서 포에시스는 '만든다'to make는 의미이다. 그래서 신시학은 우리 모두의 상호적-육화들intercarnations을 통한 하나님의 만드심divine making을 의미한다. 하나님의 이러한 만드심은 단지 성공 대 실패의 이분법에 관한 것이 아니다. 신시학적 만들기는 시작도 없고 끝도 없는 창조성에 참여하는 것이다. 창조의 모든 순간에 알파와 오메가로서 말이다. 심지어 우리가 실패하더라도 무력감이나 절망감에 굴복할 필요는 없다. 더 잘 실패하는 것이 실패의 위험을 감수하기를 그만두는 것보다 훨씬 나은 일이기 때문이다.

물화하는 것, 즉 물화하는 지구의 정치신학이 물질화하도록 도울 수 있는 것은 언제나 다시금 지금 시작하는 것이다. 심연으로부터 그리고 새로움으로. 이것이 오늘 이야기의 '끝'이다. 지금은. 여러분의 질문과 관심을 기대하며, 우리의 대화를 통해 내가 더 잘 실패할 수 있기를 소망한다.

사랑으로 얽힌 비인간 우리nonhuman-us

기독교 범재신론의 물(物)[49]

오늘 우리의 시대는 교차-학문적trans-disciplinary[50]인 대화를 요청한다. 그저 학제적interdisciplinary인 대화에 그치는 것이 아니라, 학문 분야의 벽을 넘어선 상호교류로 전공학문의 벽을 압박하는 대화 말이다. 아마도 현재 미국에서 가장 중요한 두 가지 교차학문적 대화는 소위 환경 인문학Environmental Humanities이라 불리는 반세기 전통의 생태학 연구와 최근 10년간 동안 신물질주의new materialism[51]라 불리는 흐름과의 만남일 것이다. 이 두 교차학문적 대화는 매우 의미있게 관련되어 있다. 왜냐하면 신물질주의자들의 관심은 물物, matter에 대한 보다 적절하

49) 본 원고는 2022년 11월 10-11일 원광대학교 숭산기념관에서 한중관계연구원, 동북아시아 인문사회연구소 주최로 열린 제7차 NEAD 국제학술회의 "동북아시아의 생태위기와 공생: 연대와 협력의 길을 묻다"에서 기조강연으로 발표한 글을 본서의 취지와 목적에 맞게 수정한 것임을 일러둔다.

50) 역주: 여기서 켈러가 사용하는 'trans-'라는 접두어에 대해서 언급하지 않을 수 없다. 2018년 4월 켈러의 트랜스페미니즘을 'trans-sexuality'의 입장이라고 주장하며, 켈러의 신학을 대상으로 자칭 보수적 신학자들이 모여 컨퍼런스를 열었다. 숭실대 명예교수인 김영한이 주동하였다. 서글프게도 그 컨퍼런스는 한국의 보수신학 관련 학자들이 얼마나 지적으로 무능하고 부족한지를 보여주는 자리밖에 되질 못했다. '접두어' '트랜스-'가 같다는 이유로 transfeminism과 trans-sexuality를 혼동할 정도의 지성이라면, '지성'이라고 보기 어렵다. 자신들의 정치적 입장에 빠져 적이라 생각하는 것과 비슷하기만 하면 '동성애'로 몰거나 '빨갱이'로 모는 행태는 지식인의 탈을 쓰고 있으나, 기초적으로 반지성적이다.

51) 역주: new materialism은 고전적인 마르크스-레닌의 materialism 즉 유물론을 배경으로 하는 용어이지만, new materialism에서 말하는 물(物, matter)은 마르크스 전통의 유물론이 말하는 '물'(material)과는 다르다. 마르크스 전통의 물(物)이 주로 경제적 가치로 환원된 물(物) 개념에 한정된 반면, new materialism의 물(物)은 그렇게 환원된 물질 개념에 반대하여 '물질' 일반을 가리키는데 '물'(物)을 사용하고 있다. 그래서 마르크스-레닌 전통의 유물론과의 연속성을 강조하는 학자들은 '신유물론'으로 번역하는 것을 선호하고, 그 유물론적 전통과의 단절을 강조하는 학자들은 '신물질주의'로 번역하려는 성향이 있다. 본 글에서는 new materialism을 '신물질주의'로 번역하였다.

고 보다 생동감있는 개념을 구성하는 것이다. 그리고 이를 통해 낡은 유물론 전통에 담지된 치명적인 환원론과 상품화에 저항한다. 그래서 신물질주의는 모든 물物적 존재들의 활기차면서도 취약한 상호의존성에 대한 생태적 인식에 기여한다.

필자의 입장은 신학자로서 신학, 특히 기독교 신학의 형식을 통해 구성될 수밖에 없지만, 그러나 내가 전개하는 신학은 언제나 교차학문적인 것이었다.[52] 한편에는 몸의 체현을 긍정하는 생태학과 페미니즘을 포용하는 신학이 자리하고 있다. 다른 한편에서 필자의 신학은 처음부터, 종교적이든 세속적이든, 에큐메니칼 다원주의에서뿐만 아니라, 기독교인의 자기 이해에서도 다른 도道들의 지혜를 결정적인 것으로 간주하는 신학이다. 예를 들면, 예수 그리스도와 붓다의 지혜들말이다. 비록 최근 떨어지고는 있다지만, 필자의 소견으로, 한국의 높은 기독교인 비율을 감안할 때, 이러한 필자의 신학적 성찰이 세계 어느 나라보다 주요 종교들이 균형을 이루며 다양하고 공존하는 대한민국에 사는 독자들에게 일종의 문화적 흥미를 유발할 수 있는 기회가 되기를 바란다.

교차학문적 관점에서 필자는 여기에서 기독교의 핵심교리인 성육신incarnation에 대한 성찰을 공유하고, 그 통찰을 지구의 물질 생태the material ecology of the Earth에 대한 보다 광범위한 교차학문적 질문들과 연관시키고자 한다.

---

52) 역주: 이렇게 교차학문적인 성격을 강조하고 있는 이유는 본 원고가 원광대학교 초청 국제학술대회의 기조강연으로 진행되었기 때문이다. 원강대학교가 원불교 학교이지만, 켈러를 초청한 동북아시아 인문사회연구소에는 중국과 일본 및 대만과 러시아 그리고 한국학 전문가들이 당일 행사에 자리하고 있었다.

성육신incarnation

요한복음에서 신성한 말씀the divine Word은 육신이 되어 우리 가운데 거하시고, 실로 존재하는 모든 것의 일부가 되셨다. 이는 가난한 자들과 약한 자들을 물질적으로 먹이고 치유한 나사렛 예수 그리스도의 급진적 목회 이야기와 맥을 같이 한다. 성육신의 첫 번째 공식은 세상의 육신the flesh을 포용한다. 그런데 성육신이 하나님과 세계가 한 몸으로 융합하는 하나의 순간을 가리키는 전통으로 굳어지면서, 성육신의 특이성singularity은 비극적 역작용을 일으켜 왔다. 하나님의 몸으로의 체현embodiment이 세상으로부터 분리되신 하나님의 위대한 예외로 왜곡된 것이다. 그리고 이 왜곡은 곧 '규칙을 입증하는 예외'가 되어 버리고 말았다. 독자들이 '예외는 규칙이 존재한다는 사실을 입증한다'53는 영어 구절에 익숙한지 모르겠다. 말하자면, 그 '규칙'rule은 이 세상에 대한 초월적 통치주권의 지배rule54를 의미하는데, 여기저기서 벌어지는 일들에 개입하시려고 세상으로 내려오셔서, 세상적 문제들earthly matters을 초월하여, 즉 '지구라는 바로 그 물질'the very matter of the earth55을 궁극적으로 초월하여, 하나님Him과 하나 되도록 그의 '신하들'subjects56을 불러낸 주권자

53) 역주: 같은 말의 다른 표현으로 "The exception proves the rule"이라는 말이 있다. 즉 '예외가 있다는 것은 곧 규칙이 존재한다는 말이다.'

54) 역주: rule은 규칙을 의미하면서 동시에 지배 혹은 통치를 의미한다. 켈러는 여기서 rule이라는 단어를 통해 의미 놀이를 전개하지만, 한국어 번역으로는 이 이중적 의미의 놀이를 재현할 방법이 없어서, 각 문맥에 따라 다른 단어로 번역하였다.

55) 역주: earthly matters은 일반적으로 '세상적 문제들'을 가리키지만, 문자 그대로의 뜻은 바로 '지구라는 바로 그 문제'를 의미한다. 사실 후자의 뜻으로는 거의 쓰지 않지만, 기후변화와 생태위기로 지구 자체가 우리의 문제가 된 시대에 이 두 가지는 더 이상 분리되지 않는다는 취지로 '신물질주의'의 통찰을 적용하여 켈러가 자기만의 방식으로 표현하고 있지만, 역시 번역으로는 이런 이중적 함의가 잘 살아나지 않는다.

56) 역주: subject는 '신하'로 번역되기도 하지만 또한 '주체'라는 뜻도 가지고 있다. 이 중의적 의미를 소환함으로써 켈러는 기독교적 주체가 전통신학에서 어떻게 구성되고 오작동하는지를 드러내고자 한다.

를 가리킨다. 그래서 더 이상 땅에 속박되지 않고, 비물질적인 하늘을 향하여 나아가는 기독교인들은 행성과 그의 생태와 경제를 세속의 주권자의 손에, 말하자면 그 거만한 하나님의 대변자들의 손에 맡겨두어야 했다. 4세기 로마 제국 이래로 서구문명에서 교회가 거대한 세계권력이 되어가는 동안 신앙인들은 이 내세적 태도를 지배적인 태도로 삼았다.

여기서 나는 기독교의 역사를 요약하려는 것은 아니다. 오히려 이를 통해 메시아를 기독교가 배신한 역사적 순간 즉 카이사르 다시 말해서 로마 제국에 [기독교가] 굴복했던 역사의 한 장면을 지적하려는 것뿐이다. 기독교가 로마 권력에 굴복한 것은 종교적으로 그리고 세속적으로 방대한 제도들의 굴복이었고, 이 굴복을 통해 기독교는 [그들이 섬기는] 메시아의 살과 피에 기생하며 살아남았다. 신학은 그래서 점점 더 초월적으로 되어갔고, [이 과정에서] 서구문명을 말할 때 아주 낯익은 영과 육의 이분법 혹은 마음과 정신의 이분법적 사고틀 안에서 내재적 우주, 말하자면 창조세계의 물物을 환원적으로, 부차적이고, 타락한 것으로 간주하고 취급하게 되었다. 그리고 이 이원론의 틀 안에서 성서적 비전이 보여주는 깊은 관계성은 점점 퇴색하고, 급기야는 사라지게 되었다. 성서는 우리 모두가 한 몸의 지체로서 서로 구별되지만, 분리할 수 없는 존재들임을 인식하도록 부른다. 바로 이 성서적 비전이 주체와 객체의 분리된 도식으로 대치되어 버렸다. 그 '한 몸'one Body의 초월적 예외주의, 말하자면, '그리스도의 몸'의 초월적 예외주의로 말이다.

필자는 지난 몇 년 동안 이따금씩 '성육신'Incarnation을 **'상호적 육화'intercarnation** 혹은 상호적 체화體化와 대비하여, 성육신에 대한 신학적 이해를 우리 시대에 맞게 진척시키려는 노력을 해왔다. 이 '인터카네이션'상호적-육화 개념은 세계를 포기하는 초월적 전략에 대한 대안으로 상호연결됨의 내재성을 제시하려는 하나의 방식이다.[57] 그러나 또한 동시에 필자는 초월 전략의 반대편에 서서 물질적 내재성의 관점에서 초월과 내재의 이분법을 강화하기를 원치 않는다. 말하자면 필자가 제안하는 '상호적-육화' 개념이 그만의 예외주의를 수행하기를 원치 않는다. 이 '인터카네이션'은 그저 보다 새로운 대안을 발견하기까지 작동할 잠정적이고 일시적인 개념으로서, 세계화로 연결된 특정한 역사적 시대에 내재적으로 머무르는 개념일 수 밖에 없다. 다시 말해서 '상호적-육화' 개념은 전통적인 성육신 개념을 폐기하고 하나의 새로운 개념을 제시하는 것이 아니라, 오히려 기독교의 바로 그 고유한 성육신 이야기들에 근거한다. 이 글에서 전개되는 필자의 행보가 진보적/자유주의적 기독교의 전략과 무관하다고 주장하지는 않을 것이다. 이것은 서구의 기독론적 예외주의가 엄청나게 쏟아부은 노력들에 대한 역사적 책임을 인정하는 하나의 방식이기도 하다. 서구의 기독론적 예외주의에 기반한 성육신은 예외주의들을 구성하는 근대적이고 세속적이고 역동적인 복합군을 형성하며 결집하였다. 한국에서는 분명히 미국의 예외주의를 떠올리면서, 선교사들이 전한 기독교의 복잡한 이야기들도 연상할 것이며, 아울러 기독교 고유의 예외주의를 떠올리기도 할 것이다. 말하자면, 우리는 오직 예수로만 구원받을 수 있다는 생각, 그와 더불어 전개되는 인종적, 민족적, 성적, 자본주의적 예외주의들의 변주들, 그리고 이 모든 예외주의의 논리들이 인간종 예외주의의 형식으로 언제나 부활하여, 접히고 쌓여간다. 이것들이 자연의 거짓된 초월과 땅the earth의 지배라는 형식으로 되살아나곤 하는데, 이제 이것이 인간의 미래에 가장 심각한 문제가 되고 있다. 나는 기후 재앙과 그의 자본주의적 인과관계를 창출하는 세력의 장에 관하여 많은 글을 써 왔다.

이 글은 한편으로는 신물질주의의 완전히 세속적인 내재성과 관련하여, 다

---

57) Catherine Keller, *Intercarnations: Exercises in Theological Possibility* (Fordham, 2017).

른 한편으로는 범재신론panentheism과 연관하여 위에서 언급한 그러한 예외주의들을 다룰 정치신학을 탐문할 것이다. 범신론汎神論, pantheism과 달리, 범재신론汎在神論, panentheism은 순수한 내재성만을 말하지 않는다. 하지만 동시에 고전적 유신론처럼, 전통적 의미의 초월을 강조하지도 않는다. '범재신'汎在神, **Pan entheos**, 즉 '하나님 안의 모든 것'은 모든 것이 하나님에게로 그리고 하나님이 모든 존재에게로 흘러 들어가는 것을 암시한다. 만물은 자기를 넘어 하나님신에게로 나아가고, 신은 신성Godself을 넘어 세계로 나아가므로, 초월과 내재는 일종의 역동적인 음/양이다. 그렇다면 초월은 육체성을 결여한disembodied 정적인 내세를 가리키는 것이 아니라, 그저 '넘어감'moving beyond을 의미한다. 인터카네이션intercarnation, 즉 상호적 육화란 바로 이 하나님과 세계의 상호활동적 운동을 제안한다.

그러므로 '상호적 육화'의 은유는 성육신이라는 상징에 반대되는 어떤 것을 의미하지 않는다. 왜냐하면 성육신은 항상 기독교에 내재하는 잠재성을 수행하면서, 동시에 기독교의 고유한 통치주권적 배타주의들을 초월해 왔기 때문이다. 즉 성육신은 신성의 급진적 재분배 가능성을 제안한다. 그래서 기독교에서 말하는 "하늘과 땅"의 얽힌 물질성에 대한 인식을 제안한다. '상호적 육화'intercarnation의 접두어 'inter-'는 성육신incarnation의 접두어 'in-'의 의미를 배척하는 것이 아니라 강화한다. 그래서 성육신은 모든 육신과의 상호활동, 즉 모든 물질성과의 상호활동을 의미할 수 있다. 이러한 얽힘의 우주는 예수의 삶을 무한히 선행하며 초과한다. 하지만 성육신에 대한 일반적인 이해들은 예외주의적 통치주권의 형식으로 이루어져 왔다. 그리스도가 구원에 이르는 유일하고 예외적인 길로 보여질 때, 그러한 성육신 이해는 권력의 역동성을 식민 지배에 활용해 왔던 형태의 예외주의들과 한패가 되고 만다. 그래서 통치주권의 위계질서로부터 그리스도의 상징을 해방시키려면, 지구정치신학political theology of the earth과 같은 작업이 요청된다.

시작inception의 신학

라틴어에서 예외를 의미하는 단어 excipere, 즉 exception은 어원적으로 '빼내다' 혹은 '끄집어내다'take out를 의미한다. 그렇다면 이제 그것을 시작inception의 정치신학으로 전환할 수 있을까? 시작inception은 받아들인다는 것, 그래서 새 출발한다는 것, 즉 새로운 시작을 시도한다는 것을 의미한다. 이렇게 이해한다면, 하나님은 신학적으로 시작의 신학 속에서 세계를 받아들이신다. 새롭고 신선한 출발을 위해서 말이다. 이때 이 새로운 시작을 위한 '받아들임'taking in은 범재신론汎在神論, panentheism의 '모두를 받아들임'汎在, all-in을 의미한다. 이는 전통적 초월론의 실각come-down을 가리킨다. 그러나 그것은 모든 종교를 끄집어내려는 내재성으로의 하강이 아니다. 만일 그렇게 된다면, 그것은 그저 초월의 초월을 구축하는 꼴이 될 것이다. 기후 온난화와 지구의 쓰레기화가 가속화되는 이 시기에 유용한 영적 자원들을 낭비할 시간이 없다. 우리는 모든 종교 전통과 지혜의 길들을 지금 필요로 한다. 나는 여기서 성서와 그 안에 등장하는 예언자들을 떠올린다. 그 예언자들 모두는 압제의 제국을 고발하고 있다. 예를 들어, 요한계시록에서는 로마의 지배를 짐승의 권력으로, 그의 세계경제를 '대탕녀'the great Whore 58로 묘사하고 있다. 고대 세계가 상상했던 '창조세계를 존중하는 정의', 즉 혁명적 사랑의 가능성이 여전히 예언자적 전통 속에 뿌리를 내리고 있음을 보게 된다. 우리가 그 가능성을 보다 효율적으로 재활용할 수 있을까? 우리가 정말로 그 정

---

58) 역주: '대탕녀'는 the great Whore, 즉 위대한 혹은 거대한 창녀를 가리키는 표현으로, 기독교 성서의 마지막 책인 『요한계시록』에서 로마 지배의 세계경제를 '대탕녀'로 묘사하고 있다.

의, 즉 땅지구, the earth의 얼굴의 갱신을 수행할 수 있을까? 물론 우리는 아직 우리가 어떤 차이를 만들 수 있을지 알지 못한다. 그러나 불확실성의 한복판에서 이 사랑으로 강렬해진 얽힘이 어려움에 봉착한 우리 역사의 연결고리들을 그리고 우리 상황의 연결고리들을 행성적 희망의 자리로 변화시켜 나갈 수 있을지도 모른다.

희망? 그러나 내가 이 글을 쓰고 있는 동안에도, 우크라이나 전쟁처럼 끔찍한 세계 정치는 기후 변화 문제의 심각성에 합당한 우선순위를 부여하는 일이 일어나지 않을 개연성을 가리키고 있다. 여기서 이 개연성은 기후변화 문제가 합당한 주목을 받지 못할 것이라는 비개연성을 의미한다. 신자유주의적 자본주의의 세계화 권력은 계속해서 행성의 파괴와 대량 멸종을 추동해 가고 있다. 인간의 부정의에서 비롯되는 다중의 위기들 예를 들면, 인종, 계급, 이민, 젠더, 성 등의 중층적 위기들로 인해 우리의 민주주의 정치는 지구온난화로 초래되는 섭씨 몇도 상관의 위험성이 얼마나 심각한지를 포착하기 어렵게 만들고 있다. 그 비개연성이 불가능한 것으로 굳어져 가면서 위협을 더해가고 있다. 거기서 우리 자신을 본다. 성서의 묵시종말적 정서 속에서 살아가는 우리 자신의 모습 말이다. 예외주의의 '끄집어-내기'excipere는 이제 우리 인간 종이 지구로부터 우리 자신을 끄집어낼 수도 있으며, 그래서 인간의 미래를 끄집어 내버릴 수 있다는 것을 암시하고 있다. 그러나 묵시적 종말apocalypse이 '세계의 종말'the End of the World을 의미하지는 않는다는 사실을 항상 기억하자. 종말은 성서적 아이디어가 아니다. 비록 기독교 근본주의자들은 좋아하지만 말이다. 그리스어의 본래 의미로 보자면, '아포칼립스'apocalypse는 apokalypsis로부터 유래하며, 이것을 '계시'revelation로 번역한다. 하지만 revelation의 문자적 의미도 닫힘이나 종료closure가 아니라, 드러남, 폭로 즉 닫힌 것이 열림dis/closure을 의미한다. 그리고 이것은 곧 새로워진 하늘과 땅의 시작으로 나아간다.

그렇게 폭로되는 것 혹은 드러나는 것은 바로 역사의 응집된 얽힘인데, 그로부터 빠져나갈 출구는 없다. 다시 말해서, 우리의 상호연결된 생성becoming으로부터 빠져나갈 수 있는 출구는 없다. 상호적 엮임이 함축하는 급진적 내재성의 관점에서 본다면 말이다. 그 역사의 응집된 얽힘이 가져오는 긴박함이 메시아적인 것의 도래를 조망할 수 있도록 열어준다.59 자크 데리다Jacques Derrida가 주장하듯이, 그 '메시아성'messanicity에서 '도래할'to come 여지를 열어주는 시공간이 어떤 초월과 함께 도래한다. 그리고 그것은 탈출구의 초월성이 아니라, 희망의 초월성이다. 그러나 이 희망은 보장없는 희망hope without guarnatee이다. 참으로 다른, 변혁적인 어떤 것이 아직 도래해야 한다는 가능성 말이다. 자기-파괴로 치닫는 세계-시스템을 초월하기로서 말이다. 그런데 이런 류에 담지된 '초월'transcending 개념을 배타주의적이고 서구우월적 대치주의 기독교60는 역사적으로 너무 꽉 움켜잡아왔다. 그렇기에 우리는 기독교가 스스로 그 예외주의를 비워내야 한다고 말해야 할 것이다. 그래서 또 다른 기독론적 개념인 케노시스kenosis, 즉 하나님의 자기-비움self-emptying이 필요하다. 나는 오랫동안 이 하나님의 자기-비움을 의미하는 케노시스와 불교의 자기-비움으로서 공空, sunyata 간의 공명을 흠모해왔다.

그러나 성육신 교리가 땅the earth의 몸들, 곧 우리의 상호적 육화가 엮어내는 내재성으로부터 풀려나 분리되어 버리려 할 때, 우리는 그에 저항해야 한다.

---

59) 역주: 자크 데리다는 메시아(Messiah) 대신 'messianicity to come'이란 표현을 사용하면서, 도래하는 것은 어떤 특정 인물로서의 메시아가 아니라, 그 '도래'(to come)의 운동성임을 주장하면서, 이를 '메시아성'(messianicity)라고 표현했다.

60) 역주: 대치주의(supercessionism)은 기독교의 새로운 메시아 왕국의 도래가 이전의 왕국을 대치할 것이라는 종말론적 사유를 가리키는데, 이러한 류의 사고가 아프리카나 아시아의 다른 문명들을 기독교 문명으로 대치한다는 식민주의적 사유의 온상이 되었다.

"도래할 것"the 'to come'은 그의 초월하기의 측면에서 보자면 기존 상태the status quo를 '넘어감'moving beyond을 의미한다. 이는 거대한 역사의 "기묘한 반복"uncanny recapitulation으로서 발터 벤야민Walter Benjamin이 말하는 메시아적 순간을 암시한다.61 그것은 역사로부터 빠져나가는 순간이 아니라, 오히려 역사의 깊은 내면inside으로 진입하는 순간을 떠오르게 만든다. 그 '도래할 것'은 그가 엮인 관계들의 바깥에서 일어난다는 의미에서 '너머'beyond가 아니라, 그 관계들과 함께 일어난다는 의미에서의 '너머'로 열린다. 들뢰즈가 '차이와 함께하는 반복'repetition with a difference이라고 부르는 것과 비슷하게, 그 세계의 개괄적 요약으로서 반복recapitulation은 지금까지 벌어진 것들what has been을 초과해서 넘어서는데, 이는 기존의 것을 끊음으로써가 아니라 오히려 기존의 것을 다르게 감싸안음으로써 넘어선다.

그래서 '도래할 것'the 'to-come'의 급진성은 생성혹은 되기, becoming의 radix, 즉 뿌리로부터 일어난다. 급진적인 것은 생성의 근거, 즉 물질the matter이다. 그로부터 시작들이 반복적으로 그리고 다르게 일어난다. 시작 즉 시초는 수직적 특이성, 즉 예외로서 뿌리로부터가 아니라, 지표 아래로 퍼져나간 뿌리 시스템으로부터 솟아난다.

다른 말로 표현하자면, 초월의 매력적인 힘을 지닌 메시아적인 것으로서, '그 도래할 것'이 세속적 생성의 물질적 실천들로부터의 분리를 의미한다면, 이런 의미에서 '도래할 것'은 계속해서 우리의 희망들을 배신할 것이다. 그렇게 내세적인 실천들을 통해 수행되었음에도 불구하고 저 세상의 용어로 세속적인 것을 경시하는 풍조가 계속 이어진다면, 우리는 결국 행성을 허비해 버리고 말 것이다. 그런 일이 세속화를 주도하는 위압적인 통치주권과 더불어 이루어질 것이

61) Walter Benjamin, "Theses on the Philosophy of History," (1940) in *Illuminations: Essays and Reflections*, ed. and intro. Hannah Arendt (1955; Harcourt Brace Jovanovich, 2018).

다. 우리는 현재 미국에서 기독교 우파의 소름끼치는 힘을 경험하고 있는데, 특별히 반민주적 정치가 세계화된 경제와 결합하여 그런 끔찍한 힘을 발휘한다. 필자는 한국 정치가 미국 정치의 이런 끔찍한 행보를 뒤따르지 않기를 기도할 것이다.

예외주의자의 관점으로 해석된 기독교의 성육신과 대조적으로, '도래할 것'the 'to come' 62)은 우리의 내재적 생성을 향한 메시아적 '부름'으로 읽혀질 수 있다. 그들이 무슨 종교를 믿든 혹은 무종교인이든 상관없이, 모든 피조물을 부리시는 '부름' 말이다. 그렇다면 그 도래할 것의 초월은 더 이상 대체주의자들63)이 물려받은 초월이나 초자연적 미래의 초월일 수 없을 것이다. 그것은 더 이상 땅the earth으로부터의 추상이나 추출일 수 없다. 그의 넘어감transcendere의 운동 속에서 그 '도래할 것'the 'to come'은 초자연적인 초월이 아니라, 역사적 경계들을 넘어가는 것을 의미한다. 그러한 초월은 정확히 말하자면 내재성의 변혁적 잠재성을 의미할 것이다. 육체적으로 얽힌 생성들이 앞서 존재했던 것들을 능가할 수 있는 역량 말이다. 그렇기에 육체적으로 얽힌 생성들entangled bodily becomings은 통치 주권을 발휘하는 예외의 자리가 아니라 가능한 시작의 자리가 된다.

얽힘entanglement과 공空

지표면으로부터 솟아오르는 지구 생성 혹은 땅의 생성earth becoming은 발터 벤야민에게서 "번쩍 빛을 내는" '메시아적 도래'와 다른 것이 아니었다. 그러자 초

62) 역주: 데리다가 사용하는 'messianicity to come'이란 표현에서 'to come'의 운동성을 말한다.

63) 역주: 대체주의(supersession)란 현재의 기독교, 즉 교회가 유대교 혹은 유대주의를 대체했고, 따라서 유대교의 구약(the Old Testament)이 신약(the New Testament)으로 대체되었다고 주장하는 기독교 신학의 한 입장을 말한다.

월은 물질성을 대피시켜 소개疏開하기를 중단한다. 여기서 나는 또한 양자물리학자이자 과학철학자이면서 신물질주의의 위대한 사상가인 카렌 바라드Karen Barad의 소리를 듣고 있는 듯 하다. 그녀는 그 번쩍이는 새로움, 그 시작을 현재의 과학과 정치의 위상으로 작업해 내면서, 조용히 유대 신비주의를 끼워 넣는다. 그 메시아적 신비주의는 세상의 회복을 가르친다.tikkun olam 그리고 유한한 것 안에서 무한한 것의 번쩍임으로 인해 가능해진 윤리적 실천을 발전시킨다. 여기서 물리학자 바라드는 극적인 전환을 가져오는데 기여한다. "그 메시아적인 것the messianic이, 즉 그 무한의 번쩍임이 다시 말해서 이 시간 안에서 다른 시간들의 무한성의 번쩍임이 물질-시간-존재 자체의 구조 속으로 쓰여진다."64

그런 다음 바라드는 이 메시아성messianicity을 양자적 얽힘에 대한 그녀 자신의 독해로 접속하는데, 그녀의 이 독해가 사상의 판도를 바꾸어 버렸다. 양자적 "얽힘은 개별 실체의 뒤얽힘이 아니라, 오히려 환원불가한 책임의 관계들이다. 거기에는 '자신'과 '타자', '과거'와 '현재'와 '미래', '여기'와 '지금', '원인'과 '결과' 사이를 나누는 고정된 경계선이 존재하지 않는다." "얽힘들은 모든 존재들이 하나로 상호연결됨을 가리키는 이름이 아니"라, 오히려 "세계의 계속적인 분화differentiating로 인해 일어나는 구체적인 물질적 관계들"임을 바라드는 분명히 한다. 얽힘들은 타자에 매인 의무의 관계들이며, 그래서 타자화othering 과정들이 접히고 포개져 생기는 주름들이다. 타자화 즉 어떤 '타자'Other의 구성은 그 타자에 대하여 빚을 지는 것indebtness을 수반하는데, 이 타자가 자아에게 환원불가하게 그리고 물질적으로 매여, 그 자아를 통하여 엮이게 되기 때문이다. 결국 자아란 그렇게 타자와의 얽힘을 통한 정체성의 회절回折, diffraction 혹은 이산離散, dispersion

64) Karen Barad, "What Flashes Up: Theological-Political-Scientific Fragments," in *Entangled Worlds: Religion, Science, and New Materialisms*, edited Catherine Keller and Mary Jane Rubenstein (Fordham, 2017), 63.

이다. 그렇게 이 신물질주의는 물리학을 당장 인종과 이민과 기후의 현대적 위기들로 이끌어 나아간다.

필자의 저서 『불가능한 것의 구름』*Cloud of the Impossible*의 한 장은 양자적 얽힘quantum entanglement에 대한 토론으로 채워져 있는데, 거기서 필자는 카렌 바라드를 닐스 보어Niels Bohr 이래로 "신물질주의자"로 분류될 수 있는 다른 물리학자들과 연결 지었다. 이들은 낡은 유물론을 밀치고 넘어 가고자 하는데, 종래의 유물론이 물질을 분리 가능한 기계적인 실체들 속에 감금해 버렸기 때문이다. 양자적 비국소성quantum nonlocality은 그처럼 급진적으로 상호연결된 생성들의 시공간성을 암시하고 있어서, 신학적 성찰을 요구한다는 사실을 언급해야겠다. 메시아적 시작에서 번쩍이는 것이 신비한 나락bottomlessness 속에 노출된다. ...

하나님과 물질은 둘 다 분리된 실체없이 비워져있다. 우주적 공空, cosmic sunyata? 이것은 우리로 하여금 범재신론의 물음으로 되돌아가게 한다. '신성 안에 있는 모든 존재.' the 'all-in-god' 이것은 내재성의 급진성을 전하는 것인가, 아니면 서구 기독교의 권위를 전하는 것인가? 범재신론汎在神論은 기독교인과 비기독교인의 발전하는 네트워크에 관해서 말하고 있는데, 이것은 화이트헤드의 철학과 관련이 있으며, 이를 '과정신학'이라 한다. 과정신학에 따르면, 하나님은 모든 사물을 감싸시고, 모든 사물은 하나님을 전개시킨다. 하지만 이는 '하나님 안에 모든 것'을 말하는 것이지 결코 '모든 것이 하나님이다'라고 말하는 것은 아니다.

그래서 범재신론은 범신론汎神論, pantheism보다 덜 순수하게 내재적이라는 점에서 오히려 보다 더 급진적이라 할 수 있다. 그런데 범신론에 대립시켜 입장을 선명하게 만들어야 할 필요성이 도리어 범재신론이 담지한 급진성을 탈각시켜 버릴 위험을 내포한다. 메리 제인 루벤슈타인Mary Jane Rubenstein으로부터 배울 수 있는 것은, 우리 자신을 범신론으로부터 구별하여 표시하려는 신학적 습벽이 아주 극소수의 구성원을 악마화하려는 기괴한 전통을 지속시키고 있다는 것이다. 말하자면 우리가 그 무엇이 되든 간에 '우리는 결코 그들, 즉 범신론자라는 이단이 아니다'라는 외침이 역설적으로 기독교로 하여금 악마를 만들어내는 전통을 지속시키도록 만들고 있는 셈이다. 스피노자Spinoza를 공격했던 이들이 치를 떨며 싫어했던 것은 범신론이 바로 하나님에게 어떤 몸 혹은 신체성을 부여하고 있다는 사실이었다.[65] 그런데 범재신론도 그러한 류의 관점에서 벗어나지 않는다. 찰스 하츠혼Charles Hartshorne, 샐리 맥페이그Sallie McFague, 이본 게바라Ivone Gebara와 같은 다른 사상가들은 자신들이 주창하는 범재신론에 『하나님의 몸으로서 우주』The Universe as the Body of God[66]의 은유라는 멍에를 오히려 짊어졌다. 그러나 이는 하나님과 세계의 단순한 동일성을 가리키는 것이 아니다. 왜냐하면 영spirit이 몸과 동일하지 않듯이, 신성도 우주 즉 하나님의 몸과 동일하지 않기 때문이다. 바로 이런 점에서 범신론과의 차별성을 통해 범재신론을 강조하려는 노력은 매우 주의깊은 신중한 사용을 요한다.

그래서 누군가의 유물론이 마음과 몸의 단순한 동일주의identism를 지시하는 것이 아니라면, 하나님이 몸을 갖는다는 것 혹은 하나님이 몸의 존재가 되신다는 것은 결코 하나님을 유한한 실체 혹은 경계 지어진 실체로 환원하는 것이 아니다. 그리고 이것은 결코 신물질주의자들이 함의하는 환원도 아니다. 왜냐하면 물物, matter 자체가 물질화들의 역장forcefield으로, 즉 "행위주체적 내적-작용"agential intra-action 속에서 일어나는 체현 사건들의 역장으로 변모하면서, 시간이나 공간의 그 어떤 최종 경계선도 용납하지 않기 때문이다. 20세기 물리학이 보여주

65) See Mary Jane Rubenstein, "The Matter with Pantheism: On Shepherds and Hybrids and Goat-Gods and Monsters," in *Entangled Worlds*. See also her full-length study, *Pantheologies: Gods, Worlds, Monsters* (Columbia, 2018).

66) 역주: 샐리 맥페이그의 유명한 책의 제목을 따서, 켈러가 비유적으로 표현하고 있는 것이다.

는 물질과 에너지의 진동하는 불가해성은 화이트헤드의 철학 속에서 신학적 함축성들을 드러내고 있으며, 진동하는 상호관계의 우주를 보여주기 시작했다. 이 상호관계적 우주 속에서 하나님은 제일원인이나 내세적 탈출구 혹은 최종목적인으로 작용하지 않는다. 오히려 하나님은 새로운 생성들을 추근대며 재촉하고, 그것들을 받아들이는 '에로스'로서 기여한다. 처음에는 시작beginning으로서 그리고 내면화하는 발단inception으로서 말이다.

하나님과 세계의 상호적 내재는 화이트헤드가 정의하는 상호적 내재를 반영하고, 실로 예증한다. 신과 세계의 상호 내재는 결코 화이트헤드의 철학이 말하는 상호적 내재의 예외로 보이지 않는다. 화이트헤드는 모든 현실체들actualities을 생성들becomings 사이의 관계들로서, 그래서 물화들物化, materializations로서 정의한다.

> 모든 현실적 계기actual occasion는 하나의 과정으로서 스스로 모습을 드러낸다. 그것은 하나의 되기becomingness이다. 그렇게 스스로를 드러내면서, 현실적 계기는 다른 계기들의 다수성 가운데 하나로서 자신을 정초하며, 그 다른 계기들이 존재하지 않는다면 자기 스스로도 존재할 수 없다.67

따라서 화이트헤드의 현실적 계기는 분리된 개체들로 지속하는 실체-res cogitas 혹은 extensa-를 관계적으로 구성되는 생성의 순간들로 변환시킨다. 이 "되기"becomingness는 존재론의 심오한 초월이 아니라 전환을 부추긴다. 관계는 더 이상 외부적인 어떤 것이 아니다. 관계는 실체들이 소유한 속성이라기보다는 오히

67) A. N. Whitehead, *Science and the Modern World*, 175-76.

려 창발하는 주체들, 정확히는 초월체들superjects이 구성하는 "내적 관계들" 혹은 "상호적 내재"의 물物 또는 물화物化이다. 즉 관계란 이제 우리가 어떻게 서로의 일부가 되는가의 문제이다. 화이트헤드에게 주체는 양자quantum일 수도, 여왕queen일 수도, 퀴어queer일 수도 있는데, 모든 주체는 그만의 세계에 자연自然스럽게spontaneously 응답한다. 생성의 각 과정은 그 세계의 감응적 물화affective materialization로 간주된다. 다른 말로 표현하자면, 관계란 선행하는 존재들 간에 일어나는 상호작용을 의미하지 않는다. 이러한 식의 상호작용은 언제나 상호작용을 개별 존재들의 속성으로부터 파생되는 부차적인 것으로 간주하기 때문이다.

모든 것 안에 모든 것으로서 하나님: 내적-작용intra-action, 공空 그리고 내버려둠letting-be

여기서 카렌 바라드의 혁신적 개념, "내적-작용적 생성들"intra-active becomings과의 공명이 도드라진다. 화이트헤드와는 다르게 현대적이면서 유럽적인 철학에 근거하여, 그녀는 육체적 몸을 "포스트휴머니스트적"으로 "설명"하는 근거로서 보다 완전한 형태의 "관계론적 존재론"을 구성해왔다. 그녀의 설명들 속에서 몸들은 단순히 외부 대상들과 상호작용하는**inter**acting 고전적 행위자들로 등장하지 않는다. "오히려 현상들은 상호-작용하는 '행위주체들'agencies의 존재론적 불가분리성/얽힘이다."68 이를 우리는 현재 당면하고 있는 기후문제에 적용해 볼 수도 있을 것이다. 그래서 기후/기괴화climate/weirding69 문제에 대해 설득력

68) 참고 Keller "Tingles of Matter, Tangles of Theology: Bodies of the New(ish) Materialism," *Intercarnations*. 60-82. (Also published in *Entangled Worlds*.) I also engage Barad in relation to the whole history of quantum entanglement in Ch 4 of *Cloud of the Impossible*, pp. 127-167.

69) 역주: 우리 시대 기후현상이 점점 더 기괴하게 변하는 것을 일컬어서 '기후 기괴화'(climate

있는, 실로 즉시 적용 가능한 안이 당장 강구되어야 한다. 왜냐하면 책임의 윤리는 우주론적으로 아래로부터 구성되기 때문이다. 『우주를 반쯤 만나다』*Meeting the Universe Halfway*에서 그녀는 주장하기를, "우리는 이미 우리와 얽혀있는 타자들에게 언제나 책임이 있으며, 이 얽힘은 의식을 동반한 의도를 통해서가 아니라, 물질성이 수반하는 다양한 존재론적 얽힘을 통해서 엮여진다."[70]

달리 표현하자면, 내재성은 -바라드의 입장과 결을 맞추어 말하자면- 내적-작용intra-action의 상호성을 의미할 것이며, 이는 선재하는 실체들 간의 상호작용이 수반하는 상호성이 아니다. 왜냐하면 현실체actual entity는 생성의 시간 속에서, 즉 그 생성 혹은 되기becoming의 순간에 발생하기 때문이다. 이는 모든 것의 동일성으로서, 혹은 전체성으로서, 혹은 모든 것을 담지하는 하나의 포괄적인 매트릭스로서 이해되었던 내재성과는 다른 것이다. 그 포괄하는 "공간성"spatiality은 그 자체가 모든 곳에서 순간순간마다 구성된다.

그럼에도 불구하고 범재신론이 말하는 신성deity은 초월을 결여하지 않는다. 그래서 화이트헤드의 교차대구법은 다음과 같다. "하나님이 세계를 초월한다고 말하는 것이 진실된 만큼이나 세계가 신을 초월한다고 말하는 것도 참이다."[71] 그래서 이것이 형이상학적 타자성을 '끄집어-내는'take-out 초월이 아니라, 초과하기exceeding 혹은 넘어서기going beyond로서 초월하기임이 분명하게 이해됐기를 바란다. 다른 말로 표현하자면, 이 초월하기는 대체superssion로서의 초월이 아니다. 왜냐하면 과거가 그 초월하기 속에서 이월되고 있기 때문이다. 이 초월하기는 "새로운 생성들"의 작용효과"인데, 바로 여기에서 신성한 에로스가 관계하

---

weirding)라고 표현하기도 한다.

70) Karen Barad, *Meeting the Universe Halfway: Quantum Physics and the Entanglement of Matter and Meaning* (Duke University Press, 2007), 393.

71) A. N. Whitehead, *Process and Reality: Corrected Edition*, eds. David Ray Griffin and Donald W. Sherburne (The Free Press, 1985), 348.

기의 기쁨과 아픔을 갖는다. 아주 다양한 과정신학의 글들이 성서적 유산들에 대해서 고전적 유신론의 여러 이원론보다 더 이 범재신汎在神, panentheos 개념에 충실하고 있음을 증언한다. 그리고 지난 수십 년동안 발전해오는 과정에서, 과정신학은 지구의 생태와 경제에 엄밀히 기여하면서 사유를 전개하고 있다. 이 물物에 대한 강조가 신물질주의 세속사상가들이 화이트헤드의 철학과 만남을 갖도록 해주고 있으며, 대표적으로 제인 베넷Jane Bennett과 도나 해러웨이Donna Haraway가 있다. 여기에 특별히 윌리엄 코놀리Willaim Connelly를 덧붙일 수 있을 것이다.72

여느 몸들의 실존 혹은 하나님의 몸의 실존 혹은 화이트헤드의 철학에서 말하는 가능성의 에로스로서 하나님의 실존은 사실상 그 어떤 정통적 존재론의 실존 혹은 존재신학적 실존이 쓰고 있는 가면의 정체를 폭로한다. 참으로 거의 한 세기 전에 화이트헤드는 실존이라는 자기-동일적이고, 투명하게 현재하며, 밋밋한 이 개념에 대한 해체를 수행했다. 말하자면 모든 종류의 독립적인 실체로서의 실존 개념을 해체하였다. 이는 아트만atman에 대한 불교적 해체 개념과 밀접한 연관성을 가지며, 따라서 연기緣起, pratitya samutpdha 개념과도 밀접한 연관성을 갖는다. 연기란 모든 것들은 오직 다른 것들과의 의존성 속에서만 일어난다는 것을 주장하는 급진적 관점을 말한다.

고백하건대, 과정신학자 존 캅의 기독론이 불교와 맺고 있는 깊은 관계가 나로 하여금 그와 함께 공부하도록 이끌었다. 범재신론은 다른 문화와 종교의 지혜들과 상호의존적인 관계 속에 있음을 자각하고 있다. 특별히 모든 것의 이 상호의존성을 의식하게 만드는 전통들과 말이다. 이것을 내 방식대로 표현하면, 생태

---

72) 특별히 아주 명시적으로 화이트헤드의 사유와 대화를 시도하는 정치철학자 윌리엄 코놀리(William Connolly)의 작업으로서 다음의 작품들이 있다: *A World of Becoming* (Duke, 2011); *Climate Machines, Fascist Drives, and Truth* (Duke, 2019); *The Fragility of Things: Self-organizing Processes, Neoliberal Fantasies, and Democratic Activism* (Duke, 2013).

적 우주의 물화物化, materializations, 따라서 '상호적 육화'intercarnations를 유념하는 전통들과의 상호의존성이다. 우리가 어떤 종교를 공유하든 혹은 그렇지 않든 간에, 우리는 생태정의 속에서 연대를 공유할 수 있다. 그리고 범재신론의 관점 속에서 하나님은 자기-동일적인 독립적 실체가 아니라 관계 속에서, 즉 생성하는 모든 것 안에서 그것들과 함께하는 상호적 참여의 내재성 속에서 창발한다. 바로 거기에 몸들의 우주에 선행하며, 그를 능가하는 하나님의 측면이 존재한다. 전문적으로 표현해서, 과정신학적 용어로, 신의 귀결적consequent 본성으로부터 구별되는 시원적primordial 본성의 측면 말이다. 그러나 화이트헤드의 철학 속에서 신의 시원적 본성은 "존재"하는 것이 아니라 순수한 가능성을 의미한다.

시원적 본성 속에서 그 순수한 가능성은 쿠자의 니콜라스가 말하는 무한의 에워싸며 접히는 주름complicans을 따를 수도 있고, 그렇기에 "다수the multiple 안에서 다수로서" 모든 것all, pan의 전개라는 개념을 따를 수도 있다. 그러나 모든 것이 모든 것 안에 존재하고, 각 존재는 각 존재 안에 존재함으로써만 그럴 것이며, 이는 우주에 의해 매개됨으로서만 가능할 것이다. 15세기의 신학자 쿠자는 화이트헤드 이전에 범재신론적 내재성의 단초를 제공하는 사상적 시조始祖라 할 수 있으며, 내가 가장 좋아하는 신학자이기도 하다. 그는 물론 당대에 범신론으로 고발당하기도 했지만, 그 혐의는 인정되지 않았다.[73] 나의 책 제목이기도 한 '불가능한 것의 구름'이라는 은유는 그가 만든 표현이다. '불가능한 것의 구름'이란 표현은 신적인 무한성은 모든 앎을 넘어선다는 사실을 강조한다. 그러나 그 어두운 구름 속에서 우리는 그럼에도 하나님 안의 모든 것의 전개와 모든 것 안에 하나님의 전개를 경험한다는 사실도 강조한다.

신물질주의에 가장 중요한 영향력을 끼친 프랑스 철학자 질 들뢰즈Gilles

73) 참고 *Cloud* Ch 4, "Enfolding and Unfolding God: Cusan Complicatio," 87-123.

Deleuze는 쿠자로부터 이 '접히는 우주'라는 개념을 받아들였고, 또한 화이트헤드로부터 차이와 다수성의 급진적 역동성이라는 개념을 받아들였다. 그런데 들뢰즈는 아주 훌륭한 포스트모더니스트답게 하나님과 초월과 종교의 모든 흔적을 지워버렸다. 그의 말을 인용하자면, "초월, 수직적 위계질서의 존재, 하늘이나 땅의 제국적 국가가 존재하는 곳에는 언제나 종교가 존재한다. 그리고 내재성이 존재하는 곳에는 언제나 철학이 존재한다."74 신물질주의자들의 철학 속에서는 들뢰즈적 무신론이 핵심으로 남아 있다. 나는 그 긴장이 유익하다고 생각한다. 때로 윌리암 코놀리, 제인 베넷 그리고 카렌 바라드 같은 무신론자들과의 동맹이 신학 전통들의 발전에 도움이 된다. 예를 들면, 코놀리가 민주주의와 생태를 위한 광범위한 동맹들이라 부른 것으로 발전해 나갈 수 있다. 그러한 동맹은 생태정치적 치유를 위한 행성적 기획들에 참여하는 다수의 종교와 비종교적 지혜들의 참여를 요구한다.

하나님의 파산과 무/능력으로서의 장애의 신학

그런데 우리는 치유될 수 없는 것을 포기하지는 않는가? 나의 제자인 샤론 베쳐Sharon Betcher는 신체적 장애에 대한 자신의 경험과 지구의 장애 사이의 깊은 연관성에 대해 글을 쓴다. 그래서 그녀는 "신체 간 관용"intercorporeal generosity을 촉구하는데, 이는 "사회적 몸Social Flesh의 의무"를 강조하는 내재적 윤리를 말한다. 육신의 초월을 강조하는 기독교는 그녀가 안고 있는 장애라는 상황 속에서 그녀를 실망시켰다. 그래서 그녀는 "하나님의 파산"the ruin of God에 관하여 글을 쓴다. "인격을 육신flesh과 가까운 자리로 데려옴으로써, 우리는 생성의 세계로 나아가

74) Ibid., 43.

는 기본적인 통로를 떠올리게 되며, 그를 통해 우리는 몸을 표준화하고, 엄격하게 정상으로 간주되는 몸들만 가치를 인정하고, 신분을 부여하는 서구적 노력들을 돌파해 나가기 시작할 수 있다."[75] 능력의 정상화, 젠더와 성의 정상화, 식민성의 정상화라는 규약이 붕괴되면서, 그것에 동반되는 신학적 붕괴도 분명해진다. "일찍이 급진 신학들이 하나님의 죽음을 말했을 때처럼, 여기 즉 장애 신학에서도 하나님은 파멸되고, 텅빈 것이 되고 말았다. 불교의 공空이나 하나님의 자기-비움kenosis처럼 말이다. 그래서 우리는 서로 얼굴을 맞댄다. 감성과 그의 불안정한 취약성, 즉 상처 입고 부상당할 수 있다는 가능성이 감각적으로 울컥 느껴지면서 말이다."[76] 그리고 그런 우리의 대면은 또한 지난 10,000년 동안 거주가능한 지구의 도처에서 이미 벌어진 파멸과 함께 마주한다. 베쳐는 제안하기를, "장애"disability라는 은유와 실천은 우리로 하여금 점증하는 지구 자체의 도시적 손상과 생태적 훼손에 대처할 수 있도록,[77] 그리고 이제 앙등하고 증식하는 불구의 생태계들에 대처할 수 있도록 준비하게 한다. 하나님의 비움emptying은 가능하지만, 그것이 꼭 무신론을 의미하는 것은 아니다. 그리고 만약 우리가 기독교적 자기-비움kenosis과의 공명, 그리고 불교적 공空, sunyata과의 공명이 연결되도록 할 수 있다면, 오히려 우리는 신학적으로 그리고 생태적으로 그 파멸의 폐허들을 마주하는 게 나을 수도 있다. 구원될 수 있는 것을 포기하지 말고, 내버려 두어야할 것을 내버려두자. 이 '내버려 둠'은 이제 셀 수 없이 많은 생물 종들을 포함한다. 어떤 종의 소멸은 자연적이다. 그러나 인간이라는 원인으로 인해

75) Sharon V. Betcher, *Spirit and the Obligation of Social Flesh: A Secular Theology for the Global City*. (Fordham, 2014) ,108.
76) Sharon V. Betcher "Crypt/ography: Disability Theology in the Ruins of God" http://www.jcrt.org/archives/15.2/betcher.pdf 113.
77) Sharon V. Betcher, "Of Disability and the Garden State," Spotlight on Theological Education. *Religious Studies* News. 2013.

우리는 자연적인 멸종률보다 천배에서 만배 정도 높은 멸종이 벌어지는 시대에 살고 있다.

적어도 이 행성에서 하나님의 몸은 생명으로 가득 차 있으면서 동시에 큰 상실로 고통을 겪고 있는 것처럼 보인다. 범재신론적으로 이해하자면 말이다. 땅earth의 모든 장/애 지체들과 비정상으로 취급받는 지체들과 더불어, 이것은 미래에 대하여 매우 취약한 전망을 제시하고 있다. 그런데 장애障碍, disability가 꼭 능력이나 역량의 상실로 읽혀질 필요는 없다. 장애는 무/능력78 즉 dis-ability 혹은 dis/ability로서 장애를 통해 새로운 역량의 개발이나 새로운 삶의 길을 만들어 낼 수도 있다. 카트린느 말라부는 이를 '파괴적 가소성'destructive plasticity라는 개념으로 표현한다. 그렇지만 만일 우리가 '상호적 육화'의 관점에서 이를 읽어낼 수 있다면, 이 장애와 비정상의 몸들은 또한 거대한 연대를 불러일으킨다. 우리는 거대한 차이의 경계들을 가로질러 더 잘할 수 있을 것이다. 예를 들면, 서양과 동양의 차이, 보다 구체적으로 보자면, 나의 예외주의적 초강대국의 국적과 여러분의 복잡하고 중층적인 탈식민적 상황 사이의 차이 혹은 나의 범재신론적 기독교와 여러분의 복음주의적 기독교나 불교 혹은 무신론 간의 차이 등을 가로질러서 말이다. 우리는 이 차이들을 '선물들'gifts79로 받아들일 수도 있다. 그러나 이것은 우리가 서로로부터 분리된 것이 아니라, 우리의 차이들 속에서 얽혀있다는 사실을 깨닫게 될 때만 가능한 일이다. 그 깨달음이 유토피아로 인도해 주지는 않을 것이다. '유토피아'utopia라는 말은 문자 그대로 이해하자면 'no place', 즉

---

78) 역주: 데리다적인 해체의 문법으로서 켈러는 disability를 dis/ability로 표현하고 있는데, 우리 말 한자어 障碍는 그런 뜻을 전혀 나타내지 않는다. 그래서 무/능력이라는 말로 표현한 것은 바로 이 장애를 넘어 새로운 삶의 길을 만들어 낼 가능성 혹은 장애의 조건들을 해체하고 새로운 삶을 만들어 낼 가능성을 가리키기 위함이다.

79) 역주: 'gifts'는 문자적으로는 '선물들'이란 뜻이지만, 기독교 신학적으로는 '은사', '은혜' 혹은 카리스마적으로 부여된 영적 능력을 가리키는 말이기도 하다. 여기서는 이런 신학적 함의가 부인되지 않지만, 번역문에서는 이런 함의가 살아나지 않고 있음을 일러둔다.

무장소無場所, 자리가 없다는 뜻이다. 그러나 이사야, 예레미야, 밧모섬의 요한이 가졌던 구약 예언자들의 비전은 새 하늘과 새 땅에 대한 비전이었다. 옛것의 폐허로부터 피어나는 새로운 창조, 말하자면 인간 문명과 그 행성 거주지의 폐허들로부터 피어나는 새로운 창조의 비전 말이다. 그러나 우리는 이 새 하늘과 새 땅의 은유로부터 초자연적인 해석을 비워내어야 한다. 그래야 우리는 히브리어에서 '하늘'의 본래 의미인 "하샤마임"hashamyin에 충실할 수 있을 것이다. '하샤마임'은 저 위의 초자연적 하늘을 의미하는 것이 아니라, 오히려 지구의 대기, 하늘 그리고 모든 외부공간outer space를 의미하며, 여기에 '하나님의 처소'도 포함된다. 나는 기후 변화와 연관하여 이 새 하늘과 새 땅이라는 구절을 새로운 대기와 새로운 땅the new atmosphere and earth이라고 번역하고자 한다. 그때 이 새로운 대기와 땅은 위에서 아래로 하달되는 초월의 작업이 아니라, 집단적 변혁의 희망을 상징화할 것이다. 급진적 변혁의 희망 말이다. 우리 서로에 대한 그리고 모든 사물에 대한 우리의 내재적 관계들로부터의 초월의 희망이 아니라, 그 관계들 안에서의 초월의 희망 말이다. 유일한 초자연적 성육신에 의존하는 것이 아니라, 종교의 교리주의를 비워낸 치유사역의 희망 말이다. 그것이 우리의 상호적 육화가 담지한 몸의 연대를 강화하는 치유사역의 희망이다.

나아가며: 생태-에큐메니즘을 지향하며

민주주의와 생태계의 위기는 계속될 것이다. 이 위기들은 인간들이 거주하는 행성의 미래를 고갈시키기보다는 오히려 에너지를 불어넣는 새로운 사유를 요청하고 있다. 이 새로운 사유는 심각하게 손상되고, 다중으로 무/능력해진 땅과 대기에 정초하여 전개될 것이다. 현재의 다중적 무/능력이 전망 있고 활기찬 시작들을 불가능하게 만들 무/능력으로 전개되지는 않을 것이다. 다중으로 내장된 예외주의들이 해체되면서, 책임있는 얽힘들이 도래한다. 지구정치신학은 범재신론으로의 개종자들을 만들고자 함이 아니다. 오히려 새로워진 땅과 대기를 위한 동맹들을 강화하는데 도움이 될 수 있는 어휘들을 만들어내고자 노력할 따름이다. 그래서 일종의 생태-에큐메니즘 혹은 생태적 일치의 신학을 도모하고 있다. 그러한 동맹은 땅을 감싸고 대기를 정화하는 잠재력을 발휘하기 위한 다중적 지혜들을 생태적 역장力場, forcefield으로 함께 모아내고자 할 것이다. 그리고 그 지혜들이 희망을 키워낼 것인데, 이 희망은 허구의 환상들에 집착하기보다는 오히려 그것들을 비워내는 희망이 될 것이다. 즉 그 희망은 우리의 용기와 새로운 통찰에 대한 우리의 열린 마음가짐, 그리고 행동을 위한 우리의 에너지를 강화해 줄 것이고, 또한 언제나 우리의 대화의 역량들을 키워줄 것이다.

그리고 나는 당장 이런 일이 일어나기를 기대하고 있다!

시대의 절망을 억누르지 말고, 사랑으로 하나님을 품기[80]

엘리, 엘리, [라마] 사박다니. 끝을 시작하는 어두운 자리가 존재한다: 그의 살아있는 가르침이 권력을 위협했고 그래서 결국 죽음으로 대가를 치러야 했던 이가 내뱉는 마지막 말들. 이 말과 무슨 상관이 있든 혹은 가정컨대 독자 여러분이 자신만의 기독론을 갖고 있다는 것을 전제로 당신이 기독론을 어떻게 만들어내든 간에, 그 어떤 상징도 십자가의 죽음보다 더 위대한 권력의 상징으로 머무를 수는 없다. 기독교 사회정의운동들은 십자가형을 감행했던 권력이 다름 아닌 로마 제국이었다는 사실을 분명히 하고자 오랫동안 노력을 경주해왔다. 십자가형은 유대인들이 요구한 것도 하나님이 그렇게 하도록 한 것도 아니었다. 그때 이래로 대문자로 시작하는 Power 즉 권력은 무수한 권력들이 입었던 옷들을 빌려 입어왔다. 그 권력들이 기독교적이건 아니건, 제국주의적이건 아니면 신제국주의적이건, 정치적이고 경제적인 권력이건 아니건 간에 말이다. 맞다, 밧모섬의 요한이 투덜거리며 읊조리는 소리가 내 귀에 들린다: 로마의 권력을 입고 보좌에 앉은 짐승과 세계 경제를 차지한 큰 음녀.

80) 본 원고는 2022년 11월10일 오후5시 연세대학교 신학관에서 인간-기술 공생 네트워크 주최로 열린 "생태사물신학 강연"에서 발표된 원고를 본서의 출판 취지와 목적에 맞게 수정한 것임을 일러둔다. 본래 이 원고의 제목은 "권력, 묵시종말론 그리고 사랑의 하나님"이었으나, 책으로 엮는 과정에서 맥락에 맞게 수정하였다.

예수의 버림받음

필자는 십자가 처형과 묵시종말론을 가지고 독자들의 마음을 어둡게 할 생각은 없으며, 이 이야기는 권력에 대한 부정적 비판으로 마무리 되지는 않을 것이다. 사랑의 하나님으로 되돌아갈 길을 찾을 것이다. 약속한다. 하지만 그 마지막 말들에 대한 묵상없이 거기로 갈 수는 없다: "나의 하나님 나의 하나님 어찌하여 나를 버리셨나이까." 적어도 마가복음과 마태복음에 따르면 이것이 그의 마지막 말이다. 누가는 훨씬 더 자신감에 차서 마지막 말을 제시한다: "아버지여 내 영혼을 아버지의 손에 맡기나이다." 요한이 제시하는 마지막 말은 간단하다: "다 이루었다." 놀라운 것은 마가복음과 마태복음이 하나님이 저버리셨다는 말을 정녕 담지하고 있다는 사실이다. 역사-비평적 판단기준으로 보자면, 예수가 실제로 그런 말을 했을 것이라는 사실은 도리어 악선전에 가깝다.

그리고 이 말들이 의미하는바, 그 말의 외침으로부터 우리는 예수가 이러한 결과를 예상하지 않았다는 사실을 감지한다. 그래서 예수는 자신의 아빠abba로부터 버림받았다고 느꼈다. 즉 그는 이런 심연의 고통과 굴욕과 실망을 경험할 것이라고 생각하지 않았고, 당연히 그런 일은 일어나지 말았어야 했다. 그 아빠는 다른 결과를 만들어 냈을 수도 있었고 그리고 당연히 그랬어야만 했다. 혹은 적어도 죽음의 고통 가운데 있는 예수를 위로하거나 격려하기 위해 거기에 그 예수와 함께 있었어야만 했다. 나는 지금 모두가 알고 있는 평범한 대답을 토론하지 않을 것이다. 말하자면 그 일이 다른 결과를 만들어냈다는 대답 말이다: 예수는 부활했다! 그 사실이 여기서 다루려 하는 문제, 즉 정말 감당할 수 없는 고통의 문제를 해결하지는 않는다. 그리고 그것은 물론 신정론의 문제이다: 어떻게 사랑의 하나님이 이런 일이 일어나도록 내버려 두실 수 있는가? 그런 일이 애초 초래된 것 자체는 말할 것도 없이 말이다. 그리고 바로 거기에 권력과 사랑의 하나님이라는 문제의 신학적 핵심이 놓여있다. 이 시기에도, 2022년 수해를 입은 플로리다 사람들과 전쟁에 신음하는 우크라이나 사람들이 느꼈듯, 이스라엘과 하마스의 전쟁이 격화되는 와중에 팔레스타인과 이스라엘 사람들이 예수가 느꼈을 그 느낌을 경험하며, 많은 이들이 내면에서 예수의 외침과 같은 외침이 올라오고 있다고 느끼고 있을 것이란 상상이 든다.

그 버림받음을 마주하지 않고 외면한다면, 그것은 또한 우리가 그 버림받음을 마주한 예수를 마주한다는 것을 의미한다, 그 버림받음의 구체적인 '감당할 수 없음'의 무게뿐만 아니라 최악의 순간에 겪어야 했던 그 버림받음의 의미를 비통해하지 않는다면, 그 어떤 부활이나 회복 혹은 개혁 담론도 그저 공허하게 머물 것이라고 생각한다.

우리들 중 많은 이들은, 아마도 여기에 모인 우리 대다수가 이 신정론의 문제에 대한 열쇠뿐만 아니라 만족할만한 해법을 과정신학에서 찾을 것이다: 거의 반세기 전 데이비드 그리핀David Griffin이 『하나님, 권력 그리고 악: 과정신정론』*God, Power, Evil: A Process Theodicy*, 1976에서 구체화시키면서 너무도 훌륭하게 대답했던, 그 질문에 대한 해법 말이다. 나 역시 그 해법에 공감했던 사람들 중 하나였다고 솔직하게 말하고자 한다. 그 해답의 삼단논법은 이렇다: 만일 하나님이 모든 것을 통제하시면서 동시에 사랑의 하나님이시라면, 그리고 진짜 고난이 존재한다면, 하나님은 정말 존재하지 않는 것이다: 그런데, 만일 하나님이 강압적인 분이 아니라 설득적인 분이시라면, 이는 하나님의 사랑과 모순되지 않는다: 그러므로 그 어떤 트라우마를 대면하더라도, 하나님은 존재하실 수 있다!

그렇지만 그러한 과정신학적 설득에도 불구하고, 하나님으로부터 버림받은 그 비통함을 지금 다시 표면화시키는 것이 중요하다. 이는 심지어 과정신학자들 사이에서도 마찬가지다. 그렇지 않다면, 우리의 대답은 우리의 한복판에서 새롭게 일어나는 고통들로부터 동떨어진 진부하고 추상적인 대답이 되고 말 것이다. 복음서가 증언하는 '하나님으로부터 버림받음'Godforsakenness은 실존적 비통anguish을 표현하는 것이지, 결코 형이상학적인 사실을 표현하는 것이 아니다. 학생들을 가르치면서 내가 확실하게 알게 된 사실이지만, 만일 내가 과정신정론으로 너무나 순조롭게 넘어가고 있다면, 이는 과정신정론이 학생들에게 무신론과 다를 바 없다고 느껴지기 때문이라는 사실이다. 그래서 비록 교수의 면전에서 직설적으로 표현가히는 어렵지만, 그 학생들은 하나님이 바로 과정신학을 저버리셨다고 생각하거나 혹은 그 반대로 과정신학이 하나님을 저버렸다고 느낀다.

바로 이 지점에서 필자의 생각은 이렇다:

이 버림받음의 느낌이 우리 시대의 거대한 트라우마 속에서 어떻게 작동하고 있는가? 그것은 내가 이 글을 쓰고 있던 시점에는 당장 전쟁의 트라우마를 의미했다. 10월 뉴스의 초점이 되었던 핵전쟁의 위협과 더불어 말이다. 그리고 지금이라는 시간을 훨씬 더 긴 간격으로 잡는다면, 그것은 물론 지구 온난화를 의미하기도 한다. 이것들은 세계의 종말이라는 의미에서 아포칼립스들은 아니다. 세계의 종말은 어쨌든 성서적 개념은 아니다. 여기에 대해서 더 말하고 싶지는 않지만, 최근 저서 『묵시적 종말론에 맞서서: 기후, 민주주의, 그리고 마지막 기회들』[81]에서 필자는 '아포칼립스'가 종결이나 폐쇄를 의미하는 것이 아니라 공개나 폭로 즉 '드러냄'을 의미한다는 사실을 분명히 하고자 하였다. 여기서 공개나

81) 역주: 2022년 출판된 *Facing Apocalypse*의 번역제목을 번역자는 『묵시적 종말론에 맞서서』라고 번역하였다. 하지만 이 번역제목은 켈러가 책에서 말하고자 하는 내용을 왜곡할 소지가 많다. 켈러는 묵시적 종말론에 맞서서 싸우거나 극복하자는 것을 말하고자 하지 않는다. 오히려 켈러가 말하고자 하는 것은 '아포칼리스'를 정면으로 마주하자는 것이다. 그 파멸을 외면하거나 극복하려고 노력하는 대신 똑바로 바라보면서, 우리가 무엇을 희망하고 무엇을 해야 하는지를 똑바로 보자는 것이다. 이런 의미에서 "맞서서"라는 번역은 아마도 켈러의 신학을 전혀 접해보지 못했던 이의 번역일 것이라고 추정해 본다.

폭로 혹은 드러냄은 단순한 끝the End이 아니라 역사를 점점 더 악화일로로 실현하며 치달아가는 파국적 인간의 행위와 문명의 패턴에 대한 폭로를 의미하며, 현재 역사적으로 실현되고 있는 것들은 우리가 세속적으로 꿈꿀 수 있는 희망들 중 가장 큰 소망과 "첨예한 대립"을 보이고 있다. 나는 과묵하고 과시적이지도 않은 바이든 대통령이 그 위험단계를 가리키기 위해 아마겟돈이라는 단어를 사용하는 것을 듣자마자 그 책을 썼다. 요즘같은 시기에 혹은 이전 수십년 동안 아포칼립스를 과학적으로 훌륭하게 예시하기 위하여 지구온난화를 말할 수는 있다. 하지만 그것은 종말the End로서의 아포칼립스가 아니다. 이 사실을 필자는 거듭해서 반복할 것이다. 그것은 오히려 행성적 파국을 초래한 권력 체계의 구성, 즉 용/짐승/큰 음녀의 삼위일체에 대한 폭로이다—그리고 이 행성적 파국에는 나무들의 삼분의 일이 불타고 바다 생물의 삼분의 일이 죽는 일 등이 포함되어 있어, 기후변화를 아마겟돈과 같은 것으로 표현하려는 풍조와 공명하기도 한다. 복음서에서 예수를 십자가에 못박았던 로마제국의 권력은 요한의 예언적 악몽 속에서 바다와 땅을 가로지르는 제국의 권력으로 암호화된다. 그리고 그 제국이 유혹적인 것으로 묘사되는 경제적 초강대국과 짝을 이루는 장면이 세계무역을 위해 큰 음녀가 제공하는 28가지의 상품들에 대한 환상 속에 등장한다.

물론 근본주의자들이 아포칼립스를 읽는 방법은 '만일 핵재난이나 생태재난이 일어난다면, 그것은 하나님의 뜻이다'라고 추정하는 것이다. 그리고 상당히 광범위한 부류의 기독교인들이 어떤 거대한 일은 어쨌든 하나님이 의도하신 것임에 분명하다고 가정한다. 혹은 만일 이 모든 일이 하나님의 의지가 아니라면, 하나님이 그 일이 일어나도록 "내버려" 두신 것이라고 그들은 느낀다. 그래서 우리도 아마 버림받은 것이라고 느낀다.

그렇다면 이 절망에 대한 정직한 대답은 무엇인가? 어떤 종류의 '하나님으로부터 버림받았다는 느낌'이 여기서 일어나고 있는가? 그리고 과정신학은 그에 적절한 대안적인 목회신학과 정치신학을 제시해 주고 있는가?

십자가에 달리신 하나님

과정 신학으로 넘어가는 대신, 또 다른 매우 영향력있고, 진보적이며, 생태지향적인 신학, 즉 위르겐 몰트만Jürgen Moltmann의 신학과 더불어 잠시 멈추어 보는 것이 유익할 것 같다. 왜냐하면 그는 우리를 직접 십자가로 데려가기 때문이다. 몰트만은 『십자가에 달리신 하나님』*The Crucified God*에서 다음과 같이 적고 있다: "하나님이 나사렛 예수 안에서 사람이 되셨을 때, 하나님은 단지 인간의 유한성으로 진입하는 것만이 아니라, 십자가 상의 죽음 속에서 하나님은 또한 '하나님으로부터 버림받은' 사람의 상황으로 진입하신 것이다. 예수 안에서 하나님은 유한한 존재의 자연스런 죽음을 맞이한 것이 아니라, 십자가에 달린 범죄자의 폭력적인 죽음을 맞은 것이다. 하나님이 완전히 포기하신 죽음 말이다. 예수의 수난에서 일어나는 고난은 포기, 즉 아버지 하나님에 의한 거절이다.[82] 그는 자신을 낮추어, 하나님을 믿지 않는 자the godless와 '하나님으로부터 버림받은 자'the godforsaken의 영원한 죽음을 스스로 짊어져, 모든 믿지않는 자와 버림받은 자들이 하나님과 함께 하는 교재communion를 경험할 수 있게한다."

어떤 측면에서 몰트만의 신학은 실존적으로 설득력 있는 신학으로 머물 수 있다고 생각한다: 예수가 참 인간이라는 사실이 의미하는 바는 성육신의 온전함

82) 하나님은 종교가 되지 않는다. 그렇기에 인간은 그에 상응하는 종교적 사유와 감성으로 하나님에게 참여한다. 하나님이 법이 되지 않는다. 그렇기에 인간은 법에 대한 복종을 통해 하나님에게 참여한다. 하나님은 이상이 되지 않는다. 그렇기에 인간은 지속적인 노력을 통해서 하나님과 함께 공동체를 이룬다.

이란 온전한 인간 고난에 함께 할 것을 요구한다는 사실이다. 그리고 그 고난은 신앙을 통해 면제되지 않는 고난, 최악의 고난, 그래서 무력하고 절망적이라고 느낄 수 밖에 없는 외상성 장애를 의미한다. 몰트만에게는 이것이 믿지 않는 자와 버림받은 자 그리고 하나님 간의 연대를 드러낸다. 그런데 예수의 신성은 그 결정적인 순간에, 즉 그 십자가의 순간에서 예수의 인성을 저버렸다.

물론 하나님은 경건한 이들the godly만큼이나 믿음이 없는 이들the godless에게 주의를 기울이신다는 사실에 과정 신학자들 역시 동의할 것이다. 아울러 신의 유혹은 가장 치명적으로 취약한 시간을 통해, 보다 정확히 말하자면 하나님으로부터 버림받았다는 의미의 경험을 통해 믿음이 없는 이들을 부르실 수도 있다는 사실을 인정한다. 그럼으로써 하나님은 실제로는 그들을 외면하지 않는다는 사실도 말이다.

그런데 그리스도 안에서 하나님이 십자가에서 의도적으로 무신앙godlessness 83의 상황으로 진입하여 신성Godself의 부재를 드러내신다는 사실: 이것은 너무 수행적perfomative 혹은 연극적이라고 느껴지지 않는가? 불신앙의 사람들을 유혹하기 위하여 '하나님으로부터 버림받음'의 상황을 연출하는 하나님? 간접적이지만 그럼에도 여전히 전능함으로 상황을 통제한다는 제스처일까? 그리고 만일 우리가 이 '하나님으로부터 버림받음'의 경험을 핵전쟁의 아마겟돈이나 기후적 묵시종말론에 적용한다면, 우리는 하나님이 또 끔찍하게도 지구적 수준에서 자신의 부재를 즉 자신의 사랑하는 존재들에 대한 포기를 연출하기를 택하셨다는 인상을 받고 싶지는 않을 것이다. 신제국주의의 십자가에 못박힌 지구? 그렇긴

83) 역주: 영어에서 신앙을 갖지 않는 자나 무신앙을 가리킬 때 'godless'나 'godlessness'라는 단어를 사용하는데, 이 말 자체가 이미 '신없음' 혹은 하나님의 부재를 기표하고 있다. 이를 통해 켈러는 하나님으로부터 버림받은 상태가 이미 하나님의 부재를 기표하고 있으며, 따라서 '신앙의 부재'를 의미하고 있음을 표현하고 있으나, 번역으로는 잘 그 중의적인 말놀이가 살아나지 않는다.

하다. 그러나 그것이 '성도와의 교제'communion을 위한 전략적인 '하나님의 포기'는 아니다.

생태계 문제에서 개신교 신학자들 중 선두에 서 왔던 몰트만도 여기에 반대하지는 않을 것이다. 그는 "세계 역사 속에서 권력의 우상숭배"와 하나님의 전능한 능력을 예리하게 구별한다. 그래서 창조 안에 계신 하나님은 스스로를 제한하신다: "무한한 힘의 하나님의 자발적인 제한은 곧 하나님 자신에 대한 하나님의 능력의 행위이다. 오로지 하나님만이 하나님을 제한하실 수 있다." 그런데 "사랑의 관계 안에서는 사랑하는 이들을 위한 자유의 공간들이 발전해 나아간다." 따라서 하나님의 창조적인 능력은 이미 그 자신 안에 자신의 능력을 포기하는 자기-포기self-renunciation를 담지하고 있다. 이 하나님은 "모든 것을 결정하시며", "모든 것에 책임을 지신다. 따라서 전능자 하나님 또한 신정론의 물음에서 피고인the accused이시다." 키에르케고르가 주장했듯이, 하나님은 피조물들의 독립성을 창조하셨다. 그렇게 하지 않으셨다면, 하나님의 능력은 사랑의 힘이라기보다는 오히려 통제하는 권력을 표현하게 되었을 것이다. "그래서 하나님의 전능한 힘은 그의 선하심이시다." 이런 말들이 의미없는 논리들이 아니긴 하다. 그런데 하나님의 철수, 하나님의 자기-포기 개념에 의존하는 것은 곧 통제하는 권력의 통치주권을 여전히 근본적인 것으로 간주하는 듯 하다. 왜냐하면 스스로를 제한하고, 스스로를 철수시키고 있는 것은 결국 그 '힘'power이 본질적으로 모든 것을 통제하는 힘이기 때문이다. 따라서 모든 것을 결정하는 권력power [84]의 유령이 그림자를 드리우고 있다.

84) 역주: 켈러가 이 문단에서 사용하는 power라는 단어는 의미맥락에 따라 "힘", "능력" 혹은 "권력"의 의미로 다양하게 변용되고 있는데, 이 중의성을 한 단어로 일관되게 번역하기 어려워 본 원고에서는 맥락에 맞게 사용하고 있음을 일러둔다.

설득하시는 하나님

여기서 강제력보다는 설득력을 주장하는 과정신학의 신정론이 꼭 필요한 논리적 명쾌함을 제공하고 있다. 과정신학적 신정론은 하나님의 능력은 하나님의 선하심이다is라는 사실을 더욱 진지하게 받아들이면서, 우리로 하여금 키에르케고르의 통찰을 포용할 수 있도록 하고, 더 나아가 몰트만의 통찰을 받아들일 수 있게 해준다. 그래서 이 과정신학적 신정론에서 작동하는 힘은 본질적으로 통제의 권력이 아니며, 오히려 어떻든 포기되어야 할 필요가 있는 힘이다—우주론적으로 창조안에서 그리고 기독론적으로 십자가 상에서 말이다. 그러나 유일신론의 한분 하나님에 대한 이해는 전능성의 신을 향한 해석을 지향해 왔고 지금도 그러하다. 비록 전능성으로 번역된 그 단어는 엘 샤다이el Shadai의 오역이었을지라도 말이다. 그렇기에, 역사적 예수의 경험이었든 아니면 그의 제자들의 경험이었든지 간에, 십자가 상에서 '하나님으로부터 버림받음'God-forsakenness의 경험은 개입주의자[85]가 가질 수 있는 희망의 마지막 호흡을 암시할지도 모른다. 특별히 인간역사 속에 알려진 사람들 중 신성과 가장 심오한 협동을 보여주었던 삶을 살았던 분의 입장에서는 말이다. 그러한 협동은 어디서 인성이 끝나고 어디서 신성이 시작되는지의 문제를 불확실하게 남겨놓을 것이다. 더구나 하나님의 통치주권이 그 힘 자체를 저버리는 순간에는 말이다. 그러나 이것이 하나님이 능력을 포기한다는 의미에서가 아니라, 예수가 그 십자가의 순간에 자신의 무력함의 깊이를 느꼈다는 의미에서 그렇다는 말이다. 만일 예수와 아빠 사이에 명확한 경계란 애초부터 있었던 적이 없다고 한다면, 그만큼 친밀한 사이였다고

---

85) 역주: 언제든 하나님이 전능한 능력으로 우리와 세계의 일들에 '개입'하실 수 있다고 보는 신학적 입장 말이다.

말한다면, 그 십자가 상에서 예수는 그 친밀함에 담지된 무자비함을 죽어가며 대면한 셈이 된다. 그리고 예수 자신이 거기서 경험할 수 밖에 없었던 절망은 하나님 스스로의 절망과 결코 분리될 수 있는 것이 아니다.

'아미포텐스'amipotence로서 그리고 C-전능성으로서 하나님

과정신학의 주장과 논리와는 별개로, 하나님은 더 이상 부동의 동자the unmoved mover가 아니라, 감응感應받으시는 분이며 또한 우리와 함께 고난을 겪는 분이시라고 몰트만이 생각했다는 사실 즉 하나님은 '고통에-함께-하는-열정'com-passion86의 존재라는 사실이 개신교 신학에는 중요하다. 그렇기 때문에 사랑의 주권을 위한 공간이 열린다.

만일 주권적 사랑 개념이 모순어법이 아니라면 말이다! 이 개념을 사랑의 능력the power of love이라고 부르도록 하자. 물론 통치권력이라는 정치적 맥락에서 말하는 '권력'power 개념이 우리가 일상적으로 말하는 '능력' 개념이나 또한 신의 전능성 개념과 분리되지는 않는다. 그러면 우리는 어떻게 전능한 통제권력을 지향하는 정치신학들이 야기하는 끝없는 순환을 회피할 수 있을 것인가? 특별히 그런 류의 정치신학들이 우리에게 '신으로부터 버림받음'godforsaken의 느낌을 남겨놓아, 그 느낌이 더 깊은 실망으로 더욱 강렬해질 때 말이다. 그래서 우리를 절망스럽게 만들고, 묘하게도 그런 절망의 상황 한복판에서 도리어 평온을 느끼게 될 때 말이다. 비록 우리가 십자가에 매달리지 않아서 아직 차이를 만들어 낼 수

86) 역주: 캐서린 켈러는 통상 '긍휼'이나 '연민'으로 번역되는 compassion이 라틴어 어원적으로는 '고통/고난에 함께 한다'는 뜻을 담지하고 있음을 유념하면서 또한 이 다른 이들의 고통에 함께 하기 위해서는 '열정'이 필요하다는 생각으로 영어 passion의 뜻을 더한다. 참고, 캐서린 켈러, 『길 위의 신학: 하나님의 지혜를 신비 가운데 분별하기』, 박일준 역 (서울: 동연, 2020), 특별히 6장 "끈적거리는 정의."

있다고 하더라고 말이다.

그렇다면 이 사랑의 능력을 '아미포텐스'amipotence 87)라고 부르는 것은 어떨까? 사랑의 능력으로서 '아미포텐스'는 '능력/힘'power를 갖고 있고, 그 힘은 잠재력potential 혹은 잠재성potency을 의미하는데, 여기서 잠재성이란 사랑의 순수한 가능성들이 그 실현을 위해 필요한 적합성을 의미한다. 이는 신적인 유혹the divine lure의 내용에 해당하는 영원한 객체들의 적합성을 의미하는데, 말하자면 생성하는 계기에 대한 영원한 객체의 적합성을 의미한다. 말하자면, 영원한 객체들은 피조물 즉 현실적 계기들이 그 자신의 과거들로부터 실현을 향하여 창발하여 나가도록, 실로 보다 나은 현실화를 향하여 창발케 할 것을 목적으로 한다. 물론 이 실현은 동료 피조물들과의 상호의존성 속에서 이루어진다. 왜냐하면 현실적 계기는 동료 피조물들과 더불어 협동하도록 독려받기 때문이다.

그렇다. 이 가능성들은 그 현실화/실현을 위해 그 현실적 계기인 피조물에 의존한다. 그래서 과정신학은 모든 것을 결정하는 권력의 망령들과 더불어 배회하지 않는다.

실제로 데이비드 그리핀은—필자의 선생님에 대해서 내가 이렇게 감히 표현할 수 있다면—지금까지 제시되었던 이론들 중 논리적으로 가장 강력하고 명증한 논증을 제시해 주었다. 그에 따르면, 하나님은 권력을 독점하지 않으신다. 그래서 하나님의 능력은 전권/전능all-power을 추구하는 기존의 모든 권력과 등가될 수 없다. 하츠혼Hartshorne처럼 그는 성찰하기를, "완전한 행위자perfect agent같

---

87) 역주: 켈러는 여기서 '아미포텐스'(amipotence)라는 용어를 도입하는데, 이는 '전능'(omnipotence)를 대신하는 개념으로 제시되는 개념이다. 하지만 접두어 '-potence'는 동시에 '잠재력'을 의미하기도 한다. 아울러 접두어 'ami-'는, 아마도 뒤에 언급되는, 오르드의 개념을 따라 'amicable'이라는 단어에서 유래하는 듯 하다. 따라서 사랑의 우애적 잠재력으로 이해할 수 있을 것이고, 이런 맥락에서 '아미포텐스'는 사랑의 능력과 잠재력을 모두 아우르는 개념이 된다.

은 이상은 작용적 영향력을 지닌 다른 행위자들의 존재와 양립할 수 있을 때 최적의 작용적 집중력을 만끽할 것이다."[88] 그리핀이 표현하듯이, "이러한 관점은 악의 문제를 엄청나게 변화시켜 버린다. 심지어 완전한 능력을 지닌 존재라도 일방적으로 불가능한 일을 가능케 할 수는 없다. 그 일이 다른 존재가 일방적으로 영향력을 행사하기에 불가능한 일일 경우에는 더 더욱 말이다." 완전한 행위자가 된다는 것은 다른 행위자들과 세계를 공유한다는 것을 의미하며, 여기서 다른 행위자들이란 자신의 행위를 통해 세계에 차이를 만들어낼 수 있는 피조물들을 가리킨다. 왜냐하면 하나의 존재가 된다는 것은 곧 능력을 발휘한다는 것을 의미하기 때문이다. 그리핀은 플라톤을 인용하면서, "존재는 능력power이다"라고 말한다. 존재한다는 것은 자신의 우주에 감응affect하는 것이다. 즉 능력을 발휘하는 것이다. "그리고 한 존재가 다른 존재들 가운데서 사건들의 가능한 최선의 상태를 야기하는 것은 불가능하다. 다른 말로 표현하자면, 한 존재가 다른 존재들에게 악을 전적으로 피하도록 만들수도 보증할 수도 없다. '순전한 악의 가능성은 필연적'이다." 그러면서 그리핀은 강조하기를, 이는 '순전한 악이 필연적'이라고 말하는 것과 같은 말이 아니다. 그리핀이 말하는 바는 바로 순전한 악의 **가능성**possibility이 필연적이라는 것이다. 필자는 이 구별을 숙지하는데 시간이 좀 걸렸다. 이를 다른 말로 표현하자면, 창조주는 운명적으로 악으로 나아갈 것이 미리 결정된 세계를 만들지 않았다. 그가 만든 우주는 '악이 가능성으로 존재해야만 하는 우주'이다. 이를 단순한 말로 다시 표현해 보자면, 현실적으로 어떤 자유의 요소가 선한 창조세계에 결정적이라는 것이다.

이러한 근거에서 그리핀은 전능의 한 형식을 제시한다. 그는 그것을 "C-전능성"C omnipotence이라고 불렀는데, 여기서 대문자 C는 '일관된'coherent이라는 뜻

---

88) David Ray Griffin, *God, Power, Evil: A Process Theodicy* (Westminster Press, 1976), 268f.

과 '천지창조적'creationistic이라는 뜻을 가리킨다. 그리핀의 이 관점은 하나님이 스스로 무로부터 창조한 세계 위에 절대적 권력을 행사하심을 주장하는 창조론과는 극적으로 다르다. 그리핀은 창조세계에 동조된 창조성, 즉 생태적으로 '코스모스' 즉 질서에 조율된 창조성을 보여준다: 그래서 그의 'C-전능성'이란, 그 창조가 어디로부터 시작되었든지 간에, 하나의 생태창조성ecocreativity이다. 그의 C-전능성은 존재들의 세계에서 한 존재가 가질 수 있는 혹은 존재할 수 있는 힘의 전능성omnitude of power을 의미한다. 여기서 '존재는 지배dominance가 아니라 능력power이라는 사실'이 전제된다. 그래서 하나님의 전능성omnipotence을 확증하고자 할 때, 데이비드 그리핀의 작업은 우리가 그것을 어떻게 할 수 있을지를 보여주고 있다.

때로 우리는 톰 오르드Tom Oord의 '아미포텐스'Amipotence를 수사적으로 수려하게 제시해 볼 수도 있는데, 이것이 그리핀이 전개하는 전능성 논증에 맞서는 것은 아니다. 아미포텐스는 비교적 우호적인amicable 상황들 속에서 그의 논리를 전개할 수 있는데, 말하자면 그러한 어휘적인 놀이가 가능한 환경 속에서 말이다. 오르드의 방식이든, 그리핀의 방식이든, 어쨌든, 우리는 하나님의 능력과 하나님의 선하심은 실재 악에 대면해서 서로 모순되지 않는다는 삼단논법을 담지할 수 있다. 이는 단순한 논리적 일관성이 아니다. 그것은 신정론적인, 보다 강조해서 말하자면, 신-살해적인theocidal 모순으로부터의 해방이다. 그 해방은 감응적이고 그렇기 때문에 효과적이다. 그렇게 그 해방이 하나님이 살아가실 수 있도록 한다. 우리를 위해 그리고 우리 안에 말이다. 그 어떤 이름을 갖고 살아가시든 혹은 이름없이 살아가시든 간에 말이다.

절망을 억누르지 말라

그러면, 하나님으로부터 버림받음을 말하는 복음서에 관해서는 무어라 말할 것인가? 만일 예수가 과정신학이라는 유익을 누렸었더라면, 과연 그 참혹한 순간에 하나님에 대한 신뢰를 더 느낄 수 있었을 것인가? 글쎄 난 그런 시대착오적인 생각에 관심을 쏟을 마음은 없다. 또한 '버림받음'의 감응이 단번에 처리될 수 있다고 주장하는 것도 아니다. 그러나 그리핀의 과정신정론이 담지한 대안적인 신-론神-論, theo-logic은—설혹 독점적인 방식으로 행사되는 것은 아닐지라도—통제하는 신적 권력에 대한 환상으로부터 우리를 참으로 자유롭게 해주고 있다. 무엇보다도, 내 생각에 그러한 환상 속에 그려지는 신적 권력은 예수의 하나님도 아니었고, 하나님의 나라basileia도 아니었다.

하나님으로부터 버림받음의 느낌은 복음서에서 그리고 과정 신학에서 모두 다음을 의미한다: 특정 순간들에서 세계 내 실재하는 악이 너무도 완전하게 고난을 강화시키고 있어서, 더 나은 세계의 가능성이 사라져 버린 듯 한 상황. 그때 하나님의 능력은 그 자신의 선함과 모순되는 것이 아니라, 세계의 권력과 모순되는 것처럼 보인다. 그러다 그 모순이 짧게 잘릴 때, 절망이 상처로부터 피가 되어 흘러내린다.

그렇다. 기독교 이야기에서 절망은 곧 며칠 내 치유될 수 있는 성질의 것이 아니다. …

그러나 마가와 마태가 자기들의 이야기들 속에 십자가에서 폭발하는 감정을 실제로 담아내고 있다는 사실은 결코 절망을 억압하지 말 것을 우리에게 분명하게 경고하는 것이다. 우리 스스로 절망을 느끼도록 하는 것이 때로 그것을 극복하는 조건일지도 모른다.

나는 우리가 그 '하나님으로부터 버림받음의 경험'을 오장육부를 통해 반향할 수 있기를 소망한다.[89] 제국주의의 체제 권력이 자행하는 악의 수 많은 예들을 대면할 때 말이다. 신제국주의의 대량 살상 무기들로 무장하고, 빙하들을 녹이고, 해수 온도를 높이고, 해안가에 더욱 더 거세고 많은 폭풍이 몰아치게 만들고, 땅을 오염시키고, 종들을 멸종시키며, 미래를 허비하는 제국주의 권력 말이다.

'신으로부터-버림받음'의 느낌이 일어나도록 놔두자! 아마도 그 느낌 없이 우리는 일어나지 못할 것이다. 그 후에 그 버림받음의 느낌에 이름을 붙이면서, 우리는 다음의 사실들을 기억하게 된다: 이런 일들 가운데, 신비스런 이유이든 정당한 이유이든 간에, 그 어떤 이유로 스스로를 억제하는 최고권력이 하나님은 아니라는 사실 말이다. 그리고 아마도 '하나님으로부터 버림받았다'는 것이 의미하는 바는 '하나님이 어떤 특별한 순간에 여러분이나 여러분의 세계를 포기하셨다는 것을 의미하는 것이 아니다'. 오히려 '세계가 그 순간에 하나님을 저버렸다'는 사실을 의미한다! 그런데 우리 역시 세계로부터 버림받았다면, 누가 우리와 함께 고난에 동행해 줄 수 있을 것인가? ...

그러나 이것은 하나님을 저버리면서 세계가 무신론적으로 변했다는 것을 말하고자 하는 것이 아니라, 무신론과 유신론의 형태들 모두 권력의 광대한 체계적 네트워크에 공모하고 있다는 사실을 말하고자 하는 것이다. 즉 정치 권력과 군사 권력과 경제 권력이 구성하는 체계적 네트워크와의 공모 말이다. 그러한 권력의 모든 양태들이 선할 수 없다는 사실을 말하려는 것이 본고의 목적은 아

89) 역주: 사마리아인의 비유에서 사마리아 사람이 강도만나 부상입고 피흘리며 쓰러져 있는 사람을 보고 느낀 '감응'을 성서는 '스플랑크니조마이'라고 표현하는데, 번역하자면 '내 애간장이 끊어지듯이 아프다'는 뜻이다. 즉 다른 사람의 아픔을 내 애간장이 끊어지는 듯한 아픔으로 느끼는 것이고, 영어성경은 이를 compassion으로 번역한다.

니다. 단지 바로 그 정치적 경제적 최고권력superpower이 세계를 훼손하고 있다는 사실을 말하고자 한다.... 그렇다 '아포칼립스', 그 '묵시적 종말.' 그것은 세계의 종말은 아닐 것이지만, 아마도 우리 세계의 종말 혹은 문명의 종말을 가리킬 것이다. 그리스어에서 아포칼립시스Apokalypsis는 문을 닫는 것 즉 폐쇄하는 것이 아니라 '닫힌 문을 여는 것'disclose이다: 예언적 전통의 목소리들을 통해서—내 생각에 과정신학도 이 전통에 들어간다—오늘날의 아포칼립스는 우리의 소중하고 작은 창조세계가 '탈창조'discreation 혹은 절멸의 가능성으로 감응해 나아가는 정도가 엄청난 규모로 급증하고 있다는 사실을 드러낸다.reveal

사랑으로 열리는 절망 그 너머 ....

그래서 창조세계 자체를 대신하여, 기독교적 공동체를 포함한 우리의 공동체들을 창조적 활동성으로 부르는 것, 즉 그 공동체들을 새로운 창조의 희망을 두드려보는 작업으로 부르는 일은 곧 우리를 사랑으로 부르는 것과 같다. 그 사랑이 '삶과 생명을 만든다'enliven[90]. 그 사랑이 절망을 치유한다. 하지만 이것은 그 사랑이 최종의 해결책final fix이기 때문이 아니라, 그 사랑이 가능성을 열어주기 때문이다. 그 사랑은 우리 안에서 그러한 순수한 가능성들을 휘저어 일으킨다. 예를 들어 영원한 객체들을, 다시 말해서 희망의 선물들을 말이다. 그리고 그렇게 우리의 삶은 계속된다 ...

우리는 부활의 에너지 속으로into 살아간다. 그런데 이는 곧 우리가 하나님을 저버렸고, 바로 우리가 예수를 저버렸다는 사실을 인식하며 살아간다는 것

---

90) 역주: 어원적으로 접두어 en-은 만든다(make)는 의미를 가질 때 접두어로 온다. 즉 enliven은 'liven'(활기차게 하다, 활발하게 하다)을 만들어준다는 뜻이다. 어떤 학자는 이를 김지하의 '살림'으로 번역하기도 했다.

을 의미한다. 우리? 타자들이라는 개념보다 좀 더한 어떤 무엇으로서 우리? 하나의 종種으로서 우리? 그렇다, 그런데 너무 추상적이다. '하나님을 저버린 이들'the Godforsaking, 이들이 스스로 기독교인이라고 주장할 때는 더 음흉한 느낌이 든다. 어쨌든 이 '하나님을 저버린 이들'은 대다수 인간을 가리키지 않는다. 왜냐하면 우리 시대 권력이 우리들 중 아주 소수의 사람들 손에 집중되어 있고, 그 소수의 삶들이 사랑을 조롱하며 축적되어가고 있기 때문이다. 그 소수의 사람들이 세계에 필요한 변혁을 개연성 없는 것으로 만들고 있다. 그럼에도 불구하고 불가능한 것은 아니다. .....

우리의 슬픔을 슬퍼하고, 우리의 '하나님으로부터 버림받음'을 느끼면서, 그리고 우리가 '신과-함께-연결되어있음'godrelatedness을 새롭게 느끼면서, 우리는 언제나 다시 시작할 수도 있다.

알파와 오메가: 이 말은 바로 지금 이 순간에 주문을 건다. 아마도 매 순간 말이다. 생태 창조적 가능성의 알파가 우주적 귀결의 오메가로의 실현을 향하여 나선으로 회전하며 나아간다. 그러나 이는 오로지 아포칼립시스로 틀지워진 것과의 연대 속에서 현실체들의 합생들concrescences 사이에 일어나는 창조적 순간을 통해서만 가능할 것이다.

가능성들이라는 씨앗들은 계속 내려온다. 비록 그 씨앗들이 굳은 땅에 떨어질지라도 말이다. 씨 뿌리는 자와 씨앗들의 비유[91]보다 더 과정신학적인 비유는 없다. 그래서 나는 복음서로 돌아가련다. 씨앗 각각은 그 순간을 위한 순수한 가능성으로서 '유혹'lure이고, 그것을 조금 실현할지, 많이 실현할지 혹은 전혀 실현하지 못할지는 모두 전적으로 우리에게 달렸다. 그러한 결실을 위해 땅을 준비하는

---

91) 역주: 우리 식으로는 통상 '씨뿌리는 자의 비유'로 표현하지만, 사실 비유의 주인공은 씨뿌리는 자가 아니라 '씨앗들'인지도 모른다.

것도 전적으로 우리에게 달렸다. 씨뿌리는 이의 마음으로 열어가는 것도 우리에게 달렸다. 과거 세계 속에서 받아들였던 것을 합생의 계기 가운데 미래를 위해 새로운 어떤 것으로 자라나도록 하는 수용성receptivity 측면에서 말이다.

우리의 과거가 그런 것처럼, 미래도 '집단적'collective이다. 그래서, 오르드와 캅 그리고 그리핀과 같은 과정 사상가들이 아주 집중적으로 작업해 왔듯이, 우리는 더 나은 세계의 잠재성을 경작한다.cultivate 상상해 보건대, 여러분 각자는 무언가를 하고 있고, 그 행위 가운데 세계 속에서 어떤 힘을 발휘하는 네트워크들을 창조하고 강화한다—그리고 그 네트워크들은 미래를 위협하는 권력망들에 다중적인 방식으로 저항한다. 왜냐하면 그 권력망이 물질적으로 유독가스를 배출하면서 네트워크의 잠재성을 오염시키고 있을 뿐만 아니라, 이데올로기적인 유독가스로도 그렇게 하고 있기 때문이다.

'신으로부터 버림받음'의 느낌은 그렇다면 내 생각에 우리 모두에게서 영원히 사라지지 않을 것이겠지만 ... 그러나 그 슬픔은 신뢰trust/신앙faith 즉 pistis로 감싸 안아질 수 있다. 그 신뢰/신앙은 우리가 하나님이라 부르는 분이 우리를 혹은 우리 세계를 포기하지 않고, 우리들 모두를 포함해서 모든 것을 자신의 귀결적 본성the consequent nature으로 받아들이신다는 것에 대한 신뢰/신앙을 말할 것이다. 그런데 우리가 지금 이 순간의 씨앗으로서 하나님의 시원적 가능성에 즉 그 유혹에 계속 동조되어 있을 수 있다면, 이 '하나님'a God은 우리로부터 멀리, 훨씬 더 멀리 자라나갈 수 있다. 그래서 이 유혹에 우리가 동조된다는 것은 일종의 선-케노시스Zen-kenosis처럼 계속적인 자기-비움을 수행해야만 한다. 기존하는 자아를 '놓아주면서'letting go 말이다. 기존하는 자아를 '놓아준다는 것'letting go은 역사로 접혀 들어간다는 것을 의미하는데, 이는 기대나 실망에 집착하는 것을 의미하지 않으며, 동시에 거의 불가능해 보이는 일이지만, 우리의 우주 즉 이미 과거 속에 기존하는 우주를 감싸안아, 다음 순간에 도래할 우주로 즉 우리들로 꽉 찬 방대한 세계로 전개하는 것을 의미한다. 물론 이는 기존의 것을 다음 순간 '다르게'differently 전개하는 것을 말한다.

이는 '비전'vision을 개인의 경건으로 축소/환원하거나 혹은 서구화되어 무심한 마음을 정당화하는 서구적 선의 일종으로 환원하는 신학이 아니다. 다시 말해서 단순히 현재 순간을 정당화하는 신학이 아니다. 오히려 여기서 내가 제안하는 과정신학을 통해 이 신학 속에서 신정론의 낡은 삼단논법이 전능성의 논리로부터 일관된 창조론coherent creationsim을 의미하는 대문자 'C'의 창조로 형질변경transmutation을 경험하며, 그래서 실로 우주적 생태창조성으로서 변환되어 우리를 위한 신학 작업이 된다. 이는 우리를 맞서 심판하는 신학이 아니라는 말이다: 하나님이 전지전응한 "C"92이시라면, 그 힘은 '사랑하는 것'이고, 그 힘은 사랑love이고, 그 사랑은 강력하다.powerful

그럼에도 불구하고 데이비드 그리핀은 마침내 .... 내 생각에 그는 '아미포텐스'를 사랑할 것이다. "왜냐하면 하나님이 그 가능한 결과들로 고통받을 의지를 갖지 않는다면, 새로운 수준의 강도intensity를 도입할 수 없기 때문이다; 왜냐하면 하나님이 선을 가지고 창조세계 속에서 악을 극복하기 위해 계속 노력하고 계시기 때문이다. 그리고 인간의 경험으로 보자면, 이는 동시에 우리 삶의 즐거움을 증진하고, 선을 최대화하여 악을 극복하고자 우리의 역량을 결집하려는 노력으로 다가온다."

92) 역주: 켈러는 아마도 우주적 생태창조성이 '창조자'(creator)에 의한 '창조'(creation)가 아니라 모든 존재의 함께-하는-작업이라는 뜻으로, 의도적으로 새로운 말을 만들어 내는 듯 하지만, 동시에 모든 새로운 말은 실재가 아니라 기표라는 점에서 언제나 그 부족과 결핍을 용인할 수 있는 소지를 갖고 보여주어야 한다는 점에서 이 약어를 사용하는 듯 하다.

절망으로 희망을 열다

묵시적 종말론의 시대에 가능한 것의 신앙을 말하다[93]

신학이 세계의 위기들에 보폭을 맞추는 것은 불가능하다. 핵전쟁의 위협을 동반하는 전쟁 그리고 COVID의 새로운 변종 그리고 그 기저에 그리고 그 위에는 언제나 그렇듯 지구 온난화가 진행되고 있다. 그러나 우리는 언제나 우리 스스로에게, 그렇다, 비록 나쁘지만 그래도 "세계가 끝장난 것not the end of the world은 아니잖아"라고 이야기한다. 이 말이 실재 한국어에서도 자주 쓰이는 표현인지는 모르겠다. 영어에서는 일상에서 자주 사용되는 상투적인 표현이다. 그런데 이 글의 주제로 우리를 이끌어가는 것은 바로 이 상투적인 표현이다: 묵시적 종말론 즉 아포칼립스. 우리 신학자들이 공적 대중에게 알려주는 것이 중요하다고 생각하는데, 여기서는 우리가 알려야 할 것은 바로 이것이다: 심지어 아포칼립스조차 세계의 종말을 의미하는 것은 아니다.

묵시는 우리의 어휘로 집단적 파국이나 지구적 파멸을 표현하기에 가장 강력한 단어일지도 모른다. 그러나 아포칼립스는 파멸의 날doomsday과 동일한 말이 아니다. 이는 바로 필자의 책 『묵시적 종말론에 맞서서: 기후, 민주주의, 그리고 마지막 기회들』의 주요 요점이기도 한데, 아포칼립시스apokalypsis라는 고대 단어는 그 자체로 최종의 종결/종료final closure를 의미하는 것이 아니다. 오히려 이 말

93) 본 강연문은 2022년 11월12일 서울교회에서 열린 인간-기술 공생 네트워크의 세미나에서 발표된 원고를 본서의 취지에 맞게 수정한 것으로서, 본래 제목은 "결국 묵시적 종말론?: 기후와 정치 그리고 가능한 것에 대한 신앙"이었지만, 본서 전체 맥락에 맞게 제목을 수정하였음을 일러둔다.

은 현재의 폭로/드러냄 혹은 탈은폐present dis-closure를 의미한다. 그리스어 아포칼립시스는 원래 베일을 벗기는 것을 의미하는데, 결혼 첫날 밤 신부의 베일을 벗기는 풍습에서 유래하였다. 그런데 성서의 베일 벗기기 즉 아포칼립스는 분명 어떠한 파괴적인 흐름들을 드러낸다. 그러나 아마겟돈은 최후의 파괴가 아니다. 요한계시록은 도시와 양lamb 사이의 결혼에서 끝나는데, 다소 퀴어적인 혼인식이다. 여기서 에로틱한 은유가 곧 성육신과 부활의 에너지들로 충만해지고 있다. 그러나 나의 요점은 독자분들에게 인간 역사의 행복한 대단원의 완결을 확언하려는 것이 아니다. 혹은 그 반대로 우리 세계의 종말을 선포하려는 것도 아니다. 가능성에 대한 신앙은 그런 것들과는 다른 어떤 것이다. 19세기 시인 에밀리 디킨슨이 그것을 암시한다: "나는 가능성 속에서 살아간다. 평범한 집보다 더 청명한 집 / 더 많은 창문들과 더 훌륭한 문들을 갖춘." 그런데 왜 아포칼립스를 깊이 생각하고 있는가? 결국에 말이다.

묵시-종말론적 마음-쓰기apocalyptic mindfulness

내가 『묵시적 종말론에 맞서서』를 저술하게 된 이유는 바로 우리가 아포칼립스에 대한 공적인 언급들을 계속 빈번하게 듣게 될 것이라고 느꼈기 때문이다. 지구 온난화는 아포칼립스가 뉴스 헤드라인에 계속해서 올라가도록 만드는 보증수표가 되고 있다. 아포칼립스를 내세우는 뉴스들은 계속 도래하고, 그리곤 이내 잊혀진다. 필자가 그 저서를 쓰기 시작했을 때 유럽에서는 소위 곤충 아마겟돈이 헤드라인으로 올랐고, 이후 남북 아메리카 대륙에서의 곤충 아포칼리스가 헤드라인으로 올라, 필자의 뇌리를 울리고 있었다. 기후 변화와 농작물 산업의 화학제품들의 사용으로 인해서 곤충 개체수가 해당 연구 지역인 세 대륙에서 급격하게 감소했다. 곤충은 농작물의 수분受粉, pollination은 말할 것도 없고 전체 먹이 사슬의 토대이다. 나는 아시아의 곤충들이 처한 상황은 알지 못한다. 그런데 과학이 던져주고 있는 메시지는 너무 늦었다는 것이 아니다. 오히려 우리의 집단적 상황이 처한 파국적 위험을 드러내는 것이고, 그래서 우리는 그것을 마주해야만 할 것이라는 사실이다. 책임있게 말이다. 그러한 사례들이 증식하고 있다. 2020년 캘리포니아에서 큰 화재가 일어났던 기간 동안 LA 타임즈의 헤드라인은 다음과 같다: "기후 아포칼립스의 현재: 기후 변화는 이제 캘리포니아와 서부 지역에서 산불과 폭염 그리고 공기오염의 기록들을 갱신하며, 그저 악화되고만 있을 뿐이다." 이 기사 제목도 그 이후 2년 동안 벌어졌던, 그보다 더 악화된 산불들이 일어나기 전의 기사제목일 뿐이고, 이 상황은 유럽도 마찬가지이다. 다시 반복하지만, 내가 말하려는 요점은 '이미 끝났다'game over가 아니라, '깨어나라'wake up이다. 상황은 지속적으로 야생 산불의 자연적 순환 주기를 이내 초과하고 있다. 말하자면, 재난이 장기간에 걸쳐 모습을 드러내고 있다. 그런데 이것이 서식가능한 세계의 종말로 수렴되는 것은 아니다. 하지만 이것이 그것을 의미하게 될 수도 있다: 만일 기후 변화에 적절한 국제사회의 응답이 이루어지지 않는다면 말이다. 물론 이는 무엇보다도 미국의 적절한 응답을 필요로 한다. 그러는 동안 아포칼립스의 언어가 주의를 이끌어 내는데 도움이 될 수도 있을 것이다. 그러나 이는 동시에 광범위한 대중들에게 '파멸의 날이 가까이 왔다'는 신호를 주게 된다. 파멸의 날로서 아포칼립스가 가까이 왔다면, 왜 우리가 더 이상 우리에게 주어지지도 않을 미래의 장구한 시간을 위해 온실가스 배출을 낮추려고 노력하느라 애써야만 할까? 그냥 기름값을 낮추고, 우리의 현재 삶을 그럭저럭 누려가려면, 그저 공화당을 투표하는게 낫다!

그렇기에 종교적이고 영적인 공공대중들과 함께 일하고 있는 우리가 아포칼립스에 대한 공공의 이해를 섬세하게 조율하기 위해 우리가 할 수 있는 모든 것을 해야만 할 것이다. 우리는 아포칼립스 담론이 정직하게 있을 수 있도록 지켜줄 필요가 있다. 이는 주술적인 문자적 예언으로 오독하거나 파멸의 날로 오독하는 관행들로부터 아포칼립스 담론을 자유롭게 해방하는 일을 의미한다. 하지만 동시에 그것은 이 고대 담론이 현재의 역사와 일정하게 공명하고 있음을 인식하는 것을 의미하기도 한다. 그런데 이 공명들이 역설적인 측면을 갖고 있다. 왜냐하면 그 2000년이나 지난 오래된 예언들이 현재와 단순한 연결점을 갖는 것은 아니기 때문이다. 예언은 예측과 다르다. 예언은 미래에 벌어질 사실들을 예고하는 것foretelling이 아니다. 성서 예언자들은 문명의 깊은 역사적 패턴들을 읽어냈다; 그 패턴은 너무나 강력한 것들이어서, 쉽사리 극복될 성질의 것들이 아니었다. 성서에 '신실하다는 것'faithfulness은 곧 '상황의 맥락을 양방향적으로'bi-contextually 읽는다는 것을 의미한다. 즉 그 본래의 맥락context과 우리의 맥락에서 상호적으로 읽어야 한다는 뜻이다. 그래서 우리는 계시록을 '열린 눈을 가지고' 읽어야 한다: 열린 눈으로 읽는다는 것은 고대의 시대적 맥락을 무시하는 성서 근본주의의 눈을 거절한다는 것을 의미한다. 성서학은 고대의 시대적 맥락에 대한 교정을 제시한다. 그런데, 신학적으로 말하자면, 아포칼립스의 상징은 그 이상을 요구한다. 그 상징은 고대의 상징작용을 현재와의 적절성 속에서 성찰할 것을 요구한다. 신학은 우리의 현재적 상황의맥락에 주의를 기울이는 실천을 요구한다. 그래서 이 프로젝트의 접근방법을 나는 **'묵시-종말론적 마음쓰기'**apocalyptic mindfulness라 불렀다.

그 때와 지금

현재 상황의 맥락에 관하여 말해보자: 역사는 그 어떤 책보다도 빨리 움직인다. 지난 2월, 두 개의 묵시종말적 상징들이 갑자기 세간에 뜨기 시작했는데, 이 상징들은 『묵시적 종말론을 대면하기』에서 내가 거의 다루지 않았었던 상징들이다: 요한계시록 6장에 등장하는 네 마리 말들 중 앞에 등장하는 두 마리 말들 말이다. 나는 뒤에 나오는 말 두 마리에 대해서 성찰했었다: 경제적 부정의를 상징하는 검은 말과 역병과 야생동물들의 공격을 상징하는 청황색 말 말이다. 그래서 검은 말은 세계 자본주의를 암시하고, 청황색 말은 물론 코로나 바이러스로 인한 현재의 위기들과 공명하지만, 보다 넓은 맥락에서 보자면 생태적 불균형을 암시한다고 말할 수 있을 것이다. 그런데 이것 하나는 분명히 하자: 난 공명한다고 했지, 예측한다고 말하지 않았다.

그런데 지금 눈에 확 들어오고 있는 말은 하얀 말인데, 말 그대로 우리의 TV 화면을 가득 채우며 우리의 눈을 사로잡고 있다. 밧모 섬의 요한에 따르면, 그 말을 타고 면류관을 쓴 자는 "나아가서 이기고 또 이기려고"[94] 왔다. 그 옆에 빨간 말을 탄 이는 "땅에서 화평을 제하여 버리며 ... 큰 칼을 받았다."[95] 이 둘은 정복과 전쟁을 상징한다. 그 어떤 계시도 혹은 계시록의 그 어떤 구절도 결코 푸틴의 침공을 예측하지 않는다. 만일 계시가 미래의 예측을 의미한다면, 그것은 요

---

94) 역주: 요한계시록 6:2. 개역개정은 "나아가서 이기고 또 이기려고"로 번역되어 있지만, 켈러가 인용하는 영어성경의 본문은 "came out conquering and to conquer"라고 되어 있음을 일러둔다.

95) 역주: 요한계시록 6:4. 개역개정 번역은 "땅에서 화평을 제하여 버리며 ... 큰 칼을 받았더라"고 되었는데, 켈러의 본문은 "큰 검을 가지고 빨간 말을 타고, 땅에서 평화를 빼앗아 버린다"고 되어있다. 같은 뜻을 전하는 듯 하지만 영어 성경의 'peace'를 굳이 "화평"으로 번역한 것은 눈에 띄는 번역이다. 화평이라고 말할 때와 평화라고 말할 때의 뉘앙스가 상당히 크기 때문이다. 화평은—사실 문자적인 뜻은 평화와 같지만—개인 내면의 평화를 좀 더 강조하는 느낌이라면, 평화는 외적인 질서와 더 연관되어 있는 것처럼 느껴진다.

한이 그의 환상들을 기록한 이래로 무수한 침공들이 이루어졌다는 의미에서의 예측일 뿐이다. 러시아가 침공하기 이전에 우크라이나 외무 장관은 국민들에게 "종말론적인 예측들"apocalyptic predictions을 무시하라고 아주 합리적으로 촉구했다. 하지만 뉴스의 출처들은 곧 우크라이나 전쟁이 "묵시적 종말Apocalypse로 나아갈 가능성"을 묻고 있었다—그 가능성이란 곧 핵 보복 공격을 의미한다. 실제로 2019년의 한 뉴스 기사는 과거 15년 동안 푸틴이 그 어떤 국가의 지도자보다 핵으로 인한 대종말neclear apocalypse을 더 많이 언급해 왔음을 주목했다.

그럼에도 불구하고, 하얀 말과 붉은 말의 질주는 미리 결정된 최후의 결과를 보여주는 전조가 아니다. 오히려 그 상징들은 이미 진척되어 악화일로를 걷고 있는 파국을 은유적으로 드러내고 있다. 세계를 여전히 전염시키고 있는 코로나 팬데믹과 더불어 유럽에는 제2차 세계대전 이래로 전례없는 정복과 전쟁이 도래했다. 그리고 이 사태들은 핵전쟁의 위협과 발맞추어 에너지를 둘러싼 환경적 이슈들로 바로 이어진다—그렇게 말발굽의 리듬이 깊은 반향을 울리고 있다.

솔직하게 말하자면, 핵-파괴에 대한 물음이 1996년에 출판한 『묵시적 종말론, 지금과 그때』를 쓰게 된 핵심동기였는데, 그 책은 "세계의 종말에 대한 페미니즘 안내서"라는 부제를 달았다. 그렇다. 그 "그때와 지금"의 역설적 긴장을 통해 나는 묵시종말론의 신화들이 담지한 단일한 목적인/종착점의 도식을 해체하고자 하였다. 나는 확정된 목표를 가지고 달려가는 시간표로서 역사라는 개념에 신학적으로 개입하고자 하였다. 그 직선적 역사가 기독교적 파멸을 통해서 달려가든 혹은 현대적 진보라는 이름으로 포장된 세속화를 통해서 설정되든 간에 말이다. 혹은 미국 우익의 정치들에서 보듯이, 그 둘 다를 통해 그 역사의 시간표가 구성될 수도 있다: 도래하는 종말의 시간에 대한 기대가 이상하게도 자본주의적 무한 낙관론과 결합한 형태로 말이다.

미국에서는 개신교 세대주의dispensationalism96가 종말의 때를 예측하는 일에 몰두해 왔다. 그들에 따르면, 언제나 곧 온다고 하지만, 이내 언제나 그 시간표가 재조정된다. 그들이 종말의 목소리를 낸 지가 거의 2세기가 다 되어간다. 이와 더불어 나는 또한 미국 선교사들이 한국에 미친 영향력을 생각하게 된다. 미국의 전천년주의자들premillenialism은 할 린지Hall Lindsay의 『대유성 지구의 종말』*Late Great Planet Earth*, 1970에 담긴 근본주의 정서에 빨려들었고, 이 형태의 근본주의가 미국의 기독교 우파정치를 구성했다. 이것이 1980년 로널드 레이건의 당선을 가능케했고, 레이건은 자신의 친구 린지의 말에 동의하여 종말이 소련과의 핵전쟁으로 도래할 것이라고 주장했다. 자신들이 살아있는 동안 말이다. 그때 그들은 젊은 나이가 아니었고, 레이건 대통령은 핵무기 발사 코드를 가지고 있었다. 그런 상황에서 나는 비록 성서학자가 아니었음에도 불구하고, 묵시적 종말론에 뛰어들었다. 그 오래된 텍스트가 결코 달갑지는 않았지만 말이다. 『묵시적 종말론, 그때와 지금』에서 나는 아마도 밧모섬의 요한이 보여주는 결정론자의 성향, 특별히 그의 여성혐오주의자적인 성향들을 반어법적으로 공격하는데 너무 많이 집착했었던 것 같다. 그리고는 핵전쟁으로 포장된 아포칼립스는 영구보관소에 남겨질 것으로 생각했던 것 같다. 나는 그 아포칼리스가—그리고 그 은유와 텍스트가—20세기에 남겨져 머물러 있기를 바랬다.

금세기 들어서 지속적으로 폭주하고 있는 지구 온난화가 나로 하여금 요한의 계시록으로 되돌아오게 만들었다. 핵 보복공격과 비교할 때, 기후변화가 야기하는 재난은 얼마나 얌전하게 예고되고 있는가? 그러나 바로 여기에 기괴한 사실

---

96) 역주: '세대주의'(dispensationalism)는 성서의 극단적인 문자적 해석에 집착하여 스스로가 성서의 진리에 가장 보수적이라고 자처하는 입장으로서, 19세기 등장한 신학적 사조/운동이다. 특별히 성경과 교회의 역사를 시대별로 구별하여, 하나님의 통치원리가 시대별로 달라지고, 아울러 구원의 방식들도 달라진다는 입장을 가리킨다.

이 놓여있다: 대양 온난화의 현재 속도는 매 초마다 3개에서 6개의 핵탄두가 폭발하는 위력과 맞먹는다는 명백한 사실 말이다. 다시 한 번 강조하지만, 매 초 마다 말이다. 그런데 미국의 우파 종교-정치는 공화당의 기후변화 부정론을 불 지피는데 계속해서 요한계시록을 사용하고 있다. 만일 주님이 곧 오신다면, 굳이 왜 환경 복원에 신경을 쓰는가? 그리고 만일 지구 온난화가 종말을 의미한다면, 그것은 하나님의 뜻이다 라는 식으로 말이다. 그렇게 미국 우파 종교의 초자연적 희망이 신자유주의적 자본주의의 지배정서에서 계속해서 생태적 무관심을 견지할 수 있도록 만들어주고 있다. 그리고 또한 그 초자연적 희망이 세속의 경제지상주의와 냉소적 신뢰관계 속에서 작동하면서, 이 경제지상주의가 미국 정치 전반 뿐만 아니라 세계 전반을 사실상 굴러가도록 만들고 있다.

정치적인 스펙트럼의 반대 쪽에서는, 이미 암시한 바처럼, 보다 최근 형태의 묵시종말론적 결정론이 존재한다. 이는 통상 정치적 좌파의 지구 온난화에 대한 응답으로 조용히 모습을 드러내곤 한다. 그런데 반대쪽 부류의 사람들과 다른 점이 있다면, 이들은 과학적 정보에 매우 숙달되어 있다는 사실이다. 그래서 성서적 연관성을 대체로 무시한다. 이러한 형태의 아포칼립스는 우리가 기후변화 문제를 제기하기에는 너무 늦었다고 믿는다. 그렇기에 이 입장은 자신의 생태학적 윤리의 힘을 김빠지게 만들어 버리고 만다.

그렇다면 다시 한 번 보자: 한편으로 우리는 '우리는 구원받았으니 자본주의 자이신 주님을 찬양하자'는 식의 부정론denialism을 본다. 그리고 또 다른 한편에는 '너무 늦었고 귀찮게 하지마'라는 식의 허무주의nihilism를 보게 된다. 기후 부정론자의 허접한 낙관주의와 기후 허무주의의 사이에서, 즉 기후 부정주의의 쓰레기 낙관론과 기후 허무주의의 무감감한 염세주의 사이에서 파멸의 날에 대한 자기-만족적 예언들이 우리 문명을 선회하며 에워싸고 있는 상황이다. 적어도 서구 세계에서는 말이다.

요한의 꿈읽기

이상의 묵시종말론적인 반향들을 염두에 두고, 밧모 섬으로 육적으로가 아니라 정신적으로 돌아가, 『묵시적 종말론에 맞서기』를 저술했다. 이 '베일-벗기'unveiling를 얼굴로 대면한다는 것은 눈을 뜨는 일을 말한다. 성서의 어느 곳에서도 그저 "세계의 종말"에 대하여 말하는 단순한 구절은 존재하지 않는다. 많은 종말들endings이 존재한다. 그렇다. 그런데 그것들은 종말이 아니다. 그것들은 여전히 세계 내에 그것들은 존재하기 때문이다. 예를 들어 브라질 인류학자인 다노프스키 Danowsky와 비베이로스 데 카스트로 Viveiros de Castro는 『세계의 종말들』*The Ends of the World*에서 이를 우리에게 상기시켜 주고 있다. 그들이 말하는 종말은 남아메리카의 토착 원주민들에 대한 이야기였다. 성서에서는 모두의 완전한 종말이 있는 것이 아니라 인간과 비인간의 대량학살에 대한 기억과 예견이 있다. 그리고 우리는 그런 대량학살들의 사이클을 당장 벗어날 수는 없을 것이다. 그렇기에 우리 중 더 많은 사람들이 묵시저 종말에 대한 은유를 가지고 더 많은 시간 생각해 보아야 할 것으로 생각한다. 이를 형이상학meta*physics*이 아니라 메타-포스 meta*force*라 부를 수 있을 것이다.

물론 이 세기에 우리에게 묵시적 종말을 불러 일깨우는 것이 팬데믹과 엮인, 그리고 이제는 전쟁과 엮인 기후변화만은 아니다. 미국과 유럽에서는 또한 민주주의에 대한 심각한 위협이 존재한다. 여기서 나는 한국의 상황에 대해서는 언급하지 않으려 한다. 다소 덜 신시학적인theopoetic 아포칼립스를 가지고 미국에서 벌어지는 민주주의 전선을 서술하기 위해 신학자이자 필자의 오랜 친구인 리타 나카시마 브록Rita Nikashima Brock이 2021년 1월 6일 소요 사태[97]에 대한 초기 응답으로 썼던 글을 인용해 보고자 한다: "이 폭력을 보도하는 뉴스를 보면서, 국가적 아포칼립스가 전개되고 있음을 보고 있다는 불안한 생각이 들었다. 아포칼립스에 대한 생각들이 내 마음 속에 자리잡게 된 것은 팬데믹이 심화되면서였지만, 이후 조지 플로이드 살해사건이 전 세계의 이목을 끌면서, 그리고 미국 역사상 가장 큰 사회 운동의 불을 지펴지게 되면서 더욱 내 마음 속에서 이 생각들이 떠나지 않고 있다." 아마 독자들도 알다시피, '흑인의 생명은 소중하다'를 주창하는 운동은 흑인에 대한 반감을 증폭시키는 인종차별주의에 대한 대응이다. 대부분의 비판적 사상가들처럼, 브록은 그때까지 아포칼립스를 활용하는 것에 대해서 극도로 반대해 왔다. 이는 부분적으로 백인 우파 복음주의자들이 백인 남성 우월주의에 대한 도전들을 물리치기 위해 그 아포칼립스 은유를 사용하고 있기 때문이었다. 실제로 기독교의 반동적 아포칼립스가 담지한 그러한 측면이 큐 아논Q Anon같은 음모론 컬트들에 핵심이었고, 이것들이 곧 트럼프칼립스Trumpcalypse의 1월 난장판을 부추겼다. 사족이지만, 나는 '내가' 트럼프칼립스라는 용어를 만들어냈다고 생각했는데, 나중에 트럼프의 지지자들인 맥과이어와 앤더슨이 이미 2018년 출판한 책의 제목으로 썼음을 알게 되었다. 물론 그들은 '트럼프칼립스'를 트럼프를 칭송하는 말로 사용했다!

다중의 이슈들이 너무 많이 그리고 너무도 강렬하게 차곡차곡 쌓여가고 있다: 민주주의, 인종, 팬데믹의 재유행 그리고 이제 우크라이나까지. 그리고 이제는 이스라엘-하마스 전쟁까지. 그러면서 정작 '생태-아포칼립스'eco-apocalypse가 배경으로 밀려나고 있다. 그러나 그 이슈들 중 어느 것도 그것들의 물질적 환경으로부터 분리될 수 없다. 흑인 인권운동 지도자인 재클린 패터슨Jacqueline Patterson은 인종

---

97) 역주: 트럼프 지지자들이 대선 패배에 불복하여 미 국회의사당에 난입한 사건을 가리킨다.

의 관점에서 이렇게 이야기한다: "경제, 식량, 주택, 대중교통, 이 모든 것들은 인권운동 이슈들이다. 그리고 기후 이슈들이 이 모든 이슈들과 교차하고 있다." 그러한 교차횡단성intersectionalism이 거대한 미국 백인 예외주의를 덮고 있는 베일을 벗겨내고 있다. 물론 이 복잡한 교차횡단성은 압도적이고, 너무 세계적이고 너무 어려운 문제여서 제기할 엄두를 내지 못할 수도 있다. 너무 많은 이슈들이기 때문이다.

그런데 묵시적 종말론의 관점으로 말하자면, 여기서 우리가 불가능성의 느낌에 이끌려 들어가는 것은 어쩔 수 없다. 하지만 이 교차횡단성들이 동시에 세상을 변혁시킬 수 있을만큼 충분한 연대의 가능성들을 벗겨주고 있지 않은가—열어주지 않는가? 그 '기회'change를 말이다. 이는 확신이나 보증이 아니라, 불가능할 것 같은 가능성the improbable possibility을 말하는 것이다.

여기서 독자들은 여전히 의구심을 가질 수 있다: 그렇게 드러나는 교차횡단성이 오래된, 아주 오래된 요한계시록과 무슨 상관이 있는가? 요한계시록은 백인 우월주의, 신자유주의적 자본주의나, 혹은 그의 탄소 배출, 민주주의와 그 위기를 내다보지 않았다. 사실 밧모섬의 요한은 어느 미래의 사실들을 예고하고 있던 것이 아니다. 오히려 예언자들은 사회적 패턴들을 읽었다: 사회적 패턴들은 매우 깊이 뿌리박고 있어서 생각보다 오래 지속될 것이다. 요한계시록은, 대부분의 성서 예언들이 그렇듯, 일련의 비전들을 이야기한다. 이러한 비전들은 백일몽들 같다. 그것들은 미처 생각해보기 쉽지않은 대안의 관점에서 문명의 패턴들을 비판한다. 예언은 우리가 공공대중들에게 가르쳐야만 하는 것이지, 결코 사실들에 대한 예고가 아니다. 그것은 일종의 급진적인 꿈읽기의 작업으로서, 예언적 본문들에 대한 꿈읽기 작업으로 우리를 초대한다.

요한은 그 패턴들을 바다와 땅의 두 짐승들로 꿈읽기하였다. 그것들은 로마

제국의 세계 권력에 대한 암호이다. 그리고 세 번째로 등장하는 바빌론의 큰 음녀the Whore of Babylon는 로마 시대 세계무역을 상징하는 코드이다. 그렇기에 요한계시록 18장에서 열거되는 —보석, 자주 옷감, 포도주 및 마지막으로 인간 노예들을 포함하는—28가지의 사치품들은 그녀가 실각할 때 소실된다. 요한은 상인들을 "땅의 거물들"the magnates of the earth이라 부른다. 예전에 『묵시적 종말론, 지금과 그때』에서 바빌론을 서술하는 여성적 이미지를 다룰 때, 나는 요한의 이미지가 담지한 성차별주의에 몰두하고 있었다. 매춘부의 세계적인 이미지에 담긴 여성혐오주의는 지워질 성질의 것이 결코 아니다. 그러나 이번에는 요한의 의도에 더 관심을 기울였다. 이는 너무도 탐욕스러워서 심지어 자신의 육신마저 상품화시키는 구조의 욕망으로서 "바빌론의 큰 음녀"를 꿈읽기하는 것을 의미한다. 우리는 그 제국의 포르노 여왕을 신제국주의적 자본주의가 세계적으로 육성한 음탕한 욕망의 선조로 읽어낼 수 있다. 물론 정치와 경제는 지난 이천 년간 큰 변화를 겪어왔고, 일부는 반제국주의적, 평등주의적, 탈식민주의적 전망을 보여주기도 한다—필자는 남한의 역사가 상당 부분 그런 면을 보여주고 있다고 생각한다. 그러나 그럼에도 불구하고 세계 권력과 초국가적 탐욕의 깊은 패턴이 하나의 종a species으로서 우리 인류가 현재 일어나고 있는 환경적 위험이 되도록 만들었다는 사실에 동의할 수 있지 않을까?

그리고 그 날선 끝자락에서, 지구 온난화는 요한 서신의 꿈읽기로 읽혀질 수 있다: 일곱 번째 봉인이 극적인 휴지기 이후에 열린다. 땅의 수목의 삼분의 일이 불타고 있고, 바다 생물의 삼분의 일이 죽어가고... 독수리가 비통해 한다: "땅에 사는 자들에게 화, 화, 화가 있으리니."계시록 8장 '땅에 사는 자들 즉 거주자들이란 지구행성에 사는 모든 생물을 의미한다. 단지 인간만을 가리키는 말이 아니다. 대량 멸종에 직면하여, 그 고대의 텍스트에 등장하는 얼굴, 그 독수리의 얼굴은 이제 생태적 한탄ecogrief이라 불리는 것을 이미 소리내어 울부짖고 있지 않는가? 곧 바로 24 장로들이 땅을 파괴하는 자들의 멸망의 때를 음울하게 노래한다. 하지만 '지구'의 파멸의 때와 혼동하지 말자. 그것은 근본주의자들의 편리한 오독일 뿐이다. 그 오독을 통해 수많은 우파 기독교인들은 지구에 파괴적인 이 형태의 자본주의를 지지한다.

만일 상징들이 만들어내는 이 고대적 소동이 지금도 문제가 되고matter 있다면, 그것은 그 몽환적이고 악몽같은 패턴의 무언가가 계속 물화物化, materializing하고 있기 때문이다. 나는 그 텍스트가 기후 과학이나, LGBTQ의 투쟁들이나, 혹은 민주주의나 평화를 위한 노력을 대체할 수 있다고 말하는 것이 아니다. 그렇지만 종교적 상징들이 갖는 대중적 영향력들에 관심을 갖는 우리와 같은 사람들은 그 고대의 아포칼립스를 대면해야 할 필요가 있을 것이다. 필자는 우리 중 더 많은 이들이 아포칼립스의 정치신학을 대면하기 원한다: 그 메시아적 반제국주의를 말이다. 행성 파괴의 위협들이 휘몰아치며 쌓여가는 것에 대한 경각심을 가지고 말이다. 그에 더해 저 기괴한 신부, 즉 다국적 탈제국적 도시적 유토피아로서 새예루살렘에 대한 상상력을 가지고 말이다.

다르게 표현해 보자면, 나는 그 묵시적 종말론을 꿈읽기하는 이따금의 연습이 잠재력들을 표면화시키는데 도움이 될 수 있다고 믿는데, 그 잠재력들이 무시간적 원형들이나 근본주의자의 고정관념으로서가 아니라 고대적 원형들로서 무의식적으로 그리고 집단적으로 작동하고 있기 때문이다. 그 '메타포스들' 즉 그 '배후의 힘들'을 계속 의식함으로써 우리는 그것들이 갖는 효과들을 재배치할 수 있다. 원형들의 잠재력은 반동적일 수도 또한 혁명적일 수도 있고, 파괴적일 수도 또한 건설적일 수도 있으며, 신성화될 수도 있고 세속화될 수도 있다. 아포칼립스를 마음으로 성찰mindfulness함으로써 말이다. 그리고 이 마음의 성찰이 우리 자신의 생태적 한탄과 두려움을 다루는데 도움을 줄 것이다.

그런데 이런 식의 다시-읽기가 번쩍이는 새예루살렘이 마침내 하늘로부터 내려오는 식의 모습을 기대하게 만들까? 어떤 확고하게 보장된 의미에서나 혹은 문자적인 의미 또는 미래주의적 의미에서는 단연코 아니다. 즉, 위로부터 내려오는 새로운 형태의 무로부터의 창조는 아니라는 말이다. 하지만 아포칼립스의 '메타포스' 즉 메타적으로 작동하는 힘은 공동체적 삶에 대한, 심지어는 도시적 삶에 대한 희망으로 땅으로 내려와down to earth, 초국가적으로 변혁되고, 생태적으로 일신되어, 생명력을 갖는데 기여를 해왔고 그리고 앞으로도 기여할 수 있다. 건강한 행성을 향한 희망은 인간적인, 너무나 인간적인 희망이다. 이 희망은 낙관주의와 혼동되어서는 안될 희망이다. 기독교인들은 낙관적이지도 그렇다고 염세적이지도 않다고 칼 바르트는 말한바 있다. 우리는 희망적이다. 낙관주의는 심지어 잠시나마 안락함을 누리고 있는 미국에서조차 자기-기만에 불과하다. 우리 미국의 국가적 예외주의는 경제적으로 다른 국가들에 타격을 가하고 있다. 그러는 동안, 우리의 선거들이 막 보여주고 있듯이, 민주주의에 대한 도전들이 줄어들지 않고 있다. 그리고 특정 형태의 민주주의에 대한 공격이 우크라이나에서 끔직한 파괴를 초래하고 있다. 그리고 러시아의 침공은 지구 온난화에 대한 국제사회의 시선을 되돌리고 있으며, 아울러 국제사회의 자원들을 재배치하고 있다. 하지만 기후변화에 관한 정부간 협의체IPCC의 새 보고서는 더 이상 허비할 시간이 없다는 사실을 명확하게 한다—계시한다.reveals

물론 서구사회는 이 위기를 재생 가능한 문명으로 진지하게 나아갈 기회로 삼을 수도 있었을 것이다. 그런데 이는 당혹스럽게도 불확실하다. 날짜를 예로 들어 보자. 피터 캘머스Peter Kalmus는 뉴욕 타임스에 다음과 같이 적고 있다. "비극적이게도 바이든 행정부는 이 결정적인 순간에 화석 연료 산업을 확대하기를 선택하고 있다." 백악관 대변인 젠 프사키Jen Psaki는 "미국의 천연가스와 석유생산이 계속 늘어나고 있고, 기록적인 수준으로 근접하고 있다"고 최근 자랑했다. 마치 이런 일이 좋은 일인 것처럼 말이다. 이 행정부는 심지어 트럼프가 허용한 속도를 훨씬 뛰어넘는 속도로 신규 시추사업에 대한 허가를 승인해 왔다. 화석연료생산회사들의 경영자들과 투자자들은, 적어도 2035년까지, 무한정 생산을 늘릴 계획을 갖고, 자신들이 매수한 정치인들이 기후변화를 위한 행동에 대한 대중적 욕망을 계속해서 무시할 것이라는 믿음을 과시한다. 달리 말하자면, 여기에 낙관주의를 따를 어떠한 이유도 존재하지 않는다.

동시에—수수하고 흙냄새나는 새 예루살렘을 위한 기회에 대한—희망의 서광들이 삐져 나온다. 서구세계 대부분에서 이제 태양과 풍력은 천연 가스와 석유보다 저렴하다. 배터리 가격이 많이 내려가, 전기차들이 많이 보이고 있다. 그런데 현대 자동차와 기아 자동차가 믿을만한 전기자동차를 만들고 있지만, 아이오닉 5는 너무 비싸서 사기 어렵다고 내 남편이 사족을 더한다. 수천억 달러들이 청정 에너지 사업에 투자되고 있다. 그리고 다음의 통계들은 용기를 북돋우고 있다: 2015년 이전 세계는 2100년 경 섭씨 4도 정도 더워질 예정이었다. 지금은 약 3도 정도 올라갈 것으로 추산되고 있다. 최선의 결과인 섭씨 1.5도 상승을 만들어내는 것이 가능하지는 않을 것이다. 그러나 섭씨 2도 미만의 상승을 만들어내는 것은 가능하다. 그 정도 온도상승은 여전히 지구를 살아갈 만한 곳으로 만들어줄 것이다. 그렇기에 살아있는 우리의 가장 중요한 신학적 관심들이 지구를 돌보는 일과 교차횡단할 수 있도록 하는 일이 중요하다.

이 과정에서 그 오래된 묵시종말론적 비전들이 생명의 물을 한 모금 머금고 우리의 투쟁들을 새롭게 살려낼 수 있을까? 그 비전의 유토피아가 "모든 이들에게 무료로" 제공하는 물 말이다. 물질적으로 그리고 은유적으로 모든 이들을 위한 진짜 무료 청정수 말이다. 이는 현재 우리 시대에 또 다른 울림을 전해준다. 그 비전은 더 이상 군사력이나 경제력에 지배당하지 않는 도시 문명을 상상한다—그 상상의 도시에서 민족/나라들의 대표자들은 모두 상시 열려있는 문을 통해 말을 타고 들어온다. 그 다민족성은 이 현세적인 것이 어떻게 꿈인지를 암시한다. 그러나 말을 타고 들어올 때, 그들은 식민화, 전쟁, 경제적 부정의, 그리고 역병과 자연적 불균형을 상징하는 네 기수들을 동반하지 않는다. 아마도 그 네 가지 색의 말들은 기수를 떨구어 버리고, 저 평화스러운 다국적 행진에 함께할지도 모른다.

신학적으로 이 말들이 담지하고 있는 위력을 염두에 둘 때, 이 모든 것은 무엇을 의미하는가? 이를 통해 분명해지는 사실은 기독교인들이 단순하고 절대적인 종말을 말하는 이야기에 확고하게 반발할 수 있다는 것이다. 단적으로 말해서, 그런 종말, 그런 끝맺음은 성서 안에 존재하지 않는다. 오히려 성서 안에는 종말the End이 아니라 거대한 행성적 파괴에 대한 꿈읽기가 존재한다. 그리고 그 혼돈으로부터 새 하늘과 땅이 도래한다. 초자연적으로 만들어진 완전히 새로운 창조 즉 무로부터의 창조의 모델이 아니라, 우리 인간 종이 모든 피조물들을 위한 정의로 개종함으로써, 즉 창조세계의 치유로 개종함으로써 변혁된 세상 말이다. 우리는 그 세상을 철저하게 일신된 세계의 원형으로 읽어낼 수도 있다. 적어도 우리 이 작은 행성의 존재들을 위한 정의로의 개종 말이다. 그 행성 부활의 '메타

포스'가 그 마지막 환상을 통해 빛을 비춘다. 이 우주적 새 창조는 인간 이외의 나머지 자연과의 깊고도 넓은 기독교적 재접속을 촉발할 수 있을까? 그래서 우리 기독교가 하나님과의 재접속하는 일도 꿈꿀 수 있을까?

신학적으로 이러한 작업은 곧 우리 세계의 피조물적이고 창조적인 질감을 새롭게 일신一新할 것을 요구한다. 모든 자연 피조물들이 서로에게 엮이는 두터운 교차횡단성의 일신, 그래서 각 피조물이 하나님에게 엮이는 교차횡단성의 일신 말이다. 우리는 창조세계에 대한 우리의 관계 안에서만 그리고 그 관계를 통해서만 창조주와 관계를 맺을 수 있을 뿐이다. 그 어떤 피조물도 육신의 유한성이라는 조건에, 즉 피조물적 상호의존성이라는 조건에 예외가 될 수 없으며, 따라서 그 창조성 뿐만 아니라 그 취약성이라는 조건에 예외가 될 수 없다. 그런데 이 과정은 모든 피조물들이 창조주에게 덧붙여진다는 것을 의미하지 않는다. 다시 말해서 우리의 모든 관계들이 함께 엮인 조건 속에서 모든 피조물들이 창조주에게 덧붙여지는 것이 아니라는 말이다. 물론 하나님은 우리의 계산들을 언제나 뛰어넘는 하나의 신비이시다. 그러나 우리는 우리 모든 관계들의 관계성 속에서 신성을 교차횡단성들의 교차횡단으로 꿈읽기할 수도 있다. 그 교차횡단 속에서 우리는 살아가고 움직이며 되어가는becoming 삶을 갖는다. 이 하나님은 자연으로부터의 분리되었다는 의미에서 초자연적인 존재가 아니시다. 그러나 아마도 생태신학자 샐리 멕페이그가 말하는 고전적 의미에서 그렇다고 말할 수 있을 것이다: 모든 자연들의 자연으로서, 즉 하이퍼-네이쳐hyper-nature라는 의미에서 초자연적Super Natural인 분 말이다. 이 하나님은 단지 관계 속에 있는 하나님일뿐 아니라 관계로서의 하나님이시다. 두번째 증언신약이 사랑이라고 분명하게 동일시하는 하나님말이다. 그래서 우리는 아우구스티누스에게서 이런 말을 읽게 된다: "사랑이 있는 곳에는 어디나 삼위일체가 존재한다: 사랑하는 자와 사랑받는 자

그리고 사랑이라는 샘의 근원 말이다."

그렇다면 우리는 대상으로서의 하나님, 즉 무수한 교리적 명제들을 올려놓는 대상으로서 하나님이 아니라, 관계 속에 언제나 이미 쏟아 부어지는 샘물로서의 하나님을 말하는 것이다. 이는 특별한 종류의 관계, 즉 사랑의 관계love-relation이다. 사랑은 요한의 계시록에서 중요하게 읽혀지는 개념은 아니다. 그리고 아포칼립스는 복음이 아니다. 그것을 마음을 다하여 신중하게 읽을수록 더 그렇다.

이 관계성은 무로부터 단번에 시작하여 초자연적으로 도래하는 결말로 나아가는 식의 창조개념으로부터 기독교를 단호하게 해방할 것을 요구한다. 그 아포칼립스 속에서 메시아적 형상은 "나는 알파요 오메가이다"라고 선포한다. 이것을 어떻게 읽어낼 수 있을까? 내 생각은 이렇다: "나는 … 이다"라는 문법적 구조는 알파와 오메가의 거리 혹은 사이를 제거해 버린다. 그것은 우리가 각자 그리고 모두 함께 지금 만들어 나갈 수 있는 새로운 시작을 일깨운다. 그 어떤 결말을 우리가 맞이하더라도 우리의 삶과 사랑 속에서 맞이하는 '언제나 지금'always now 말이다. 창조론과 종말론은-그 메타포스들은—시간의 양 끝에 존재하는 것이 아니다. 그 '나는 ~이다'라는 말씀은 여기에—우리와—함께 있다. 그 말씀은 우리의 세속적 일들을 우리를 위해 대신 처리하고자 있는 것이 아니다. 마지막 순간에 개입하여, 일을 제대로 고치기 위한 것도 아니다. 그런데 나는 내 머리 속에서 푸틴에게 심장마비를 내려달라고 하나님에게 간구하는 어린 애같은 목소리를 들었다. 그리고 하나님의 개입을 소망하는 그 바램은 또 다른 목소리와, 즉 실망의 목소리, 절박한 신앙의 목소리와 마주친다. 그렇게 부정론denialism과 허무주의nihilism는 쉽게 극복되지 않는다.

그러나 아포칼립스적 마음을 모두어 마음으로 성찰하는 가운데 내 안에서 울리던 그 두 목소리들이 보다 정직한 목소리로 응답을 받는다. 그 '나는 ~이다'는 말씀 속에서 우리는 들을 수도 있다. 아무리 우리가 절박하게 기도하더라도, 하나님은 위로부터 전능한 개입을 통해 일하시지 않는다는 사실을 인식하는 신학의 목소리 말이다. 그러한 개입의 하나님은 진정한 하나님이 아니시다. 신의 능력은 사랑과 구별되지 않는다. 비록 그 복음서의 핵심이 그 아포칼립스에서 너무 조용히 숨죽이고 있다고 하더라도 말이다. 사랑의 힘은 통제하기 위해서가 아니라 부르기 위해서 행동한다. 영감을 주고, 유혹lure하기 위해서 말이다. 신적인 유혹the divine lure이란 과정신학의 핵심개념이다. 과정신학은 일부 독자들에게는 친숙한 신학운동일 것이고, 필자에게는 신학과 계속 함께 머무를 이유를 제공하는 신학운동이다. 과정신학의 관점에서, 하나님은 세계의 과정들을 힘으로 압도하기 위해 개입하지는 않으신다. 하나님은 매 순간 시초적 목적initial aim으로 유혹하신다. 가능성들로서 말이다. 불가능할 것으로 느껴지는 가능성들 말이다. 그 피조물이 실현하기로 선택할 가능성들 말이다. 아주 조금씩 작정해 나갈 수도 혹은 그보다 더 확고하게 선택할 수도 있을 것이다. 혹은 아예 선택하지 않을 수도 있다. 그러한 가능성들에 대한 신앙은 그 가능성들이 스스로 실현될 것이라는 것을 의미하지 않는다. 그의 실현은 우리에게 달려있다. 우리 세계와 전적으로 교차횡단하고 있는 우리, 그래서 우리의 모든 교차횡단들 속에서 창발하는 우리 말이다. 사랑은 통제하지 않는다. 그러나 사랑은 우리를 위해 거기에 존재한다. 기도는 그 사랑을 향해 자신을 맞추어 나가는 과정이다. 그 기도가 보다 사랑이 풍성한 가능성의 실현을 덜 불가능한 것less impossible으로, 즉 가능한 것으로 만들어 준다.

어둠 속의 희망

그러한 비낙관적인non-optimistic 희망을 생태활동가 레베카 솔닛Rebecca Solnit은 어둠 속의 희망hope in the dark이라고 부른다. 그 희망은 어떤 것도 보장하지 않는다. 그 희망은 우리가 그 위험을 마주보기를 요구한다. 다시 말해서, 우리가 아포칼립스를 마주보기를 요구한다.

위대한 아프리카계 미국인 작가이자 활동가인 제임스 볼드윈James Baldwin은 수십년 전 이렇게 적고 있다: "마주한 모든 것이 변화될 수 있는 것은 아니다. 그러나 마주하기 전까지는 그 어떤 것도 변화될 수 없다."

달리 표현하자면, 우리는 거대한 도전들을 회피하지 않는다. 그리고 그 거대한 도전들 중 어떤 것은 집단적 트라우마를 야기하는 도전들일 수도 있다. 그러나 우리는 함께 이것들을 견뎌낼 것이다. 혹은 그 도전들과 더불어 견뎌낼 것이다. 그 영 안에서in the spirit 말이다. 그래서 우리의 행성적 교차횡단성에 대한 묵시종말론적 마음성찰mindfulness 속에서 그렇게 할 것이다. 시간의 종말에 맞서 동원된 아포칼립스와 더불어—우리의 시간이 이윽고in time 보다 유혹적인inviting 가능성들로 뒤틀려 열려갈 것이다. 그 '이윽고'in time는 사회적 파국, 핵 파국, 생태적 파국 등 마지막을 알리는 파국들을 회피하기 위한 '이윽고'이다.

그 동안 우리의 교차횡단성들은 우리를 계속해서 얽어맬 것이다. 나쁜 방향으로든 좋은 방향으로 모두 말이다. 그래서 종말와 탈/종말 모두를 향해서, 그리고 파멸과 구원 모두를 향해서 말이다. 아포칼립스라는 과열된 망령은 그저 사라지지는 않을 것이다. 그러나 그 망령은 그럼에도 가능성들을 드러내도록—계시하도록—도울 수 있다: 잔혹한 사실들을 마주하고 있음에도 변혁의 시도를 위한 폭로들은 멈추지 않으며, 그것들은 바로 시작들openings이다. 이 가능성들이 불가능성의 어둠 속에서 반짝거린다. 그것들 중 어떤 가능성들은 마지막 기회를 가질 수도 있다. 그러나 그 가능성들은 진정한 기회들을 알린다. 거룩한 가능성들로서 말이다.

다른 종교들과 세속성들을 가로질러, 인간과 그 외 다른 존재들을 포함하여, 우리 행성적 삶의 취약함을 마주하여, 우리들 중 결정적인 비중을 차지하는 사람들이 우리의 피조물적 얽힘을 포용하게 되기를 우리는 기도할 것이다. 한탄하며, 희망하며, 함께 투쟁하면서, 우리들로 흐르는 그래서 우리를 통해 흐르는 놀라운 은혜를 우리 각자가 분별할 수 있기를 기도하자. 우리 각자와 우리 모두에게로 그래서 우리 모두를 통해 흐르는 그 놀라운 은혜를 말이다. 우리는 그 사랑의 샘에서 물을 먹는다. 우리는 지구 거주자들을 위한 독수리의 탄식의 외침을 계속 듣게 될 것이다. 그러나 우리가 그것을 들을 수 있다면, 우리는 다른 새들의 노래소리 역시 들을 수 있을 것이다. 그래서 에밀리 딕킨슨 Emily Dickinson의 시구절 하나로 말을 맺는다:

희망은 깃털이 달린 것

영혼의 횃대에 올라

말 없는 노래를 부르는 것이다.

그리고 결코 멈추지 않는다. 전혀.

지구는 물화(物化)한다

세대, 동기부여, 생태문명[98]

두 행성이 만났다. 첫 번째 행성이 묻는다: "어떻게 지내세요?"

두 번째 행성은 "별로예요... 우리 행성에는 호모 사피엔스가 있어요"라고 답한다.

첫 번째 행성이 응답한다. "걱정하지 마세요! 우리도 그랬어요. 그런데 얼마 가지 않더라구요"라고.

물질화materaialization

아마도 우리 종의 멸종이 다가오고 있다고 농담하는 것은 고약한 일일 수 있다. 하지만 지구는 이 농담에 낄낄댈 것 같고, 우리는 왜 그런지 알 수 있다. 다른 한편으로, 우리가 생태-자기-파괴eco-self-destruction로 인해 그리 오래 생존할 수 없다면, 그것은 지구 행성에게도 상당히 더 나쁜 일이 될 것이다. 그렇다! 왜냐하면 우리가 행동을 결집하여—말하자면 우리 서로와 함께 그리고 지구와도 함께 결집하여—수천 년을 혹은 수만 년 또는 수십만년을 함께 진화해 나갈 수 있는 가능성을 지구도 잃어버리는 일이 될 것이기 때문이다. 거대한 "만일~"이라는

98) 본 원고는 2023년 10월27일 인간-기술 공생 네트워크 주최로 열린 Zoom 학술세미나에서 발표된 원고를 본서의 취지와 목적에 맞게 수정한 것임을 일러둔다. 아울러 본 원고의 원문은 「종교연구」, 제83집 3호(2023): 149-167에 게재 출판되었음을 일러둔다.

가정의 양면이다. 요점은 우리가 얼마나 오래 살아갈 수 있을지 혹은 살아갈 수 없을지를 계산하는 것이 아니라, 그 "만일"이라는 가정의 물질적 구체화mattering, 즉 지구의 문제를 성찰하는 것이다.

지구는 고통받고 있고, 그 지구가 겪는 질병의 이름으로 호모 사피엔스는 부적절한 병명이라고 말하기는 어려운 듯 하다. 그러나 물론 좀 더 구체적으로 서술할 할 필요가 있다. 우리 인류 거의 혹은 모두가 그 책망을 들어야 하는 것은 아니기 때문이다. 또한 우리 모두가 지구 온난화의 결과들로 동등하게 고통받고 있는 것도 아니며, 앞으로도 그럴 것이다. 단지 우리 모두는 지배 체제의 부정의들로 인해 지금 똑같이 고통받고 있을 뿐이다. 그럼에도 불구하고, 이처럼 점점 악화되어가는 조건의 원인들과 영향력들에 대하여 우리 종 전체적으로 그리고 진정으로 지구행성의 관점에서 생각하기를 외면할 수는 없다. 그런데 우리 인간 종에 대하여 생각한다는 것은 항상 권력의 분석, 즉 정치적 경제적 권력의 분석을 수반한다: 총 불평등99은 적어도 우리 문명의 관점에서, 즉 장기적인 관점에서 호모 사피엔스의 본질적 일부이다. 그래서 대안, 즉 생태 문명을 상상한다는 것은 그 권력들을 정면으로 마주한다는 것을 의미한다. 왜냐하면 기후 재앙을 초래하는 데 가장 큰 역할을 한 이들이 이를 해결하는 데에서는 가급적 아무런 역할도 하지 않을 것이기 때문이다. 그래서 결국 이 문제는 여러분과 저에게 떠넘겨진다. 그리고는 우리가 영향력을 미칠 수 있는 수백만명들에게 넘겨질 것이다. 단순히 개인들로서가 아니라 다중의 시스템들과 네트워크들과 인종들과 국가들의 참여자로서 말이다.

무엇보다도 그 대안적 해법을 찾는 일은 다음과 같은 사실을 의식하고 이를

99) 역주: 여기서 켈러는 국민 총생산(gross national product, GNP) 혹은 국내 총생산(gross domestic product)라고 이야기 할 때처럼 '불평등의 총량'이라는 의미에서 gross inequalities)를 사용하고 있는 듯 하다.

지키려는 길들을 모색하는 우리에게 떠 넘겨진다: 지구는 물화物化한다는 사실 that earth matters 말이다.[100] 그것이 어떻게how 물화物化하고 또 중요한지를 의식하는 우리에게 말이다. 우리의 물화하는 삶의 배경 그 이상의 것으로서 말이다. 다시 말해서, 우리를 사로잡는 이슈들의 배경, 그 이상으로서 말이다. 그러나 이는 우리가 무엇인지를 정의하는 능동적 토대로서의 문제이자 물질matter[101]이다. 하지만 무덤덤하고 여느 종류의 정신성을 결여한mindless 물질이라는 의미에서는 전혀 아니다. 기초적이지만 자동력을 결여하고inert, 생명력을 갖고 있지 않고 lifeless, 편평한 것으로서 물질, 그것이 바로 뉴턴 이래로 근대의 유물론materialism이 가정한 물질이다. 그 근대의 낡은 유물론이 포스트모던 자본주의 세계로 의기양양하게 진보해 왔고, 그 세계는 이제 소비되어야 할 '것'stuff이 되었다. 그래서 이제 우리는 그 낡은 유물론에 대한 비판으로서 **'신물질주의'**new materialism의 등장을 목도한다. 하지만 나는 그 이름에 그다지 환상이 없다. 저 낡은 유물론이 언제나 새롭고, 새로운, 더 새로운 상품화된 형식들로 진화를 해왔었다는 사실을 고려할 때 특히나 더 말이다. 그래서 나는 어떤 형태의 유물론 자체보다 **"신물질화"**new materialization를 더 대안으로 생각한다. 수동적인 물질이 아니라 능동적인 물질화materialization를 환기시키기 위해서 말이다. 그러나 소위 신물질주의는 물질이 담지한 생태적 의미 안에서 구성적으로 작동한다. 실체나 물건으로서가 아니라 과정으로서, 즉 물질화의 과정이라는 의미에서 말이다. 더 구체적으

100) 역주: 본 번역원고의 제목에서와 마찬가지로, "earth matters"는 일상적인 언어의 용례대로 번역한다면 '지구는 중요하다'는 의미가 될 것이다. 하지만 켈러는 명사로서의 'matter'(물질)이 담지하고 있는 의미를 중의적으로 사용하면서, 'earth matters'라는 문장을 표현하고 있어서, 두 가지 뜻 모두 맞다고 할 수 있다. 본 강연에서 켈러는 materialization(물질화)를 중요한 리듬으로 반복해서 사용하고 있어서, 'earth matters'라는 문장을 '지구가 물화한다'는 말로 번역하였다.

101) 역주: 영어의 matter는 물질이라는 의미로 번역될 수도, '문제'라는 의미로 번역될 수도 있는데, 우리 말로는 이런 중의적 의미를 담을 단어가 없어 풀어서 번역한다.

로 서술하자면, 매 순간 물질-되기becoming material의 과정으로서 그리고 또한 체현-되기getting embodied의 과정으로서 구성적으로 작동한다는 말이다. 말하자면 다른 모든 형태의 체현들로부터 분리되지 않는 상황 속에서 물질화의 과정을 고려해야 한다는 말이다. 또한 이 물질화를 민감한 에너지의 물화 속에서 생각해야 하는데, 이는 물질이 빛의 속도가 곱해진 에너지가 아니라 제곱된 에너지를 담지하고 있음을 생각해야 한다는 말이다. 우리 모두를 구성하는, '헤아릴 수 없는 그것'Unfathomable That으로서의 에너지 말이다. 그 에너지가 근대적 의미의 진보progress와는 다른 의미의 과정을 추동해 나아가는데, 이 과정은 물질화의 끝없는 사건들 속에서 이루어지는 것이다.

물질화materialization는 추상화abstraction와는 반대되는 개념이다. 그 어원인 abstrahire는 멀리 떨어뜨려 놓다는 의미이다. 그러나 물질화는 에너지를 체현embodiment 속으로 끌어 당긴다. 그래서 체현 속으로의 이끌림이 없었다면 추상적으로 머물렀을 가능성들을 실현한다.actualize 추상화가 문제는 아니다. 그러나 추상화는 물질화의 과정들이 매 순간 일구어가는 구체성concreteness의 의미를 탈각시킨다. 그리고 바로 이것이 오늘날의 이 위기의 뿌리에 놓여있다. 이를 과정 철학자 화이트헤드는 "잘못 놓여진 구체성의 오류"the fallacy of misplaced concreteness라고 불렀다. 과정신학자 존 캅의 말을 빌리자면, 이 오류는 "추상적으로 양화되는 이익을 생명의 질을 담지한 구체성으로 착각하는 것과 같다." 바로 이 오류가 낡은 유물론으로 하여금 우리의 물질성을 계속해서 배경으로 밀어내도록 만들고 있는데, 그 유물론이 배경으로 삼은 자리에서 물질은 끊임없이 양화되고 상품화되곤 한다. 그러면 우리는 현재의 지구로부터 물질화to materialize될 미래의 모든 가능성들로부터 단절되고 만다. 그것이 바로 지금 우리들의 삶 속에서 물화物化하고 있는 것이다. 그것은 일정 부분 우리가 선택한 것이다. 우리에게 물화物化되는 것이 무엇인지, 즉 문제가 되는 것이 무엇인지what matters to you에 따라 그렇게 선택된 것이기 때문이다. 여기서 물화된다는 것 즉 문제가 된다는 것matters은 곧 가치를 갖는다는 의미이다. 심지어 우리에게 궁극적 가치의 의미를 가질 수도 있다. 폴 틸리히가 표현하듯이, '궁극적 관심'ultimate concern의 물화 즉 문제matter 말이다. 궁극적으로 물화하는 것 또는 중요한 것 혹은 문제가 되는 것what matters ultimately—이것을 의로움, 영, 진리, 선, 사랑, 정의, 지구의 공유된 생명 등으로 부를 수 있을 것이다. 아브라함 종교들에서 하나님이라 부르는 것의 물화a mattering 말이다. 그것이 우리로 하여금 우리 행성의 미래를 물화하도록 즉 중요시하도록matter 만들고 있다. 그리고 그것이 우리가 물질적으로 구현하는 것이다. 나는 오늘 여러분과 더불어 이 지구가 세대generation, 동기 부여motivation 및 생태 문명 ecocivilization의 측면에서 어떻게 중요한지에 대해 성찰할 것이다.

세대

그래서 우리가 물질적으로 구현하는 미래에 관해서 말을 꺼낼 때 잠시 멈추어 서서, 첫째로 우리 사이에 기존하는 심각한 세대 간 차이들을 생각해 보기를 원한다. 우리 독자들 중에는 학생들도 있을 것인데, 그들은 나같은 세대의 눈에는 여전히 무척 젊게 느껴진다. 우리에게 즉 여러분에게 기후 변화의 미래는 추상적인 것이 아니다. 그것은 바로 우리의, 즉 여러분의 미래이다. 교황은 새로운 기후 회칙 「찬미받으소서」Laudate Deum에서 다음과 같이 말한다:

> 최근 몇 년 동안 일부 사람들은 이 사실들을 마음먹고 조롱하고 있습니다. 그들은 견고한 과학적 사실들을 가져왔다고 주장하는데, 예를

들어 지구행성은 항상 냉각과 온난화의 시기를 겪어왔고 앞으로도 겪을 것이라는 사실과 같은 것 말입니다. 그런데 그들은 연관된 또 다른 자료를 언급하기를 망각합니다: 즉 우리가 현재 경험하고 있는 것은 비정상적인 온난화의 가속화로, 이 속도에 이르는데 수세기나 수천 년이 아닌 겨우 단 한 세대밖에 걸리지 않았다는 사실 말입니다.

세대에는 두 가지 기후적 의미가 있다. 국제에너지기구International Energy Agency는 2050년까지 탄소 순배출량을 제로로 만들 수 있다면, 평균 1.5도의 상승 정도에서 지구 온난화를 막아내는 일을 우리는 직접 개인적으로 경험할 수 있을 것이라고 말하면서, 이를 반드시 이루어내야 한다고 했다. 국제적 합의에 따르면 1.5도를 넘지 않는 한도 내에 머물러야, 2도 상승의 경우에 촉발될 극단적이고 돌이킬 수 없는 기후 변화를 막을 수 있다. 그런데 우리는 지금 어디에 있을까? 아마도 1.15℃ 쯤?

지난 5월, 세계기상기구는 향후 4년 내에 세계가 이미 섭씨 1.5도 임계치를 초과할 상당한 개연성을 갖고 있다고 예측했는데, 그 예측도 즉 그러한 일이 벌어질 개연적 확률은 66%로 발표되었다. 인간이 유발한 기후변화가 엘니뇨와 결합하여 그 임계치를 초과할 가능성이 높아질 것인데, 주지하는바, 엘니뇨는 일시적으로 해양이 더워지면서, 지구 온도가 더 높이 올라가는 주기적 기상현상이다. 인간이 유발한 기후 변화와 일시적으로 해양 지역을 가열하고 지구 온도를 높이는 주기적 기상 현상인 온난화 엘니뇨가 결합되어 임계치가 돌파당할 가능성이 높아진다는 말이다. 그런데 이 가정은 영구적인 변화가 되어 현실이 될 수도 있다. 그러나 다행이 아직은 '될 수도 있다'might의 상태에 머물러 있다.

세대적으로 말하자면, 더 젊은 세대일수록, 분노해야 할 이유가 더 많다. 젊은 이들은 자신들이 유발하지 않은 이 불안정한 미래를 물려받을 것이기 때문이다. 그리고 이 분노를 접하는 것이 구차한 변명들을 끊어 내 버리는데 도움이 된다. 분노와의 접촉이 책임감 있는 형식을 취할 때, 이는 세대 간 연대transgenerational solidarity를 구축하는데 도움이 될 것이다. 분노가 책임감있는 세대 간 연대로 구현될 수 있을 때, 세대 간 차이들은 생성적generative이 될 수 있다. 생성적이라는 단어는 '창세기'를 가리키는 단어 genesis 즉 '되기'becoming와 연관되어 있다. 그 고대 신화는 전체 피조물의 '형성'the becoming의 성스러움을 이름한다. 지구와 지구의 것들earthlings은 우주적인 우연들cosmic accidents이 아니다. 그들은 궁극적 물화ultimate mattering로부터 물질적으로 구현한다.materialize 그리고 창세기는 또한 우리 종의 초기부터 시작된 탐욕, 즉 교만을 이야기한다. 그리고 그 교만으로 인한 탐욕이 바로 이 지구와 다른 모든 지구의 것들을 향한 위협들 속에서 무르익었음을 이제 보게 된다. 현재 창세 그 자체, 즉 우리 세계의 되어감becoming이 위태롭다. 우주나 다중 우주가 아니라, 그의 일부에 불과할 우리의 소중한 물화物化가 위태롭다. 다음 세대에 지구 서식지는 계속 악화되거나, 아니면 재생될 가능성을 가질 수도 있다. 그 가능성은 바로 물화하는 것 혹은 문제가 되는 것과 우리의 협력을 통해서 도래할 수 있을 것이다. 다시 말해서 궁극적으로 물화하는 것 혹은 궁극적으로 중요한 것과 우리의 협력을 통해서 말이다.

동기부여

필자는 생태신학이 성서적 은유들을 도입하는 방식이 담지한 그 모든 지배-지향성의 위험들을 유념하면서, 따르고 있다. 그 은유들이 여전히 우리에게 필요한 보다 광범위한 연대들을 구축할 동기를 부여하는데 도움을 줄 수 있기 때문이다. 그 광범위한 연대들을 통해 그 은유들에 영향을 받은 이들을 치유하는 방향으로 작용할 수도 있다. 그리고 물론 그 본문들의 조직적인 오독들을 통해 잘못된 영향을 받아온 이들에게도 동일하게 작용할 수 있다. 사실 기독교는 우리 문명이 물질을 폄하하고 착취하는 데 주요한 근거를 제공해 왔다. 심지어 다른 사람들의 물리적 신체들을 폄하하고 착취하는 근거를 제공하기도 했다. 종교나 국가, 계급, 인종, 젠더 혹은 성 정체성 등의 이유로 전혀 인간으로 고려되지 못했던 이들에 대한 폄하와 착취 말이다. 그렇게 스스로를 반유물론적이라고 생각하는 특정 종류의 내세지향적 기독교는 저 낡은 유물론을 조용히 지지한다. 모두가 조용한 지지만을 보내는 것은 아니다. 백인 종교 우파의 경우는 오히려 오히려 열광적인 지지를 보내기도 한다. 그들이 믿는 내세 즉 저 세상은 우리 인간 종이 물질 자체로부터 에너지를 추상하고 추출하는 일들을 성화한다.sanctify 보다 높은 것을 향한 관심으로, 그 내세지향적 기독교는 지구를 돌보아야 할 동기를 떨어뜨리고 있다.demotivates

그러한 기독교에 항거하면서, 기독교 생태학의 깊은 전통들이 융기해 왔다. 이 전통들은 최첨단 과학과 고대의 전통들 모두를 활용했는데, 특별히 고대 전통들 중 사회-비판적인 예언자적 형태의 전통들에 의존하였다. 필자보다 한국을 더 자주 방문했던 신학자 존 캅은 이미 1971년에 『너무 늦었는가?』*Is It Too Late?* 라는 제목의 책을 저술한 바 있다. 다른 세대들에 관하여 말하면서 말이다! 이 책은 암울하게 다가오는 생태 위기의 윤리와 신학을 다룬 단행본으로서, 한 저자가 전체를 저술한 최초의 출판이었다. 그는 최근 50주년을 맞아 이 책을 개정출판하기도 하였다.[102] 『너무 늦었는가?』는 어느 분야의 생태학 연구보다 앞서 있는 책이었다. 그 책의 제목이 던지는 물음에 대한 답은 그때나 지금이나 단순한

102) John B. Cobb Jr., *Is It Too Late?: A Theology of Ecology* (Fortress Press, 2021).

‘예’ 또는 ‘아니오’가 아니었다. 당시 젊고 어린 페미니스트였던 내가 그의 지도 아래서 박사 과정을 밟게 된 것은 그의 과정 신학 때문이었다. 필자를 매료시킨 것은 과정신학이 아버지 하나님이라는 표준을 비판한다는 점이었다: 과정신학의 신성은 그 낡은 성부 하나님과 그가 가졌다고 가정되는 전능성의 자리를 대치한다. 당시에는 과정신학의 이 궁극적인 것the ultimate을 페미니스트적으로 표현할 수 있는 여건이 무르익어 있었다. 하나님은 모든 것을 통제하시지도 또한 선하실 수도 없다고 과정신학은 보고 있다. 그렇지 않다면, 상황이 지금과 같은 엉망진창이 되지는 않았을 것이다. 과정신학은 모든 것을 통제하시는 하나님 즉 꼭두각시 인형을 조종하는 형상의 하나님에 대한 강력한 대안을 제시할 뿐만 아니라, 벌주시고 상주시는 가부장 하나님에 대한 대안을 제시한다. 과정신학의 하나님은 통제하지 않으시고, 대신 유혹하신다.lure 그 신성은—혹은 그분들은—우리를 우리 자신으로부터 구원하기 위해 개입할 수 없다. 그 신성들은 우리 자신과 우리의 집합적 세계에 필요한 변혁들transformations이 일어나도록 우리를 부르신다. 너무 늦기 전에 말이다.

생태신학은 물론 과정신학보다 훨씬 더 광범위하다. 세계교회협의회는 1970년대부터 지속 가능한 공동체 개념을 발전시키는데 조력해 왔다. 1982년 밴쿠버 회의에서 “창조의 온전성”the integrity of creation이라는 문구가 등장했는데, 이 문구는 모든 창조물이 인간이라는 목적을 위해 존재하지는 않는다는 것을 의미한다. 피조물은 자신만의 온전성을 갖고 있다. 이는 피조물에 대한 부르심으로 창조세계『창세기』103를 개조하기를 희망한다는 바람을 담고 있다. 물론 범세계적 기독

103) 역주: 창세기의 영어 표기는 Genesis인데, 일반적으로 이 단어는 생성 혹은 발생 혹은 기원을 가리키는 말로서 켈러는 여기서 Genesis를 책 제목을 가리키는 이탤릭체로 표기하고 있다. 이는 창세기를 개작하자는 제안이 아니라, 창세기를 창조세계로 보고 이를 피조물에 대한 부르심에 입각하여 재해석하자는 제안이다.

교 생태연대의 효과들은 실망스럽게도 더디게 나타나고 있다. 그러나 그 잠재력만큼은 그 연대가 더욱 더 물질적으로 구현materialized될 수 있도록 지속되고 있을 뿐만 아니라 또한 자라나고 있다. 그런데 이 잠재력이 보다 광의의 에큐메니즘을 동반하지 못한다면 절망적일 것이다.

한 가지 예를 들자면, 필자는 이슬람, 기독교, 그리고 지구를 주제로 한 콘퍼런스에 참여한 적이 있었는데, 많은 것을 배웠고 정말 좋았다. 예를 들어, 꾸란의 다음 구절을 생각해 보자: "분명코 하늘들과 땅의 창조는 인류의 창조보다 더 위대한 것이지만, 대부분의 인류는 [이 진리를] 알지 못한다."40.57 나는 우주의 전체 상황을 인간보다 위대한 것으로 묘사하고, 그리고 대부분의 사람들이 이를 그저 무시했다고 이처럼 신랄하게 묘사하는 고전을 기독교에서는 읽어본 적이 없다.

우리의 고향-지구earth-home는 세계 모든 종교들의 에큐메니즘 혹은 세계 모든 도道들의 에큐메니칼적 협력을 필요로 한다. 주지하듯이, 에큐메니칼ecumenical의 '에큐-'ecu-는 생태학eclology의 '에코-'eco-와 동일한 그리스어 어원으로부터 유래한다: 오이코스oikos, 즉 가정household이라는 뜻이다. 바로 거기에 우리가 활용할 자원들이 있다. 예를 들어 메리 에블린 터커Mary Evelyn Tucker와 존 그림John Grim이 편집한 하버드 생태와 종교 시리즈는 『기독교와 생태학』, 『이슬람과 생태학』, 『불교와 생태학』, 『유교와 생태학』, 『힌두교와 생태학』, 『도교와 생태학』, 『자이나교와 생태학』, 『토착전통들과 생태학』 등을 포함한다. 여기에서 나는 일찍이 존 캅이 받았던 영감을 받았는데, 즉 그리스도는 그를 불교-기독교인Buddhist-Christian이 되도록 부르셔서, 단순한 개인 구원에 대한 집착과 "그리스도"만이 유일한 길의 이름이다는 믿음을 기독교로부터 비워내도록 부름받았다는 그 영감 말이다. 그리고 또한 지구의 물질적 건강에 대한 무관심을 극복하도록 부름받았다. 이러한 영감에 이르게 되면, 우리는 종교들 간의 협력뿐만 아니라, 종교들을 넘어선 협력을 이끌어 낼 수 있을 것이다.

어떤 종교를 믿든 간에, 혹은 어떤 무종교irreligion를 믿든 간에, 생태-에큐메니칼 연대eco-ecumenical solidarity는 전통들을 가로질러 물질화物質化, materialize할 수 있다. 그리고 세대들도 가로지를 수 있다. 이는 특정한 종교들을 마주하여, 우리의 분노와 실망과 의심을 억누르는 것을 의미하지 않는다. 혹은 지구행성에 대한 우리의 두려움과 심지어는 절망조차 억눌러서는 안 된다. 오히려 광범위하게 성장하는 생태영성ecospirituality에 참여하는 것은 감정적 정직함emotional honesty을 요구한다. 그런데 우리를 움직이도록 작용하는 것은 단지 분노와 두려움만이 아니라, 또한 기쁨도 그렇다. 기쁨도 또한 영적인 깊이들을 갖는다. 그래서 일레인 파딜라Elaine Padilla는 자신의 책 제목을 『신적인 즐거움: 열정과 풍성함의 신학』으로 지었다. 하나님의 은유가 즐거움을 발산토록 하면서—그래서 하나님의 형상으로 창조되었다는 것이 긍정적으로 동기부여를 하도록 만들면서—그녀는 적기를, “아름다움beauty은 윤리적 충동에 피상적이거나, 보충적이거나, 부수적이거나 덜한 것이 아니라 오히려 본래적인 것이다.”104 아름다운 것에 대한 끌림이 탐욕스러운 악이 아니라 선으로 작용할 때, 참으로 거기에 희망의 이유가 존재한다.

희망은 우리 행성의 미래에 가장 위태롭고 가장 중요한 감성affect으로 우리를 데려간다. 그래서 희망은 수없이 다양한 동기들에 동기를 부여하는 힘이다: 그저 생존 가능할 뿐만 아니라 어떻든 아름다운 미래를 향한 희망. 많은 사색가들은 희망을 비현실적인 것으로 조용히 일축한다. 그들은 지금은 너무 늦었다고

---

104) Elaine Padilla, *Divine Enjoyment: A Theology of Passion and Exuberance* (New York: Fordham University Press, 2015), 40.

생각한다. 그리고 그들이 옳을 수도 있다. 하지만 우리는 모른다. 다만 단지 1.5 도를 넘어서는 것이 아니라 그 이상으로, 즉 파국적으로 상승할 상당한 가능성이 있다는 사실만을 우리는 알고 있다. 하지만 가능성은 확실성이 아니다. 그리고 이 불확실성이 낙관주의optimism의 근거가 될 수는 없다. 그렇기 때문에 우리는 분명하고 확고하게 구별해야만 한다: 희망은 낙관주의와 동일한 것이 아니다. 이 말이 한국어로 정확하게 전달될 수 있는지 궁금하다. 낙관주의는 비관주의pessimism와 반대되는 개념이다. 그러나 희망은 비관주의의 그림자를 드리울 뿐, 의심을 억누르지는 않는다. 희망은 낙관주의가 아니다. 낙관주의는 모든 일이 잘 풀릴 것이라는 장담assurance이다. 낙관주의는 자본주의의 진보적 사고를 추동해 나아가는 정신이다: 지구를 더욱 더 상품화하고, 보다 더 막대한 이윤을 창출하고, 보다 나은 기술들을 개발하면서, 자본주의가 모든 것을 해결할 것이라고 믿는 정신 말이다. 그와는 매우 다르게, 희망은 그 자신의 그림자들에 귀를 기울이고 있다. 희망은 자신이 확실성이 아니라는 것을 알고 있고, 자신이 모른다는 것을 알고 있다. 희망은 마지막 순간에 개입하여, 모든 것을 해결해 줄 신神에 의존하려 하지 않는다. 혹은 어쨌거나 물질 세계에는 조금도 상관하지 않으면서, 하등의 의심없이 믿음을 붙들고 있는 신자들에게 구원을 보장하는 신에게 의존하지도 않는다. 희망은, 그것이 신적인 것이든 또는 기술적인 것이든 간에, 기적적인 개입을 기다리지 않는다. 희망, 그것은 가능성의 포용이다. 그러나 희망은 포용할 가능성들의 물화物化, mattering를 필요로 한다. 이미 물질화의 길을 발견하고, 보다 더 큰 성육신을 요청할 가능성들의 물화 말이다.

예를 들어 저는 지난 2년 동안 재생 에너지와 친환경 투자의 "깜짝 놀랄만한" 성장으로 인해 세계가 1.5 도의 지구 온난화 임계치 내에 머물 수 있는 전망이 밝아졌다는 신뢰할 만한 보고서를 최근 읽었다. "저도 전망이 밝아졌음을 느낍니다"고 말하면서, 국제에너지기구의 전무이사이자 세계 최고의 에너지 경제학자인 파티 비롤Fatih Birol은 더 많은 일들이 이루어져야 하겠지만, 그러나 "태양광 발전과 전기 자동차의 빠른 보급은 고무적이다"고 덧붙인다. 그리고 "태양광 발전시설의 설치와 전기 자동차 판매 속도는 2050년까지 탄소 순배출 제로에 도달하여, 지구온도의 증가를 1.5도 이내로 유지하려는 계획이 제대로 이루어지려면 당연히 이루어져야 할 과정이라고 우리가 말했던 계획에 완벽히 부합하고 있다. 지난 2년 동안 청정 에너지 투자는 무려 40%나 증가했다." 그러나 비롤은 또한 에너지 부문의 온실가스 배출량이 "여전히 완강하게 높다"는 사실을 지적하며, 올해 전 세계에서 목격된 극심한 날씨는 기후가 이미 "경악할만한 속도로" 변화하고 있음을 보여주고 있다고 첨언한다. 그래서 그의 희망은 어두운 그림자가 드리운 희망a shadowed hope이다.

그런데, 아마도 이 글을 읽고 있을 한국 독자들은 접하지 못했을 또 다른 최근 뉴스 소식이 있다. 이 뉴스는 동기 부여에 대한 우리의 물음을 당장 세대generation라는 주제로 마무리한다. 몬태나 주에 살고 있는 5세에서 22세 사이의 16명의 젊은이들 이야기인데, 그들은 주 정부가 기후변화로부터 자신들을 보호하기 위한 충분한 조치를 취하지 않고 있다고 주장하며 주 공무원을 상대로 소송을 제기했다. 그리고 이 청소년들이 승소했다. 캐시 실리Kathy Seely 판사는 공무원들이 탄광, 석유 시추, 신규 발전소 등의 사업들을 승인할 때 온실가스 배출의 영향을 고려하지 않음으로써 몬태나 주 헌법을 위반했다고 말했다. 하지만 몬태나 주 변호인단은 "몬태나주의 배출량이 너무 적어서 기후변화에 큰 영향을 미치지 않는다"고 반박했다. 그런데 실리 판사는 변호인단의 주장을 배척하면서, 모든 온실가스는 지구 온난화에 영향을 미치며, 몬태나의 산불이 심해지고 가뭄으로 하천이 마르고 있음을 볼 때, 온실가스가 매 톤 늘어날 때마다 원고들의 삶이 악화되고 있음이 분명하다고 말했다. 법원 참관인들은 이 결과를 “기념비적인 승리”라고 불렀다. 미국 법원이 기후변화로부터 국민을 보호할 헌법적 의무가 정부에 있다고 선언한 것은 이번이 처음이다. 이는 미국의 사례이다. 한국에도 이런 사례가 있기를 희망한다. 불행히도 미국은 중국에 이어 이산화탄소 배출량 2위이고, 한국은 9위이다.

생태문명

희망은 그러한 이야기들을 필요로 한다: 그 이야기들은 물화物化하는 미래를 위해 세대를 넘어선transgenerational 행동으로 물질적으로 구체화되는 분노를 보여준다. 그러면 물질적으로 구현되기를 바라는 미래를 우리는 어떻게 이름해야 할까?

우리는 이를 생태적 문명ecological civilization이라고 부를 수 있다. 이는 과정 신학에 기반한 개념으로서, 과정 사상가인 필립 클레이튼Philip Clayton과 앤드류 슈워츠Andrew Schwartz가 그들의 최근 저서 『생태적 문명이란 무엇인가?』*What Is Ecological Civilization?*에서 구축한 개념이다.105 그들은 우리 문명이 잘못된 패러다임에 세워져 있다고 주장하는데, 말하자면 이 위기가 통제와 착취의 패러다임에 이 문명이 기초해 있음으로 일어났다는 것이다. 그 패러다임은 종교적이면서 동시에 세속화된 패러다임인데, 이 패러다임이 물질을 우리의 의식awareness으로부터 추상시키고, 우리의 의식이 육체성을 탈각하도록disembodied 하고, 얼마나 무의식적이든 간에, 세계화된 경제global economy를 운영하는 잘못 놓여진 구체성의

105) Philip Clayton & Wm. Andrew Schwartz, *What is Ecological Civilization: Crisis, Hope, and the Future of the Planet* (Process Century Press, 2019).

오류들을 우리들로 하여금 계속 매수하도록 하면서, 우리를 지구라는 물物에 무감각하도록 만들고 있다고 그들은 주장한다.

만일 우리 문명의 기본 패러다임이 바뀌어야 한다면, 그것은 바로 우리가 지금과는 다른 문명을 필요로 한다는 것을 의미한다. 그저 현재 패러다임과 그의 조직적인 무관심을 보다 녹색화시키는 수준의 변화가 아니라 말이다. 그리고 신을 포함하여, 그 어떤 것도 그러한 변화를 보장하지 않는다. 두 가지 시나리오를 생각해 보자. 첫 번째 시나리오는 그저 우리가 금세기에 전 지구적인 문명의 붕괴를 겪게 되고, 이후 몇 세대 간 생존자들이 비굴하게 살아가게 되는 경우이다. 아마도 그런 시간을 보내고 난 후의 미래에는 마을 형태로 더 생태적인 무언가가 등장할 것이다. 혹은 그저 우리 종의 급속한 멸종을 맞이할 수도 있다.

또는 다른 시나리오에서는 환경 위기가 우리들 중 충분한 수의 사람들에게 경각심을 불러일으킬 만큼 충분히 크게 도래하지만, 우리가 무언가를 하기에는 너무 늦지는 않을 경우를 생각해 볼 수 있다. 어찌 되었건, 어느 정도의 조직적인 붕괴가 있을 것이다. 우리가 겪고 있듯이 점점 더 거세지는 화재, 빙하의 붕괴, 홍수, 강풍, 백만 명당 이산화탄소 배출량 등을 고려할 때 말이다. 그러나 두 번째 시나리오에서는 현재 진행 중인 생태적 전환이 확대되어, 훨씬 더 감내할만하고 살만한 미래로의 전환이 가능하기를 희망해 볼 수 있다. 그렇게만 될 수 있다면, 상상컨대 이 문명은 최악의 과도기적 폭력과 자멸을 겪지 않고도 생태문명으로 전환할 수 있을 것이다. 거기에도 여전히 묵시적 종말에 대한 집단적 경험이 있을 것이다. 그럼에도 불구하고, 그렇게만 된다면, 상상해 보건대, 우리는 이 문명의 최선을 지킬 수 있을 것이다: 예를 들어, 생태적으로 적합한 기술들, 다른 종들의 복원, 시, 예술, 영적 전통 등을 생각해 볼 수 있는데, 이것들은 다원주의, 민주적 평등주의와 사회적, 인종적, 성적, 경제적 정의의 성취, 우리 모두가 공유하는 유기적 생명에 대한 존중 등을 육성하는 문명의 기제들이다.

생태 문명을 향한 보다 더 나은 결과를 만들어낼 방안은 생태 철학자 부르노 라투르Bruno Latour가 『가이아를 마주하기』*Facing Gaia*[106]라고 부르는 것과 관련이 있다. 고대 대지의 여신이었던 가이아는 이제 어떤 신이 아니라, "자연"에 대한 우리의 진부한 관념을 넘어 지구 자체로 모습을 드러낸다. "우리는 황홀한 구경꾼으로서, 우리 마음대로 처분할 수 있는 신세계a New World의 발견을 증언하고 있는 것이 아니다"고 말하면서, 라투르는 "우리는 오히려 구세계the Old World에서 살아야 할 방식을 완전히 다시 배워야 할 책무를 증언하고 있다!"고 이어 언급한다. 서구의 식민주의적 개념인 '신세계' 이전의 세계 말이다. 우리의 미래를 이렇게 인식하면서 우리는 스스로를 "땅을 지향하는 존재"the Earthbound로 인식한다. 이는 라투르의 "인류" 개념을 문자 그대로 옮긴 개념이다.

생태문명은 땅을 지향하는 존재의 맥락에서 이루어질 것이다. 이는 "단순한 물질"로의 환원을 의미하는 것이 아니라 우리가 공유하는 물질성의 고양uplifting을 의미한다. 아마도 생태문명을 물질적으로 구현하려는 시도 속에서 물질 자체가 담지한 에너지가 새로운 방식들로 우리를 도와줄 것이다. 클레이튼 크로켓Clayton Crockett은 최근 저서 『에너지와 변화』Energy and Change에서 이를 매우 설득력 있게 논증해 주고 있다.[107] 에너지가 우리의 반생태적 문명에 동력을 제공하는 데 사용되어 이루어지는 착취로부터 해방되어, 아름다움과 공통체[108]community

---

106) Bruno Latour, *Facing Gaia: Eight Lectures on the New Climate Regime*, trans. Catherine Porter (Polity, 2017).

107) Clayton Crockett, *Energy and Change: A New Materialist Cosmotheology* (New York: Columbia University Press, 2022).

108) 역주: 통상 community를 공동체라고 번역하지만, 이 번역어는 일본제국주의 시절 일본의 번역을 수입한 용어로서, 한자로 共同體 즉 '동일한 것을 공유하는 집단'이라는 의미를 담지하고 있다. 하지만 우리가 사용하는 community의 의미는 각자의 다양성을 잃지 않으면서도 어떤 '공통의 것'(the common)을 공유하는 집단이라는 의미이며, 이런 의미에 '공통체'(共通體)라는 번역어가 더 적합하다고 여겨진다.

의 새로운 감성들 그리고 심지어는 희망의 감성에 활력을 불어 넣는데energize 도움을 줄 수 있다. 에너지는 새로운 동기들에 불을 붙이고, 세대들을 가로질러 나아가, 땅을 지향하는 존재earthbound로서 우리의 상호연결성을 강화한다. 나는 이것이 영적 변혁spiritual transformation이라는 것으로 광범위하게 경험되어야만 가능한 일이라고 생각한다.

따라서 생태문명은 유토피아가 아니다. 유토피아는 본래 무-장소無-場所, u-to-pos, 즉 no-place를 의미한다. 우리는 생태문명을 이미 여기 저기서 물질적으로 구현하고 있으며, 이 시작들이 우리가 예측할 수 없는 방식들로 확산하고 물질적으로 구현할 기회를 갖는다는 것을 안다. 그리고 우리는 그러한 목표를 갖고 있다는 사실을 규칙적으로 스스로 상기해야만 한다. 그래서 『생태적 문명이란 무엇인가?』*What Is Ecological Civilization?*의 저자들이 표현하듯이, "이 목표를 어떻게 부르든 간에, 그러한 문명은 주로 기계와 개인의 관점에서 생각하는 사람들이 아니라 유기체와 생태의 관점에서 먼저 생각하는 사람들에 의해서만 구축될 수 있다." 이는 인공지능의 발전과 더불어 증가하는 도전이 될 것이다.

그러나 어느 정도의 희망적인 시나리오가 있다고 해도 묵시적 종말을 피할 수는 없다. 반복하건대, 고대 그리스의 사유 속에서 종말은 폐쇄나 종결이 아니라, 드러냄를 의미한다. 아포칼립스를 종말로 잘못 읽어 온 역사가 백인 기독교 우파가 말하는 종말론들과 너무나 찰떡궁합을 이루어왔다. 그들의 사고를 따라가 보자면, 세계의 종말이 곧 다가온다면, 세상을 바꿀 이유가 무엇이 있는가? 하지만 고대의 책 『요한계시록』은 상당히 다르다. 그 책은 초현실적 환상들의 집합으로서, 로마 제국의 멸망을 암호로 경고하고 있는데, 당시의 로마 제국은 곧 문명의 형태 그 자체였다. 그런데 인류와 지구 행성의 다른 나머지 존재들에 대해 그 책이 상상하는 파괴는 악몽과도 같다. 그러나 그것이 전부는 아니다. 그 책의 말미에는 위대한 새로운 도시 문명이 일어나는데, 보다 정확히 말하자면 civis로서 새 예루살렘이다. 근본주의자들은 그것이 무로부터의 초자연적인 새로운 창조로서, 하늘로부터 내려온다고 생각한다. 하지만 성서학자들은 다르게 생각한다. 그 본문은 문자적 예언들을 제공하고 있는 것이 아니라, 꿈같은 환상들을 보여준다: 새로운 도시가 내려온다. 이는 새예루살렘이라는 꿈같은 추상적 가능성이 땅에서 물질화 혹은 물질적으로 구현된다materialization는 의미에서 내려온다coming down를 의미한다고 말할 수 있다.

그리고 핵심은 인간 종이 교훈을 얻을 것이라는 사실이다. 거기서 평화와 권력들 간의 협력을 일구어 낸 세계 문명이 상상되고 있다: 세계의 모든 통치자들이 항상 열려 있는 그 도시의 관문을 오가고, 도시의 가운데에는 생명의 물이 시냇물로 흐르며, 그 물가 양쪽에는 생명나무가 자란다. 기후 변화를 상상할 수 있기 2천 년 전, 이런 저런 영적 전통들은 자신들과 뿐만 아니라 그 외 다른 모든 피조물들과도 조화를 이루며 변혁된 인류를 상상했었다. 그러나 오직 근본주의자들만은 이 꿈을 일종의 보증으로 간주한다: 그래서 그들이 말하는 세계의 종말은 세속주의적 자본주의의 낙관주의와 손에 손을 잡고 나아간다. 정치 철학자 윌리엄 코널리William Connolly의 저서 『자본주의와 기독교, 미국적 스타일』*Capitalism and Christianity, US Style*은 세속적인 색채를 발하지만, 자본주의와 기독교의 역동성을 세속주의자의 눈으로 읽지는 않는다.[109] 그래서 우리 중 일부는 기독교와 자본주의의 이러한 조합에 반대하여 반근본주의적이고 생태사회적인 정의와 급진적인 에큐메니칼 기독교를 계속해서 결집해 내고자 할 것이다.

---

109) William E. Connolly, *Capitalism and Christianity, American Style* (Durham: Duke University Press, 2008).

어둠에 드리운 희망hope draped in dark

그런데 기묘하게도 묵시적 종말의 낡은 은유는 정직한 희망을 강화시켜줄 수 있다. 고대 유대교의 예언자적 전통에 뿌리를 둔 희망, 상상할 수 없는 상실들로 그림자가 드리워진 희망 말이다. 이러한 류의 정직한 희망만이 심지어 우리 세대의 고난 속에서도 우리에게 동기를 부여해 줄 수 있다. 반복하지만, 이는 신이 개입해서 우리를 구해줄 것이라는 류의 희망이 아니다. 그러나 하나의 생물 종으로서 우리는, 아직 충분한 시간이 있다면, 충분한 변혁을 견뎌낼 수 있다는 희망이다.

어떤 묵시적 종말들을 우리가 두려워하고, 겪게 되든지 간에, 본래적으로 apokalypsis는 문명의 문을 닫는 폐쇄나 종말이 아니라 드러냄disclose을 의미한다는 사실을 항상 기억하자. 각각의 새로운 생태재난으로부터, 큰 교훈들을 배울 수 있고, 그리고 우리는 배우고 있는 중이다. 심지어 코로나 팬데믹으로부터도 그렇다. 팬데믹 기간 동안 전 세계적으로 환경에 대한 인식이 높아졌다. 예를 들어, 미국에서는 Z세대의 82%가 지속 가능한 실천에 대한 강력한 의지를 표명했다. 참고로 Z세대는 미국 인구의 20%가 넘는다. 물론 이것은 아무것도 보장하지 않는다. 하지만 중요하다.it matters 한국은 어떨까? 이는 무-장소無-場所, u-topos의 의미에서 말하는 희망을 과장하려는 것이 아니다. 좋은 장소란 없다.good place is no place 또는 좋은 장소란 말 그대로 '무-장소'이다. 사실 그 어떤 장소도 현실적actual이지 않다. 같은 동전의 반대면으로, 무-장소는 현실적이다.[110] 하지만 여기서 잠시 멈춰 생각해 보자. 무-장소로서 희망은 실현되지 않을런지도 모르고, 또한 실제로 물질적으로 구현된 그 어떤 것도 아니다. 맞다. 하지만 미국 시민권

110) 역자의 덧붙임.

투쟁의 상황에서 위대한 아프리카계 미국인 활동가 제임스 볼드윈James Boldwin이 『언제?』*WHEN?*에서 하는 말은 어떨까?: "희망은 삶에서 매일 재발명reinvented되어야만 하는 어떤 것이다." 우리 각자에 의해서 말이다. 망상적 낙관주의와 마비적 비관주의에 지친 우리 모두에 의해 매일 재발명되어야 하는 어떤 것, 또는 그림자를 드리우고 항상 변화하는 희망으로 궁극적 관심을 물질적으로 구현하는 우리 모두에 의해 매일 재발명되어야 하는 것, 바로 그것이 희망이다. 그것은 생성적 희망the generative hope으로서, 지구 치유와 생태 문명을 물화物化하고 동기부여하는 가능성, 바로 그것이다.

한편 지구의 불평을 담은 두 행성의 대화를 그린 만화[111]는 우리에게 확신을 주지는 못한다. 만일 호모 사피엔스가 지구가 치유해야 할 질병disease이라면, 이 질병이 우리의 현 상태와의 불편 즉 dis/ease가 되지 않을까? 그래서 극심한 불편acute discomfort이 되지 않을까? 그 극심한 불편 속에서 지혜를 궁리할 수 있지 않을까? 그래서 우리라는 종we-the-species이 우리의 이름 즉 호모 사피엔스라는 이름을 진지하게 생각해 볼 수 있다면? 사피엔스는 sapiential 즉 지혜로부터 유래하지 않는가? 만일 그럴 수 있다면, 그건 정말로 엄청난 일이 될 것이다.

111) 역주: 본 글의 맨 앞에 실린 두 행성 간 대화 내용을 말한다.

2부
한국적 생태정치신학과의 만남과 대화

김은혜
김수연
송용섭
박일준

포스트 팬데믹 시대의 종말론과 물질에 대한 성찰

김은혜 장로회신학대학교

들어가는 말: 팬데믹 이후 다시 떠오른 종말론

팬데믹 동안 한국의 대형 서점가엔 코로나19를 종말의 징조로 보는 기독교의 책들이 다수 출판되었다. 세상의 끝에 대한 관심은 인류역사에서 항상 있어왔으며 특히 오늘날과 같은 위기의식이 고조될 때는 어김없이 등장한다. 책의 내용은 주로 팬데믹을 이 지구의 종말과 그것도 파괴적인 세계의 마지막의 징조로 해석하는 종말론apocalypse이 대세이다. 이렇게 종말을 시간의 마지막으로 보는 관점은 오염된 지구를 살리고, 온난화를 막고, 탄소를 줄이며, 그리고 피조세계의 신음을 극복하기 위해 함께 노력하는 일들이 다가올 대재앙 앞에서 부질없는 일로 만든다.

그러나 성서의 종말은 파괴되어가는 현재의 세상을 뒤로하고 달려가는 도피성이 아니라 고통 가운데 있는 세상과 가난한 이웃을 돌보고, 입히고, 먹이는 자들이 상속할 나라이다.마태복음 25:31-46 오히려 기독교의 종말은 싸매고 고쳐주는 치유의 의미와 다 함께 이루어가는 현재의 변혁의 힘에 초점을 두고 있다. 마치 카이로스의 시간이 현실의 역사를 벗어나는 바깥으로의 돌파가 아니라 구체적 역사 안으로의 돌파를 의미하는 것과 같다.[112] 그러므로 기후위기의 시대의 재난에 대한 기독교적 성찰을 통해 이 파국적 대재앙과 연결되는 종말론적 해석을 수정할 필요가 있다. 그래야 기독교가 이 지구가 겪고 있는 생태위기의 긴급함에 응답할 수 있다.

생태적 관점에서 인류는 실패했다. 동시에 팬데믹은 지구의 파괴와 기후 위기에 가장 큰 책임이 인간에게 있음을 깨닫게 하였다. 코로나의 엄청난 충격 앞에서 여전히 그리스도인들의 지구환경에 대한 관심은 미미한 수준이며, 교회 현장은 물론이고 신학 이론 역시 코로나로 인해서 촉발된 생태계 파괴에 대한 심각한 경고에 적극적으로 대응하지 못하고 있다. 이러한 긴급한 기후위기의 시대에 나타나고 있는 지구적 현상에 우리는 위기에 대한 협박이나 일상의 힘에 눌린 무관심 또는 인간중심적 사유로 인한 무감각을 통해서가 아니라 인간, 자연, 세계, 그리고 지구에 대한 재개념화rewording[113]와 그로 인해 새롭게 만들어갈 세계reworlding에 대한 희망으로 응답해 나아가야 한다.

이 글은 인류의 재난 속에서 새롭게 나타나는 종말에 대한 비판적 성찰을 통하여 기후위기에 실제적으로 응답하기 위한 신학적 반성과 대안을 모색한다. 이 글은 이를 위해 물질에 대한 신학적 성찰을 통하여 물질화materialization의 개념과 생동하는 물질의 의미를 연구하였다. 특별히 종말론적인 관점에서 세계와 자연에 대한 잘못된 이해를 수정하기 위해 신물질주의자들과의[114] 대화를 통하여 지구와 대지의 개념을 살펴보고 물질화 신학theology of mattering의 구성을 시도

112) Catherine Keller, *Political Theology of the Earth: Our Planetary Emergency and the Struggle for a New Public* (New York: Columbia University Press, 2018), 4.

113) 재개념화는 개념을 더욱 명확하게 하고 수용가능하게 하기위하여 다른 단어들을 사용하여 어떤 개념을 새롭게 의미화하는 행위를 의미한다.

114) 본 논문에서는 대표적인 신물질주의자인 바라드와 최근 행위자네트워크 이론의 대표적인 학자인 라투르를 중심으로 살펴보고자 한다.

한다. 이러한 논의는 신학적 실천을 위해 물질화의 윤리ethics of mattering로 귀결되면서 지구가 그저 인간이 살아가는 고정된 환경이나 공간이 아니라 인간과 함께 세계를 만들어가는 행위자임을 강조한다. 이러한 지구에 대한 재개념화는 종말이 만물과 함께 세계를 만들어가는 새로운 질서의 시작으로 연결되어서 공생의 길을 모색하도록 이끈다. 이러한 재개념화를 통한 새로운 신학적 담론은 지구 전체가 대면한 기후위기의 상황에서 각자 생존할 길이 없다는 생태적 사실을 진지하게 검토한다.

특별히 종말론적인 관점에서 세계에 대한 잘못된 이해를 극복하고 인간과 자연에 대한 새로운 관계를 정립하기 위하여 생태사물신학적 전환을 시도하였다. 또한 최근 인문학에서 주목하고 있는 라투르와 바라드와의 대화를 통하여 지구와 대지의 개념을 재 정립하여 기초적인 차원에서 물질화의 신학Theology of Mattering 새롭게 구성하였다. 결론적으로 지구가 그저 인간이 살아가는 고정된 환경이나 공간이 아니라 인간과 함께 하나님의 창조와 구원의 세계를 만들어가는 행위자임을 강조한다. 즉 종말이 현재성이 박탈된 세계의 파국으로 연결되지 않도록 만물과 함께 세계를 만들어가는 새로운 가능성의 희망이 되기 위해 이제 생태사물신학은 인간중심주의적 구원론을 어떻게 사물과 생태 및 비인간 존재들을 포괄하는 확장된 구원론으로 전환할 것인간에 응답해야 한다. 더 나아가 생명·유기체 중심의 생태신학에서 만물의 얽힘entanglement을 포괄하는 사물의 생태적 확장을 위해 물질의 윤리는 책임윤리로부터 '응답-능력'response-ability의 윤리로의 전환을 제시한다.

1. 탈세계적 구원론을 극복하기 위한 종말에 대한 새로운 이해

종말론의 가장 큰 오해 중 하나는 요한계시록 1장 1절에 나오는 묵시Apocalypsis라는 헬라어 단어에서 비롯된다.[115] 이 단어는 '베일을 벗기다', '감추어진 것을 나타내다'는 의미이다. 이 단어의 의미 때문에 요한의 계시록이 비밀스러운 장래의 일을 미리 알려 주는 책처럼 오해되어 왔다. 그러나 요한의 묵시는 직선적 시간표의 종결을 의미하는 것이 아니라 제국의 종말과 함께 시작되는 새로운 가능성을 상징하는 것이다. 즉 요한복음은 미래의 사건을 예견하는 것이 아니라 기후변화와 생태파괴의 깊은 영적인 뿌리를 드러내는 인류의 현재적 실재에 대한 예시로서 말하고 있는 것이다.[116] 즉 요한의 예언자적 종말은 이 현실 세계의 파국이 아니라 제국의 폐쇄적 시스템의 파멸과 오히려 보편적 갱신을 향한 희망을 의미하며 동시에 '새 하늘과 새 땅'을 위한 가능성을 말한다.이사야61: 1 이러한 요한계시록의 종말에 대한 의미에도 불구하고 기독교 공동체 안에서 종말이 왜 파국적 세계의 끝으로 이해되고 있는지 생각해보자.

첫째는 서구 신학 전통이 인간 구원을 세상과 자연과의 분리로 생각해 왔음을 반성해야 한다. 막연히 인간은 구원되고 자연은 불구덩이에서 파괴될 것이라는 잘못된 구원개념이 문제다. 이렇게 기독교의 전통적 신학은 자연스럽게 세계종말과 구원을 연결시킨다. 그러나 분명한 것은 결코 묵시적 재앙이 기후위기의 문제의 궁극적 해결이 될 수 없다는 것이다. 오히려 세상의 끝에 대한 기독교의 종말에 대한 이해는 생태파괴의 가운데서 세상의 새로운 질서를 찾아가는 방향을 제시할 수 있어야 한다. 불가능의 가능성을 꿈꾸며 카이로스의 미래가 현재

115) Catherine Keller, *Facing Apocalypse: Climate, Democracy and Other Last Chances* (Maryknoll, NY: Orbis Books, 2021), 15.
116) Ibid., 9.

에 도래하도록 현재의 변화를 가능하게 하는 것이 요한 계시록의 종말의 핵심이다. 이사야118:8-9

바울의 종말론에 주목하는 철학자 조르조 아감벤 역시 기독교의 관심은 시간의 끝이 아니라 끝을 향해 달리는 현재의 시간 즉 끝이라는 시간이 지니는 현재의 의미라고 말한다.[117] 즉, 그리스도인들이 창조세계의 파괴에 무관심하고 그 파괴를 종말론적으로 해석하는 이유는 이 세상에 대한 잘못된 이해를 하고 있기 때문이다. 예를 들면 한국교회에 오랫동안 영향을 주고 있는 세대주의적 종말론의 경우는 그리스도인들이 이 세상을 대재앙과 함께 사라지는 임시적인 곳, 구출되어 벗어나야 할 곳으로 인식하게 만들었다. 그러나 구원은 인간을 세계와 자연으로부터 분리하는 일을 의미하지 않는다. 오히려 하나님은 몸으로 육화하심으로 지구의 한 부분이 되셨고 지구 생명공동체의 한 구성원이 되었음을 성찰해야 한다. 이미 해러웨이는 비인간 자연에 대한 근본적 인식의 변화를 주장하며 모든 것이 파국적 종말로 결단날 것이라는 단순한 종말이해의 문제점을 지적하였다.[118] 즉 종말을 세계의 파국과 연동시키는 신학적 왜곡이 팬데믹 이후 지구 파괴에 대한 기독교의 무책임과 무한경쟁과 적자생존의 파괴적 힘을 현존하는 지배적 질서로 용인하게 만든다.

두번째 시간의 끝으로서 종말을 이해하는 구원론을 인간만을 위한 그리스도의 사역으로 제한시키는 것을 반성해야 한다. 이는 구원을 대체로 자연과 세계로부터 인간 영혼을 구하는 것으로 이해하면서, 그 의미를 철저히 인간만을 중심에 두고 생각했던 결과이다. 그러나 성서는 신구약을 통해 우주적 그리스도와 그리스도의 구원 사역은 인간만이 아니라 비이성적인 피조물, 물질적인 피조

117) Giorgio Agamben, *The Time that Remains: A Commentary on the Letter to the Romans*, *Trans. Patricia Dailey* (Palo Alto: Stanford University Press, 2005) 19.
118) Donna Haraway, *Modest_Witness@Second_Millemium* (New York: Routledge, 2018), 8.

물, 생물, 무생물, 유기체, 무기체 땅과 하늘과 강가 바다와 자연과 동식물 등을 포함하고 있다는 것을 보여주고 있다.[119] 바울은 골로새서 1장을 통하여 우주적 그리스도를 묘사하고 있는데, 모든 피조물은 그리스도에게서 나왔고 그리스도를 위하여 존재하며 그리스도를 향하고 있음을 말한다.요 1:3; 히 1:2

그리고 로마서 8장과 고린도전서 15장은 바울의 생태신학적 해석이 잘 드러나는데, 거기서 그리스도를 통한 생명역사 가운데 자연이 언제나 인간과 더불어 새로운 회복과 창조의 대상으로 언급된다. 골로새서 1장 16절은 '만물' 이란 단어가 두 번 사용되었는데 이 단어는 우리가 흔히 '우주' universe라고 말하고 있는 '타 판타' τd πáv'tu를 번역한 것이다. 즉 그리스도의 구원 사역은 인간만이 아니라 즉 비인간적 모든 '만물'을 포함하고 있다. 뿐만 아니라 로마서 8장 22절 말씀대로 피조물이 다 이제까지 함께 탄식하며 고통 당하고 있으며 모든 피조물들이 하나님의 아들을 간절히 기다린다는 것을 분명히 전하고 있다. 그러므로 그리스도인들은 이 세계를 죄 많은 세상과 타락한 세속의 나라로 상징하여 종말론적 파괴의 장소로 연결시키는 것을 중지하고 오히려 인간의 탐욕과 죄로 파괴된 하나님의 창조세계의 회복과 치유를 위해 노력해야 한다.

세계에 대한 새로운 인식을 가지지 않는 한, 우리가 탈세계적 종말론과 인간 중심의 구원론으로부터 자유롭기가 쉽지 않다. 종말론과 연동된 기독교적 도식의 구원은 몸으로부터 끄집어 내어진 영혼들이 다시 시간 없는 영원으로 돌아가는 것으로 이해되며, 바로 그 시간에 대한 이해가 계속적인 우주적 산고의 시간 속에서 해체되어진다. 그러나 우주적 산고의 과정은 마치 무한자가 스스로 응축해 들어가서 창조의 유한성을 위한 공간을 만들어내는 것으로서, 이 우주적 공

119) 예를 들어, 골로새서 1:15-19은 모든 피조물은 그리스도에게서 나왔고 그리스도를 위하여 존재하며 그리스도를 향하고 있음을 말한다.

간을 통하여 유한성이 무한성으로 가득 찬 전체 세계로 현존함을 강조한다. 따라서 사도 바울은 지구에 매인 우리의 몸들로부터 from가 아니라 그 몸의 of 구원을 강조한다.[120] 이러한 세계에 대한 재개념화의 순환을 통하여 켈러는 종말론의 해석과 카이로스가 불어넣는 희망을 연결시킨다. 이 종말론적 희망은 초자연적 구원, 세속적 진보, 혹은 역사적 낙관주의와 같은 상투적인 희망과 반대로 작용할 것임을 시사한다. 그래서 그녀는 더 좋은 실패를 제안한다.

2. 지구행성신학과 재세계화 Worlding[121]

팬데믹 이후 생태신학의 전환을 위해 지구와 세계에 대한 새로운 이해가 요구된다. 지구 신학theology of Planetary은 세계를 형성되어가는 물질화의 과정으로 이해한다. 켈러는 지구신학의 물질화의 과정을 설명하면서 모두가 모두로 응축하는 생태적 신성화eco-divine 속에 물질의 '상호적 육화'intercarnation를 체현하는 과정으로 이해한다. 그녀는 진정한 종말 eschaton은 시간의 끝이 아니라 경계의 "끝"으로 정의한다.[122] 종말은 장소의 대체가 아닌 갱신이 되기 위해 교회-도시-자연을 연결하는 세계의 되어감becoming world이라는 것이다.[123] 지구는 그저 인간이 살아가는 환경이 아니라 신학의 주체적인 주제로서 물질화하는 생명, 즉 우리와 함께 하는 생동하는 물질이다.[124] 종말론적인 해석이 새 하늘과 새 땅에 대한 가능성을 제외하지 않도록 지구신학은 '무한의 응축'으로서 세계의 얽힘의

120) Keller, *Political Theology of the Earth*, 26.
121) 재세계화는 세계를 새롭게 구성해가는 과정을 의미하고, 동시에 신물질주의적 존재인식론적(onto-epistemic ethics) 윤리의 토대 위에 세계를 고정된 공간이 아니라 끊임없이 움직이고 있는 장소로 다르게 바라보려는 시도이다.
122) Keller, *Facing Apocalypse*, 22.
123) Ibid., 145.
124) Keller, *Political Theology of the Earth*, 73; 100.

전 과정에 머무르시는 신적인 현존하는 드러내는 과제를 수행하는 것이다.

우리는 지난 팬데믹 기간에 락다운 조치를 통해서 인간은 결코 지구를 떠나서 생존할 수 없다는 것을 깨달았다. 세계 최고 부자인 제프 베이조스조차 우주에 단 11분간 머문 뒤 돌아왔다.[125] 인류는 지구를 떠나 도망갈 곳은 없다. 그러나 같은 장소를 다르게 살 수는 있다. 라투르는 펜데믹, 기후위기, 그로 인해 극대화된 불평등에까지 이 모든 위기의 근본 원인은 대지terrestrial에 대한 잘못된 이해라고 말한다. 그는 대지는 환경이나 배경이 아니라, 새로운 정치적 행위자라고 말한다.[126] 이 대지의 개념은 라투르가 고안한 신기후체제the new climatic regime를 극복하고 기후변화 문제를 해결할 정치적 기획의 핵심이다. 그래서 라투르는 "우리는 땅에 속해 있고, 대지의 것들 중의 대지의 것들이다"라고 강조하며 "자연에서 대지로 관심을 바꾸면 기후 위협 이후 정치적 입장을 얼어붙게 하고 사회 투쟁과 생태 투쟁 사이의 연대를 위태롭게 했던 단절에 종지부를 찍는 것이 가능해진다"고 말한다.[127]

우리는 하나의 행성으로서의 지구를 가리킬 때는 대문자 지구 'Terre/Earth'를, '세계' 에 대해서는 'monde/world'를 쓴다. 고유명사로서의 지구는 다른 행성과는 달리 "생명Vie/Life", 즉 생명체와 생명체로 인해 시간에 따라 변형된 대기와 바다 등등을 포함하는, 정확하게는 "생명의 아주 특별한 배치"를 가리킨다.[128] 이때 지구-생명은 가이아와 동의어가 되고, 지상체는 "가이아 혹은 지구 위에"

---

125) Jakie Wattles, "Jeff Bezos is flying to space. Here's everything you need to know," CNN. Updated July 19, 2021, Acessed July 19, 2021. https://edition.cnn.com/2021/07/17/tech/jeff-bezos-space-flight-walkup-scn/ index.html

126) Bruno Latour, *Down to Earth Politics in the New Climatic Regim*e (Medford, MA: Polity Press, 2018), 16.

127) Bruno Latour, "Agency at the Time of the Anthropocene" *New Literary History*, 45-1 (Winter 2014), 3.

128) Ibid., 5.

있다기보다는 "가이아 혹은 지구와 같이" 있는 존재들이 된다. 이러한 지구와 인간 관계에 대한 새로운 이해는 기독교적 종말이 세계의 파국으로 연결되지 않고 현재 속에 끝의 의미 대한 사유를 수행하여 새로운 세계 형성worlding에 어떻게 기여할 것인가를 고민하게 만든다. 따라서 우주 만물이 독립된 실체로 존재하는 게 아니라, 공생진화론이나 가이아 이론과 같이, 서로 상호작용을 통해 생성·변화·소멸함을 인식하는 새로운 생태사물신학eco-theology and thing's ecology이 요구되는 시대이다.

이와 같은 확장된 생태신학은 개체군, 종, 생태계, 생태 공간의 내재적 가치를 인정하고 인간과 다른 존재의 미래적 공존과 비인간존재들의 정치적 이익을 인정한다. 이 관점은 개체의 독립과 자율이라는 근대적 개념 속에 자유주의적 가치의 한계가 있음을 지적하고 살아 있는 것과 살아 있지 않은 것, 인간과 자연의 절대적 구분을 허용하지 않는다. 지구는 인간과 분리될 수 있는 환경이나 인간이 살아가는 독립된 공간의 개념이 아니다. 즉 세계는 고정되어 있는 것이 아니라 지속적으로 함께 만들어가는the world in its intra-active becoming 세계로 본다. 따라서 자연과 사회의 철저한 분리를 통해 건설해온 근대에 대한 라투르의 급진적 비판처럼 지구신학은 응축된 공생적인 무한을 끝없는 인간의 확장으로 대체하여 온 인간 예외주의에 저항한다.[129] 이러한 세계에 대한 형성적 재개념화wording는 정치적으로 다른 세상의 가능성을 구체화하는 재세계화로reworlding[130] 연결시키는 윤리적 실천을 강조한다.

---

129) Catherine Keller, *On the Mystery: Discerning Divinity in Process* (Minneapolis: Fortress, 2008), 75.

130) 여기서 worlding과 reworlding 개념은 Karen Barad and Donna Haraway 등의 신물질주의의 영향을 받은 학자군에서 종종 사용되는 개념으로 고정된 공간으로서의 지구 개념을 해체하고, 신물질주의자의 관점으로 조명하는 존재-인식론적 윤리(onto-epistemic ethics)에 바탕하여 물질세계와 의미는 상호영향을 주는 관계(material-discursive)임을 밝히는 개념들이다.

3. 만물과 함께 만들어가는 재세계화와 사물생태학

세계의 많은 지성인들은 바이러스로 인한 팬데믹이 단순히 보건의 문제가 아니라 기후위기의 문제임을 절감했다. 팬데믹 현상과 그로 인해 드러난 기후위기는 생명체·유기체만의 문제가 아니라 지구·기후체계·사물·존재 등 전체가 얽혀 있는 것으로 보아야 한다는 것을 깨닫게 하였다. 비록 기후체계가 유기체처럼 작동하는 모습을 보인다 해도, 이 시스템은 유기체가 아니며, 이 기후체계와 인간 삶과의 얽힘은 다른 무엇보다도 더 문명에 큰 영향력을 미치고 있다. 유기체와 비유기체 사이의 경계선에 놓인 바이러스가 지구문명을 수년간 위기로 몰아세웠던 모습은 인간문명이 비단 유기체적 존재들과 함께 공생할 뿐만 아니라, 비유기적 존재들과 공생하며 존재와 삶을 '함께-만들어-나가는'sympoietic 존재임을 명확히 한다.

근대 생태신학은 환경 파괴와 생태계 위기의 원인을 인간중심주의에서 찾았다. 따라서 인간중심주의를 벗어나 유기체생명체 중심으로 생태신학을 전개해 왔다. 그래서 인공과 사물존재들에 대한 관심은 상대적으로 빈약했거나 전무했다. 생태신학적 담론들 안에서 '물'matter/things은 여전히 수동적이고 죽어 있는 것이라고 생각했다. 그러나 물질윤리는ethics of mattering 행위성 개념에 사물의 행위성을 포함시킨다. 지구 위에서 생명체는 더 많은 비생명체와 사물들과 얽혀서 존재한다. 이러한 실재에 대한 과학적 지식은 생태신학이 기존 '생명 지평'에서 사물과 환경을 포함한 '존재 지평'으로 패러다임 전환을 이루도록 통찰을 준다. 즉 인간중심주의를 극복하는 생태신학에서, 생명체 중심주의를 극복하는 사물신학으로 전환해야 한다는 것이다. 이러한 사물신학theology of mattering은 인간, 생명체, 비생명체things사물 질서를 따르는 서열적 사고의 해체를 내포하고 있다. 서열적 사고는 서열 위의 존재가 서열 아래의 존재를 도구화하게 만들어 결국에는 공멸할 수밖에 없는 결과를 초래한다

지구 행성 위에서 함께 삶과 생명을 만들어 나가는 존재로서 모든 것들all things은 함께 참여하고 있으며, 인간도 그 참여자 중 일부일 뿐이다. 하나님은 인간과 생명체만 창조하신 것이 아니라 그보다 더 많은 물질과 사물과 환경을 창조하셨다. Theology of mattering은 이렇게 유기체 중심주의를 넘어서 '사물의 신학theology of things'으로까지 나아가야 한다는 발상의 전환을 통해 기후위기 문제의 해결의 실마리를 찾고자 한다.

이러한 흐름은 최근에 신물질주의와ANTActor-Network-Theory이론의 영향과도 연결되어 있다. 과학기술학의 개척자 중 한 명인 브로노 라투르Bruno Latour[131]는 '행위자-연결망 이론'Actor-Network Theory을 통하여 과학·기술을 연결망 구축의 산물로 보는데 과학자와 기술자 등 인간만 아니라 실험기기, 텍스트, 건물, 생물 등 다양한 비인간 역시 행위자로서 연결망에 참여한다고 말한다. 예컨대 과학자와 실험기기가 네트워크를 이루어 과학적 지식이 생산되고 정치·사회적 영향력을 형성한다는 것이다.[132] 또한 그는 ANT이론으로 미생물, 식물, 지구 등 비인간의 행위성agency을 인간의 그것과 동등하게 취급해 왔다. 즉 인간과 비인간을 행위자로서 구분하지 않는 것이 이 이론의 핵심이다.[133] 이러한 가이아 모델은 인간과 비인간, 생명과 지구 사이의 이분법적 구도를 넘어 양자의 공생과 얽힘을

---

131) 라투르는 21세기 가장 영향력 있는 학자로 꼽힌다. 과학과 인문학의 학제적 연구인 과학기술학(STS)의 대가인 그는 자연과 인간을 구분하는 서구식 근대 관점을 재검토해왔다. 라투르의 행위자-연결망 이론(Actor-Network Theory · ANT)은 기존의 생태주의와도 다른 결을 보인다. 그는 멸종위기의 동식물을 보호하거나 동물권을 강조하는 걸 넘어 석탄, 세균, 이산화탄소도 행위자로 보고 인간과의 상호작용을 관찰한다.

132) 과학기술의 발생을 설명하는 데서 시작한 행위자-연결망 이론은 1990년대 일반 사회이론으로 확장되고 인류학, 문화연구, 지리학, 환경학, 정치학, 경제학 등으로 확대 적용된다.

133) Bruno Latour, *Reassembling the Social: An Introduction to Actor-Network Theory* (New York: Oxford University Press, 2005), 72.

강조함으로써 인간과 자연 사이의 이분법적 구별에 의존하지 않으면서도 동시에 인간의 책임을 간과하지 않는 방식을 모색하는 계기를 제공하였다.

라투르는 이미 1991년 출간된 『우리는 결코 근대인이었던 적이 없다』*We have never been in Modern* 134에서 인간과 비인간 사이에 어떤 질적 간극도 존재하지 않음을 밝혀 냄으로써 철저한 분리 속에서 건설된 근대주의 한계를 지적하고, 기후변화로 대표되는 근대성의 위기를 벗어나기 위해 새로운 정치철학으로서 정치생태학political ecology의 필요성을 제시한다. 필자는 라투르의 생태정치와 지구행성에 대한 이러한 새로운 개념화로부터 사물에 대한 생태적 관계를 해석하는 방식에 많은 도전을 받았다. 최근의 생태적 위기는 우리의 세계를 무한의 유니버스에서 폐쇄된 세계로 혹은 지구 표면을 덮고 있는 비유기체적 존재들과 모든 살아있는 것을 의미하는 즉 그가 언급하는 대지를 제한하고 심지어 가두는 것으로 회귀하는 세계를 만들었다. 그러므로 지구는 그저 죽어 있는 것이 아니라 반복적으로 진행 다른 물질화 안으로 끊임없이 접혀져 가는 되어가는 과정 속에 있는 물질이다. 135

등산하는 사람을 떠올려보자. 폐를 채우는 산소는 무수히 많은 숨은 존재들이 무상으로 제공하고 있다. 태양으로부터 등산객을 보호하는 오존층 역시 수십억 년에 걸친 박테리아 행위자에 의해 만들어졌다. 그가 벽지의 산을 홀로 오르고 있다 해도, 그는 혼자가 아니다. 라투르는 행위자가 영향을 미칠 수 없는 바깥을 우주Univers 그리고 안쪽을 지구Terre라고 부른다. 안쪽에 거주하는 걸 받아들이는 자들은 이 지구와 함께 자신의 존재를 구성해가는 '지구생활자'다. 식물이 배설하면 인간을 포함한 동물이 그것을 호흡해 종속되고, 동물은 배설해 또

134) 본서는 2009년 홍철기의 번역으로 도서출판 갈무리에서 출판되었다.
135) Karen Barad, *Meeting the Universe Halfway* (Durham, NC: Duke University Press, 2007), 180-81.

다른 것들을 종식시키는 '얽히고 설키어' 가는 '물질화의 과정'materialization을 이해한다면, 이는 근대화의 검이 끊어버린 고르디우스의 매듭Gordian Knot을 다시 묶는 일이 될 것이다. 136 이러한 주장은 바이러스를 포함한 지구의 여러 행위자들을 인간의 의지대로 쉽게 조종할 수는 없음을 의미한다.

결론: 책임적 인간과 물질화의 윤리137

라투르는 지난해 팬데믹이 시작할 즈음, 코로나19에 따른 고통과 혼돈은 더 큰 기후위기를 준비하기 위한 예행연습드레스 리허설에 불과하다고 지적했다. 팬데믹의 위기와 파괴적 기후변화 속에서도 기독교의 종말은 파국적 결말이 아닌 실패에 대한 직면과 고통에 대한 공감으로 모든 것 들과의 공존의 가능성으로 우리를 이끄는 힘이어야 한다. 즉 우리는 서로에게 모든 것을 빚져 있기 때문에 세상에 우리에게 문제가 아닌 것은 아무 것도 없다.138

이러한 의미에서 성육신은 예외적인 성자를 의미하는 것이 아니라 '신과 함께 만들기' theopoiesis, '만물 중에 만물 되기' becoming all in all 139이다. 즉 희망은 역

136) 그리스의 전설에 나오는 고르디우스의 매듭은 끝을 찾을 수 없을 정도로 얽히고 설킨 매듭이다. 이렇게 얽혀 있는 매듭을 전설속의 알렉산더는 과감하게 잘라내고 마치 매듭을 해결한 듯이 자부했다. 라투르는 "우리는 결코 근대인이었던 적이 없었다"에서 이렇게 매듭을 끊고 해결한 듯이 착각한 이들이 바로 근대인이었다고 말한다. 라투르는 이 예를 들어서 자연과 문화를 나누는 근대의 인간중심주의적 기획을 비판한다.

137) 물질화의 윤리에 대한 논문은 다음을 참조하라 Un Hey Kim : New Ecumenism in a Discriminatively Divided World Post-Pandemic Living as Ethical Communion with the Biological and Material Community(The Ecumenical Review Volume 74 • Number 1 • January 2022

138) Keller, *Political Theology of the Earth*, 28.

139) Keller, *Facing Apocalypse*, 72. 켈러에 따르면, 하나님 안에 이 거주성이 '범재신론'(panentheism)으로 불리울 수도 있다: 하나님 안에 모든 것(all in God). 그 내재의 역동성 속에서 메시아 그리스도(the Messiah/Christos)는 "모든 것 안에 모든 것"(all in all)이 된다.

사적으로 투쟁의 물질적인 구현인 동시에 창조적 체현의 조건으로서, 희망은 마지막의 예측이 아니라 불안정한 현재적 생성의 진동하는 가장 자리라는 의미의 종말eschatos 속에서 살아가는 것이다. 새로운 질서는 중심에서 시작하는 것이 아니라 혼돈의 가장 자리에서 생성되기 때문이다. 그러므로 비인간 존재들 특별히 사물존재들이 인간의 존재와 삶에 분리될수 없이 복잡하게 얽혀 있다는 사실에 대한 통찰을 통해 인간의 배타적 주체성 위에 건설된 환경파괴를 반성하고 공존과 공생의 모델을 형성하기 위해 우리는 인간과 비인간의 관계를 물질화의 과정으로 재고해야 한다. 인간중심의 문명의 파괴성/야만성과 이러한 예외주의적 인간중심의 문화환경의 과정에서 신음하는 비인간 생물들과 파괴되어가는 기후체계 그리고 인간이 생존 불가능한 지구로 변화되어가는 것에 대한 철저한 반성은 그동안 걸어온 방식에 대한 실패를 선언하는 것이다. 결과적으로 이제 생태사물신학은 인간중심주의와 인간예외주의에 뿌리를 내리고 오랜 기독교의 탈세계적 역사를 교리화해 온 전통적 구원론을 어떻게 유기체적 피조세계만이 아니라 사물과 및 만물을 포함하는 비인간 존재들을 포괄하는 구원론으로 전환할 것인가의 문제로 확장된다. 이제 생명·유기체 중심의 생태신학에서 이제 만물의 얽힘entanglement의 물질화의 과정을 신학적 생태사유로 확장해 간다면 인간적 책임윤리로부터 만물의 상호 '응답-능력'response-ability을 정치적으로 증진시키는 물질화의 윤리로ethics of mattering의 전환을 가능하게 할 것이다.

참고문헌

Agamben, Giorgio. *The Time that Remains: A Commentary on the Letter to the Romans*. Stanford, CA: Stanford University Press, 2005.

Barad, Karen. *Meeting the Universe Halfway: Quantum Physics and the Entanglement of Matter and Meaning*. Durham, NC: Duke University Press, 2007.

Haraway, Donna J. *Modest_Witness@Second_Millemium. FemaleMan©_Meets_OncoMouseTM: Feminism and Technoscience*. New York: Routledge, 2018.

Keller, Catherine. *Political Theology of the Earth: Our Planetary Emergency and the Struggle for a New Public*. New York: Columbia University Press, 2018.

______________. *Facing Apocalypse: Climate, Democracy, and Other Last Chances*. Maryknoll, NY: Orbis, 2021.

______________. *On the Mystery: Discerning Divinity in Process*. Minneapolis, MN: Fortress Press, 2007.

Kim, Un-Hey. "New Ecumenism in a Discriminatively Divided World Post-Pandemic Living as Ethical Communion with the Biological and Material Community." *The Ecumenical Review* 74-1 January 2022, 121-35.

Latour, Bruno. *Down to Earth Politics in the New Climatic Regime*. Medford, MA: Polity Press, 2018.

______________. *Reassembling the Social: An Introduction to Actor-Network Theory*. New York: Oxford University Press, 2005.

______________. "Agency at the Time of the Anthropocene." *New Literary History* 45-1 Winter 2014, 1-18.

Wattles, Jakie. "Jeff Bezos is flying to space. Here's everything you need to know." CNN. Updated July 19, 2021, Acessed July 19, 2021. https://edition.cnn.com/2021/07/17/tech/jeff-bezos-space-flight-walkup-scn/index.html

캐서린 켈러와 유영모

아포파시스, 하나님의 신비, 그리고 지구행성의 생태신학[140]

김수연이화여대

1. 하나님의 신비에 대한 아포파시스의 신학

21세기 현재, 우주적 차원의 관계성과 얽힘, 지구 행성의 생물학적 시스템의 복잡성, 지구의 지속 가능성에 대한 예측 불가능성, 그리고 이러한 가운데서의 신적 행위성은, 유영모의 한국 신학과 중세 부정신학의 사유 방식을 요청한다. 유영모의 신학은 동양종교 전통을 바탕으로, 기독교의 하나님, 신적 존재를 표현하며 무엇보다도 '다 알 수는 없음not-knowing-it-all'의 사실을 강조한다. '있음'보다는 있음을 드러나게 하는 '없음'에 주목하며, 유영모의 신학은, '카타파시스cataphasis'의 확실한 긍정의 서술 방식보다는 부정의 방식으로 신의 존재를 표현한다. 없는 것, 즉 있는 것의 바탕이 되는 '없음'에 관심을 두는 유영모의 신학은 이러한 맥락에서 '아포파시스apophasis'의 부정신학의 방식을 공유한다.

20세기 기독교 사상가 유영모는 없음, 빔, 방대함, 깊음의 하나님의 신비를

140) 이 글은 신학사상 203집 2023년 12월호에 실린 논문 "아포파시스, 부정신학, 그리고 지구행성의 생태신학"을 편집 수정한 것이다.

강조하며, 이러한 신적 신비를 동양의 종교적 지혜와 우리 말 한글을 통해 표현한다. 비슷한 관점에서 중세의 아포파시스의 신학은 하나님의 존재에 대한 확신을 다 알 수는 없다는 부정의 방식을 통해 표현하며, 신적 존재의 신비를 열어 간다. 하나님의 '빛나는 어둠'의 신적 신비를 강조하는 중세의 부정신학과 유영모의 종교적-미학적religio-esthetic 관점에서 표현하는 하나님의 신비, 있음과 없음의 역동성과 생동성에 대한 신학적 통찰은 현재의 생태, 경제, 정치적 위기의 상황에서 하나님의 존재를 인식하고 이해하는 데에 있어 유용하고 적절하다.

'없이-계신 하나님'을 강조하는 유영모의 신학은 현재 21세기 문명에 비판적 관점을 제시하며, 현재의 생태위기를 비롯한 글로벌 차원의 위기 상황에서 하나님 이해에 교정의 틀이 된다. 특히 '없이-계신 하나님'을 구체화하는 유영모의 빈탕 개념은 이름할 수 없는 하나님의 존재를 현상학적으로 드러내며, 하나님의 신비를 역동적, 관계적으로 묘사한다. 인간의 경험에 대한 접근 방식으로 현상학은 가능한 한 개념적 전제를 벗어던지고 그 현상을 충실히 기술하는 것으로, 유영모의 신학은 이러한 입장에서 하나님의 신적 신비를 드러내며 구체화한다. 하나님의 깊음, 신적 깊이를 반영하여, 비어 있음, 없음, 그리고 있음과 없음의 역동적 관계성을 기술하며 하나님의 다함이 없는 신비를 표현하고 있다.

서양은 있는 것존재에 대한 놀라움에서 철학을 시작하고, 동양은 없는 것에 대한 경외심에서 철학을 한다고 말한다.[141] 동양사상은, 있는 것을 있게끔 하는 텅 빈 것虛, 빈탕한데空, 즉 설명할 수 없는 신비한 것을 중시한다. 동양사상의 도교는 이러한 것들을 말로 표현할 때, '이미 그것은 그것이 본래 그것인 바의 그것은 아니다'라고 한다. 다시 말해, '있음'이란 오로지 생성을 위한 가능태라는 것

141) 이기상, 『이 땅에서 우리 말로 철학하기』 (살림: 파주, 2003), 25.

이다.[142] 하나님의 존재에 대해서 있음과 없음, 역동적 얽힘의 신적 신비를 있는 그대로 드러내며, 사고 체계를 개방하는 것은 이제껏 동일성 혹은 획일성의 세계에 의해 닫혀있던 세계관을 열게 한다.

캐서린 켈러의 과정 신학에서 하나님의 신비는 역동적이고 관계적인 신비로서 '빛나는 어둠the luminous darkness'의 표현을 통해 강조된다. 어둠과 빛 둘 모두를 포함하며, 또한 이 둘을 초월하는, 즉 불투명하면서 또한 내비치는 것이 하나님의 신비라고 설명한다.[143] 특히, 4세기 닛사의 그레고리우스에서 위-디오니시우스, 쿠사의 니콜라스의 부정신학에 이르기까지 '빛나는 어둠'이라는 반의어 옥시모론은 하나님의 신비를 표현하는 중요한 용어다. 이러한 전통을 강조하는 켈러의 신학에 대해 리처드 커니Richard Kearney는 부정신학과 긍정의 신학 두 신학의 축을 활용하여 하나님의 깊음, 어둠의 신비를 역동적으로 구체화한다고 평가한다.[144] 부정신학과 유영모의 신학에서 하나님의 다 알 수 없음의 신비는, 말하자면 가득 차 있는 '넘치는 비어 있음'이라 할 수 있다.

하나님의 신비를 주목하는 유영모의 신학과 켈러의 신학은 고정되어 닫혀있는 폐쇄적 신학 담론의 틀을 비판적으로 교정한다. 현재 지구의 지속 가능성의 불확실성과 기후변화의 불확정성의 상황에서 신학 담론은, 15세기 쿠사의 니콜라스가 강조하는 '박학의 무지de docta ignorantia'가 의미하는 것처럼, 하나님의 신비에 대해 겸허한 자세로 개방성을 유지하게 한다.[145] 지구행성적 얽힘의 사회

142) 이정배, 『빈탕한데 맞혀놀이』 (동연: 서울, 2011), 229.
143) Catherine Keller, *On the Mystery: Discerning Divinity in Process* (Minneapolis: Fortress Press, 2008), 55-56.
144) Richard Kearney, "Beyond the Impossible: Dialogue with Catherine Keller," *Reimagining the Sacred*, eds., Richard Kearney and Jens Zimmermann (New York: Columbia University Press, 2016), 47, 53.
145) Catherine Keller, *Cloud of the Impossible: Negative Theology and Planetary Entanglement* (New York: Columbia University Press, 2015), 275.

적 생태학 안에서 인종, 계급, 성의 교차를 숙고하며, 포괄적으로 폭넓게 21세기 현재의 문명을 검토하고 신적 행위성을 고찰할 필요가 있다. 부정신학의 방식을 통해 고착되고 정체된 개념화를 거부하고 또한 긍정 신학적으로 빛나는 어둠의 신비를 끊임없이 지시하며, 생명을 발하는 하나님의 신비를 드러내는 것이 필요하다. 하나님의 다함이 없는 깊음의 신적 신비는 하나님의 이름, 즉 어떠한 하나님 개념도 넘어서며 넘쳐난다.

2. 하나님의 이름, 다시 '가이아Gaia'

방대한 우주적 신비, 하나님의 존재를 일컫는 이름으로 생태여성신학자 로즈마리 류터는 '가이아Gaia'를 제안하다. 30년 전에 생물학자 린 마굴리스Lynn Margulis와 화학자 제임스 러브락James Ephraim Lovelock이 가이아 가설을 제시한 후에, 가이아는 지구의 호메오스테시스homeostasis 항상성을 의미하며 적극적으로 사용되었고, 류터의 생태신학에서 가이아는 관계적이고 역동적인 하나님의 신비를 묘사하는 유용한 표현으로 활용된다. 항상성의 경향을 지닌 지구의 생물학적 시스템을 일컫는 말로 가이아라는 용어는, 류터가 강조하는 것처럼, 성서의 하나님을 묘사하는 이름으로 적절하며, 우주 내에 내재하는 하나님을 구체적으로 지시한다.

가이아라는 이름은 그리스 신화의 대지, 땅, 지구를 상징하는 여신의 이름으로, 인간을 포함한 생물, 미생물 등이 거주하며 상호의존적인 행위성을 펼치는 복잡한 생명 시스템을 구체적으로 표현한다. 유영모의 신학이 우주의 세포 한알 한알이 살아있는 유기체라고 설명하며, 생명체로서의 우주를 강조하는 것처럼, 가이아는 지구의 온 생명을 강조하는 유용한 표현이다. 신학자로서 유영모는 수

많은 생물이 얽힌 이 우주 위에 하나의 신격, 영원한 정신이 있다고 말한다. 유영모는 기독교인 중에 유일신만을 생각하는 나머지 우주 만물을 하나의 죽은 물질로 취급하는 사람이 많은데 우주를 단순히 죽은 물질이라 취급할 수는 없다고 하며, 절대 신격을 강조한다. 몸의 세포 하나하나가 산 것처럼 우주 만물은 하나하나가 산 것이라고 하며 우주적 차원의 신적 존재를 주장한다.

살아있는 행성, 지구 별과 같은 대단한 창조물을 일컫는 '가이아' 이름은 인격적인 하나님을 의미하는 또 하나의 가치 있는 이름이다.[146] 가이아는 30년 전에 제안된 이름이지만 21세기 여전히 의미 있는 은유로서, 세계 안에 내재하는 하나님을 역동적으로 표현한다. 위-디오니시우스의 설명처럼 '하나님' 이름은 수많은 이름을 지닌 무한성에 대한 하나의 표현이며, 가이아의 이름은 하나님의 신비에 대해 열린 생각을 가능하게 한다.

물론 하나의 은유, 메타포로서 가이아 이름은 하나님의 다함이 없는 신비를 온전히 표현할 수는 없다. 그러나 지구 생명의 모든 존재를 포함하는 '가이아'를 하나님의 이름으로 제안하는 것은, 켈러가 지적하는 것처럼, 지구를 구성하는 일부의 존재를 일컫는 이름 아버지나 왕보다 못하지는 않다.[147] 가이아 이름은 신적 존재, '무한한 얽힘Infinite Entanglement' 그리고 그 존재에 모두가 참여하는 유기체적인 얽히고설킨 관계성의 이미지를 강조하는 것으로, 우주 생명 시스템, 하나님의 신비를 표현하는 유용한 닉네임이다.

현재 지구 행성의 생명권은 닳아 없어지고 있고, 마치 농구공에 칠해진 페인트 두께 정도에 해당하는 얇은 층, 생명 공간은 소실되고 있다. 현재의 지질학적 시대를 일컫는 인류세라는 말은, 이제 기후 안정성이 종료되며 기후변화가 일상

146) 앞의 책, 281.
147) 앞의 책, 281.

이 되는 상황을 설명하고, 인간의 지배적인 영향 그리고 책임을 강조한다. 물론 모든 인간의 책임이라고 보편화하는 것은 정말 책임을 져야 할 소수 인간이 가려지는 역효과가 있지만, 그럼에도 불구하고 인류세는 인간으로 인해 야기된 위기를 일컫는 여전히 의미 있는 표현이다. 현재 인류는 많은 양의 핵폭탄을 보유하고 있고, 한국의 핵발전소 75%가 위치한 경주 지역은 이제 세계 최대 원전 밀집 지역으로 최근 지진이 잦아졌다고 한다. 인간의 힘으로 물을 막아 댐을 설치하며 북반구에 집중된 댐 건설로 인해 지구의 지축이 기울고 있다고도 한다. 자연의 흐름을 인간의 마음대로 바꾸고 파괴하며, 이로 인해 지구 생명은 위험에 처하게 된다.

이러한 상황에서 가이아라는 대지 여신의 이름은 푸른 별의 지구 생명체와 세계에 내재하는 하나님을 표상하며, 21세기 생명 파괴적인 상황에서 적절한 은유가 된다. 켈러는 현재 지구 행성의 지속 가능성이 불확실한 상황에서 함께-신음하고co-groans, 함께-산통을 겪는co-labors 하나님의 존재를 가이아의 이미지로 요한의 묵시를 통해 다시 강조한다.[148] 심층심리학 혹은 정신분석학에 의하면, 모성/물질성maternity/materiality에 대한 끌림과 동시에 혐오가, 자연, 땅, 물을 통제하며 지배하고 억압하며 배제하게 한다. 켈러가 지적하는 것처럼, 신비, 깊음, 심연, 바다에 대한 두려움이 자연 파괴, 생태계 붕괴로 이어지는 것이다. 물의 끝에는 바다, 심연이 있고, 그리고 생명이 있는 것은 모두 물과 관련이 있으며, 물에서 생명이 시작되지만, 인간에 의해 물은 통제되고 억압된다.

자연, 땅, 물의 남용과 오용, 그리고 파괴에는 젠더화된 이분법적 사고가 바탕에 있다. 동양이나 서양이나, 모두 물, 바다海, mer라는 표현에는 생명을 잉태한

148) 캐서린 켈러, 『묵시적 종말에 맞서서: 기후, 민주주의, 그리고 마지막 기회들』, 한성수 역 (고양: 한국기독교연구소, 2021), 127; 130.

모성, 어머니母, mere와 연관이 있다. 노자의 도덕경에서 우주의 기초가 되는 최고의 선은 물과 같은 것으로 표현되고 있고, 서양 철학의 아버지라 일컬어지는 탈레스에게서도 우주의 가장 원초적인 물질은 물이다. 탈레스는 만물의 근원을 물이라 보며, 만물은 신들로 가득 차 있다고 하고, 그 근원적인 것에서 신적 위력, 혹은 신성을 생각했다. 모든 것이 신적 원리에 의해 이루어지고 있고, 그것이 물과 연관이 있다고 본 것이다. 물과 땅을 포함한 지구 생명을 일컫는 가이아 이름은 이러한 신화적 사고와 관련하며, 인격적으로 그리고 유기체적으로 하나님의 신비를 사고하게 한다.

기원전 5, 6세기, 신화적 사고에서 철학적 사고로 넘어가는 과정에서 관찰된 신적 원리가 물, 물질, 모성과 관계가 있다는 것은 현재 21세기에 다시 가이아 이름을 통해 환기되며, 정체되고 고착된 하나님 이미지를 교정하게 한다. 도덕경에서 우주의 궁극적 원리이자 우주의 근원은 말로 표현될 수 없는 '도'이며, 비유적으로 어머니, 빈 그릇, 그리고 물로서 표현된다. 플라톤의 창조 이야기가 담긴 '티마이오스'에서 '코라Khora'와 같은 것이 도이며, 우주적 토대의 신적 신비는 여성적 은유로 표현될 수 있다. 우주 생성, 창조를 설명하는 어거스틴의 신학에서 '상대적 무'에 해당하는 것이 어머니로 혹은 여성적인 것으로 표현될 수 있다는 것이다. 우주의 근원적 바탕, 원리, 토대를 가이아로서 표상하는 것은. 하나님의 신비를 남성적 개념으로 제한하지 않는 하나의 부정의 방식이 될 수 있다.

3. '우주와 더불어 하나-되기,' 불가능성의 생태신학

21세기 인문학은 이제껏 불변의 실체를 추구하던 입장에서 선회하며, 관계적 존재론을 주목하고 'OO-되기'를 강조한다. '우주와 더불어 하나-되기'는 이러한 인문학의 존재론적 전회에서 '-되기becoming'를 실험하는 것으로서 결코 '이기being'의 합일을 의미하지 않으며, 될 수 없는 것이 되기를 시도하는 것이다. 말하자면, 'OO-되기' 개념은 횡단적인 관계성의 생성들을 삶의 개방성과 관련하여 강조하며, OO-되기를 통해, 변화와 변칙에 충실한 반복을 시도하는 것이다. 녹아내리는 지구, 미세먼지로 뒤덮인 대기, 잘게 부스러져 몸에 스며드는 플라스틱 등을 생각하며, 인간중심주의를 벗어나는 'OO-되기'를 시도하는 것이다.

철학자 질 들뢰즈는 존재의 능동적이며 관계적인 차원을 강조하고, 다름, 차이, 반복을 사유하기 위해, 존재가 아닌 것 되기를 주장한다. 인간이 아닌 것 되기, 즉 어떠한 차이도 다른 차이에 비해 특권을 가지고 있지 않은 차이와 생성의 세계를 주목하며, 들뢰즈는 'OO-되기' 철학을 통해 근대의 인간-되기를 거부하고 극복한다. '우주와 더불어 하나-되기'의 실험을 통해 지구 행성을 바라보는 시각을 변화시키고, 되는being-것이 아니라 단지 존재 아닌 것이-되고becoming, 즉 인간 아닌 것-되기를 시도하며, 존재에 대한 인식의 전환을 실천하는 것이다.

이러한 맥락에서 현재 인문학이 강조하는, 전이, 이행, 변동 등의 내용을 반영하며, 켈러의 신학은 존재를 '차이와 반복'으로 재사유하는 들뢰즈 철학을 주목하고, '펼쳐지고 접혀지며 얽히는' 관계성을 강조하고, 서구 철학의 동일성 논리에 대한 거부와 전복의 신학 담론을 구성한다. 특히, 신학이 교리의 반복으로 굳어질 위험을 경계하며, 끊임없는 '진리에의-개방성truth-opening'을 강조한다. 이러한 켈러의 신학적 관점은 관계적 존재의 역동적, 중층적, 다층적 현상을 포착하며, 무한히 펼쳐지며 환원될 수 없는 복단수성plurisingularity을 삼위일체 교리 안에서 확신하며, 개별적 존재론을 극복한다.

다함이 없는 하나님의 신비를 가늠하며, 우주적 차원에서 '더불어-살기'와 '함께-되기'를 사유하고, 지구와 더불어 균형을 이루며, '살리는 삶,' '삶을-명령-

받은,' 생명을 잘 보듬어 가는 것이 21세기 생태신학의 토대가 된다. 현재의 글로벌 차원의 생태, 경제, 정치적 위기는 서구중심, 인간중심, 이성중심, 있는 것존재 중심의 사고에서 기인한다. 무엇보다도 현재 인류의 지구 생태계 전체의 미래를 위협하는 요소 중 하나는, 인간이 자신 스스로 구원하려는 것이며, 유발 하라리에 의하면 현재 위기를 모면하려는 최첨단 방주에 대한 믿음, 즉 최첨단 방주를 만들어 스스로를 구원하려는 것이 위기이며, 이러한 이들에게 지구 생태계를 맡겨서는 안 된다고 한다.

근대의 인간-되기를 벗어나, 인간 아닌 것-되기를 강조하며, '동물-되기, 지구-되기, 기계-되기'를 제안하는 로지 브라이도티는 생명 및 문화의 다양성, 생명의 신성함에 대한 존중, 세계의 재주술화the re-enchantment of the world 등이 지구의 치유 가능성이 된다고 설명한다. 브라이도티가 강조하는 생태주의는 자아와 타자의 상호연결성에 대한 의식을 확장하고, 인간중심주의를 비판적으로 고찰하는 것이다. 우주적 차원의 세계관, 우주론, 인류학, 그리고 탈세속적 여성주의 영성을 결합하는 생태주의의 전인적 관점과 영성 및 비전에서 대안을 찾을 수 있다고 그는 말한다. 불확실성, 불확정성의 상황에서, 불가능성의 가능성을 꿈꾸는 생태신학의 관점이 필요하다.

4. 하나님의 신비와 아포파시스 관점의 생태신학

지구 행성을 이루는 수많은 생물 종들과 인간, 비인간 요소들의 얽힘은 불명료함과 복잡함으로 가득하다. 불확실성과 불확정성의 시대, 생태신학의 재구성과 부정신학의 관점이 필요한 이유다. 기독교 전통의 아포파시스 부정신학은, 켈러에 의하면 현재의 우주적 양자 얽힘의 현상에도 적합하며, 부정신학의 방식은 종교-경제-과학적 실증주의positivism 확신에 비판적으로 적용될 수 있다.[149] 단순한 확실성으로 답해질 수 없는 지구 생명 시스템의 복잡성과 그리고 불확실성으로 가득 찬 미래, 이러한 가운데 신적 행위성은 부정의 방식으로 사고하는 것이 적절하다. 켈러가 강조하는 것처럼, 부정신학 관점의 생태신학은 지구 행성의 관계망, 그리고 생생한 상호 관련성을 느끼도록 초대하고 이끈다.

기후변화의 불확정성과 기후 예측의 불확실성이 겹겹이 쌓인 층으로 구성되는 21세기 현재, 이천 년 전 바울의 신학이 주목하는 생태 관계성이 다시 강조될 필요가 있다. 켈러는 바울의 신학이 반-물질적, 반-지구적인 것에 대해 비판적 입장을 견지하며, 또한 로마제국이 팽창하는 상황에서, 즉 우주적 바탕, 생명이 움트는 모태womb에 대한 공격의 상황에서, 새 창조의 산고와 신음을 전달하며 하나님의 질서, 새로운 균형을 주장한다고 설명한다.[150] 바울의 신학이 제국-비판적empire-critical일 뿐만 아니라 또한 심오한 생태학적 차원의 메시아적 관점을 지닌다고 켈러는 강조한다.[151] 바울이 우주적 차원의 관계성 의미를 인지하고, 생태신학적 관점의 뉘앙스를 허락하며, 구원의 메시지를 전달한다는 것이다.

21세기 현재, 15세기 쿠사의 니콜라스가 말한 '박학의 무지de docta ignorantia'는 어느 시대보다도 이 시대에 필요한 격언이며, 염두에 두어야 하는 지침이다. 지구행성적 얽힘의 사회적 생태학 안에서 무한한 신적 행위성과 창조적 구원의 섭리를 이해하고, 하나님의 신비를 제한하지 않는 생태지혜가 필요하다. 얽힘의 관계성 가운데 인종, 계급, 성의 교차를 숙고하고, 또한 생명파괴의 문명을 반성하며 대안적 생태신학 담론을 구성해야 한다. 하나님의 이름을 넘어서는 하나님

149) Catherine Keller, *Cloud of the Impossible: Negative Theology and Planetary Entanglement* (New York: Columbia University Press, 2015), 269.
150) 앞의 책, 271-272.
151) 앞의 책, 275.

의 존재를 인지하며 신비를 열어 놓아야 한다.

하나님의 이름, 개념은 하나님의 존재를 다 담아낼 수 없기에, 성서학자 엘리자벳 피오렌자는 '나는 나다'에 대한 적절한 이름으로, 'G-d,' 즉, 'God'에서 모음을 제거하여 발음하고 이름할 수 없는 하나님을 표현한다. 엘리자벳 존슨의 신학 역시 하나님의 신비를 강조하며, 기원-없는 기원unoriginate Origin으로 하나님을 묘사하고, 켈러는 바닥-없는 바탕bottomless bottom으로 하나님을 표현한다. 이러한 하나님의 신비는, 생명을 낳고, 부드러움으로 변화시키며, 낳았으되 가지려 하지 않는, 도tao의 특징과 비교될 수 있다. 켈러는 깊음, 깊은 물, 바다 등과 관련한 억압적 차원을 분석하며, 현재의 생태위기 상황을 '깊음테홈, 히브리어-공포증'이라고 진단한다. 현재의 자연 파괴적 문명은, 신비, 깊음, 심연에 대한 두려움에서 비롯되어 자연과 생태계 파괴로 이어지고 있다는 것이다.

라틴 아메리카의 생태신학자 이본 게바라Ivone Gebara는 현재의 심각한 빈부격차 속에서, 쓰레기 더미 위에서, 그리고 폭력의 한가운데서, 정의의 실현을 위한 생태해방신학을 전개하며, 우주의 성스러운 몸Sacred Body으로서의 큰 자아the larger self, 하나님을 강조한다.[152] 이러한 맥락에서 게바라에게 성육신은 육체 가운에 임하는 신적 신비의 현존이며, 예수그리스도는 공동체 구성에 영감이 된다. 이러한 게바라의 생태신학은 기독교 신학의 중심에 있는 성육신의 교리가 강조하는 하나님의 몸-된 실재를 구체화하는 기능을 한다. 게바라의 신학에서 하나님은 세계 밖에서 창조를 통제하는 하나님이 아니며, 오히려 삼위일체의 하나님으로서 삶의 기본적 역동성으로 내재하며 존재한다. 전통적으로 하나님은 외부에 영향을 받지 않는 전능한 하나님으로 이해되며, 고통을 느끼지 않는 존

152) Ivone Gebara, *Longing for Running Water: Ecofeminism and Liberation*, (Fortress Press: Minneapolis, 1999), 53.

재로 강조되지만, 게바라는 소위 신적인 것이라 부르는 것을 구체적인 몸적 실재 안에서 발견한다고 주장한다.

존슨과 게바라의 생태신학에서 하나님 신비의 역동적 관계성은 세 인격의 하나님 이미지로 강조되며, 또한 '삼위일체'라는 표현으로 완전히 끝난 설명이기보다는, 삼위일체 역시 생생한 하나님의 의미를 표현하기 위한 하나의 상징으로 이해된다. 즉 신학적 용어의 유비적 본질을 이해하며, '다 알려질 수도 없고, 다 알 수도 없는' 하나님의 신비가 삼위일체 하나님으로 그렇게 알려졌다는 사실을 설명하는 것이다. 인간에게는 하나님의 세 인격에 대한 경험이 있으며, 존슨에 의하면, 하나님은 이러한 세 가지 특성으로 알려졌고, 또한 하나님의 고유한 존재 방식도 삼중적 특징을 갖는다고 한다. 하나님을 표현하는 '한 본성, 세 인격'의 철학 용어도 사실 하나님에 대해 언급될 때에는 그 근본에 있어서 유비적이며, 하나님의 깊음의 신비는 제한될 수 없다.

하나님의 신비에 대한 존슨의 신학은, 우주에 생명력을 불어넣는 성령-소피아, 몸과 땅과 관련되어 드러나는 예수-소피아, 생명을 낳고 기르는 원초적 근원으로서 어머니-소피아로 하나님을 표현한다. 자연의 장엄함에 압도되어 나오는 경탄의 순간, 자유를 선택하는 진지한 삶의 순간, 그리고 낯선 자의 친구가 되어주는 가운데서 경험되는, 하나님의 신비, 즉 창조적 능력을 존슨은 말로 다 할 수 없는 하나님의 신비로 열어 놓는다. 14-15세기 중세의 노르위치의 줄리안은 성육신 하나님 신비를 '용서forgiveness, forgivingness'로 표현하며, 그러한 용서로서 선물의 지속적인 주어짐the sustained giving of the original gift으로 하나님의 신적 현존을 설명한다. 끊임없이 계속되는 선물로서 하나님의 신비는 성령-소피아, 예수-소피아, 어머니-소피아로 표현되며, 존슨은 이러한 삼위일체적 하나님 이름은 군주의 이미지가 아니라 거룩한 지혜의 관계적 특성을 드러낸다고 설명한다.

5. 무한한 주어짐, 선물로서의 하나님

존 카푸토John D. Caputo가 표현하는 것처럼, 하나님은 선물Gift로서 '무한한 주어짐the infinite givenness'이라 할 수 있다. 하나님에 대한 표현이 고착화되어 정체되는 것을 거부하는 샐리 맥페이그의 생태신학은 하나님을 표현하는 언어로 은유를 강조하며, '하나님의 모델Models of God'이라는 저서에서 어머니 하나님, 애인 하나님, 친구 하나님으로서 새로운 모델을 제시하고, 하나님을 이해하는 다양한 관점의 신학을 구성한다. 더 나아가 '하나님의 몸The Body of God'이라는 저서에서 맥페이그는 우주적 차원의 몸을 강조하며, '하나님의 몸'이라는 은유를 통해 하나님은 우주적 세계이며 또한 우주가 아니라고the body of God is and is not the universe라고 강조하며 하나님의 신비를 개방한다.

은유, 메타포는 상징과 다르게 이름과 지시하는 대상과의 불연속성을 강조한다. 즉 상징이 연속성을 강조한다면, 은유는 불연속성을 강조하고, 상징이 과거 지향이라면, 은유는 미래 지향적이다. 맥페이그에 의하면 은유는 주장을 하지만, 어디까지나 '가벼운 주장,' 부드러운 초점을 갖고 있다고 설명한다.[153] 은유, 메타포를 통한 생태신학의 하나님 이해는 하나님의 신비를 늘 끊임없이 열어 놓으며, 단지 이전의 신학에 하나의 관점을 더하는 것 그 이상으로 신학 체계 전반에 걸쳐 사고의 지평을 확장하며 심화한다. 즉, 하나님의 신비를 말하는 방식으로 은유는 문자화되고 우상화된 오래된 이미지에 도전하며 하나님과 인간의 관계에 대한 이야기 방식들을 새롭게 구성한다.

은유의 신학을 통해 'OO이지만, OO은 아니다'의 긴장을 유지하며, 맥페이그

153) 샐리 맥페이그, 『기후 변화와 신학의 재구성』, 김준우 역 (고양: 한국기독교연구소, 2008), 166.

의 생태여성신학은 속죄-중심적인 전통적 신학을 극복하며, 죄나 희생적 속죄보다는 우주의 장엄함과 인간의 책임감을 일깨우는 신학을 전개한다. 특히 상호관계, 상호의존의 네트웍을 가진 이 지구라는 별을 유지하는 생태신학의 필요성을 강조하며, 그는 다 말해질 수 없는 하나님의 특성을 열어 개방한다. 하나님의 몸으로서의 세계를 강조하는 신학을 통해, 지구 행성을 돌보는 신학적 관점을 제시하며, 그리스도의 선물given gift에 대한 감사와 또한 감사함을 표현하는 찬양이 신학의 내용이 된다고 설명한다.[154]

로즈마리 류터의 생태신학 역시 '가이아' 하나님의 표상을 통해, 우주적 차원의 하나님의 신비를 인지하며, 하나님의 현존과 내재의 초월을 주목하고, 특히 우주 발생과 연관하여 하나님의 근원적 모체Matrix를 강조한다. 하나님의 창조가 곧 치유고 구원이라는 기독교 전통을 설명하며, 류터는 세상을 보듬어 품고 생명을 유지하는 가이아 이미지를 하나님의 표상으로 제안한다. 하나님과 인간의 간격을 주장하는 4-5세기 어거스틴의 신학과는 다르게 성례전적 특징을 강조하며, 오히려 16세기의 신플라톤주의자들, 18-19세기의 스피노자, 헤겔 등의 철학 사상에서 역사와 세계 내에 내재하는 하나님 이해의 전통을 발견하고, 그는 내재적 초월의 신비를 강조한다. 기독교 전통 안에 예언자적 전통과 함께 우주적 기독론의 성례전적 전통이 있음을 주목하며, 하나님의 다함이 없는 신비를 특히 내재적 초월과 관련하여 강조한다.

무한히 주어지는 하나님의 신비, 그리고 인간의 언어 한계로 인한 표현 불가능한incapable 상황과 또한 하나님의 다 말해질 수 없는ineffable 특성으로 인해 열린 개방성의 신학이 된다. 그래서 맥페이그는 북미 중산층 백인 여성의 관점에서의 생태신학이라고 제한하여 자신의 신학을 소개하며, 사회적 상황에 따라 다르게

---

154) 앞의 책, 158.

전개되는 하나님 이해를 인지하고, 은유의 신학을 강조한다. 곽퓨란은 맥페이그 신학의 우주적 그리스도the cosmic Christ 이해가 탈식민주의 관점에서 볼 때, 이천년 전 로마제국의 정치적 권력에 대한 암묵적 인정으로 사용되어, 논쟁적이라고 지적한다. 언어의 한계는 하나님의 신비에 대해 끊임없이 계속해서 다양하게 그리고 부정의 표현으로 시대를 달리하여 고백해야 하는 이유가 된다.

단 하나의 이름으로 고착될 수 없는 하나님의 신비는 중세의 부정신학에서 'OO는 아니다'의 부정의 방식으로 표현되고, 또한 종교개혁자 마틴 루터에게는 '숨겨진 하나님Deus Absconditus'으로 표현된다. '나는 나다'라고 알려진 야웨 하나님은 그 자체로 알려지며 계시 되었지만, 그렇게 알려진 하나님의 신비는 인간 언어의 한계로 인해 끊임없이 부정의 표현으로만 설명될 수 있다. 철학자 자끄 데리다는 '비밀'의 구조를 통해 이러한 미끄러져 가는 의미화 과정의 구조를 설명하며, 비밀이란 그 내용이 숨겨져 전달되지 않는 것으로, 그러나 그 비밀이 제대로 비밀이려면 그 내용이 알려지지 않았다는 그 사실 만큼을 반드시 알려져야 비로소 비밀이 된다고 말한다. 이러한 맥락에서 하나님의 존재, 즉 신적 신비는 비밀이다. 하나님의 존재가 이러저러한 표현을 통해 끊임없이 이야기되고, 표현되어야 하며, 특히 현재 지구 생명의 위기 상황에서, 더욱 다양하게 계속해서 하나님의 의미를 드러내야 한다.

6. 아포파시스 신학과 '없는 하나'인 하나님의 신비

이름할 수 없는 하나님, 하나님의 신비는 유영모의 신학에서 '하나'로서의 신비한 한아님, 즉 하나이며 전체인, '없는 하나'로 표현되고 있다. 이러한 '없이 계신 하나님'은 동양종교의 통찰을 반영하며, 또한 초월성, 유일성이 강조되는 서구 기독교 전통을 토대로 하여 나온 것이다. 유영모는 '없는 하나,' 그리고 오직 하나라고 하나님을 표현하며, 이러한 하나님은 '빈탕한데,' 즉 허공으로서 우주 자체이며 동시에 우주를 초월하는 하나님이라고 설명한다. 유영모의 신학에서 이러한 절대 존재로서의 하나님은 우주 공간 자체이며, '없는 하나'는 하나님의 신비를 우주를 통해 인식하려는 중요한 하나의 표현이다.

켈러의 신학 역시 신적인 것이 바로 우주적 장소라고 설명하며, 그래서 이름할 수 없는 한 분the Unnameable One, 하나님에 대한 히브리어 명사 중 하나가 '마콤Makom'이라는 장소를 의미하는 단어라고 말한다.[155] 하나님의 신비는 우주적 차원에서 세계에 내재한다. 안과 밖, 위와 아래, 인간과 비인간, 창조주와 창조물이 더 이상 단순히 대립하는 것으로 여겨지지 않는 우주 자체로 표현될 수 있다.[156] 유영모는 우주 만물 하나하나가 산 것이며, 이 우주에는 절대 의식, 절대 신격이 있는 것으로 느껴진다고 말한다. 2008년 세계철학자대회에서 한국의 철학을 대표하는 사상가로 소개된 신학자 유영모는 "비어 있음은 맨 처음 생명의 근원이요, 일체의 근원이고, 한아님이다."라고 말한다.

하나님, '인격적인 한아님'을 강조하며, 유영모의 신학은 "한아님은 인격적이지만 우리 같은 인격은 아니다."라고 설명하고, "차마 말 못할 사랑으로 천지가 창조되었고 그 가운데 놓여진 삼라만상은 참 좋다."고 표현한다. 유영모의 사상에 대해 동서사상을 아우르는 창조적 생명철학이라고 요약하는 박재순은 유영모의 신학에서 하나님의 내재적 초월과 생명 진화의 역사를 강조한다. 하나님에게로 초월하고 고양되는 생명의 공생과 발생, 그리고 땅과 생명인간과 하늘의 합일, 천지인, 더 나아가 결국 하나로 조화하는 세계를 지향하는 것이 유영모의 생

155) 캐서린 켈러, 『묵시적 종말에 맞서서』, 252.
156) 앞의 책, 252.

명신학이라는 것이다.

21세기 생태위기 상황에서, 인간 중심, 이성 중심, 남성 중심의 이해를 벗어나 우주 만물을 살아있는 것으로 여기고 우주에 내재하는 하나님을 인지하며, 위기를 극복해 나갈 수 있을 것이다. 하나님은 하나이고 전체이며, 유일하고 신비한 존재로서, 이러한 알 수 없는 신비는, 오히려 '없는 무엇'이라 표현할 수 있다고 유영모는 말한다. 한님, 큰 님은 더할 수 없이 큰 님으로 그래서 '무'로 표현되기에, '없이-계시는 하나님'이라고 한다. 유영모의 생명신학은 지구의 지속 가능성을 위한 방향을 제시하며, 거주 불가능한 지구로 변하는 현재 상황을 반성하게 한다. '생명'이라는 말에는 명命의 차원으로서 하나님의 명령, 천명天命의 의미가 내포되어 있고, 유영모는 모든 생명체가 지구 위에서 평화롭게 더불어 살아가기 위해, 조화해야 한다고 강조한다. 켈러의 신학이 강조하는 것처럼, 불확정성과 불확실성의 시대에 지구행성적 얽힘의 사회적 생태학 안에서 하나님의 신비에 대한 개방성을 유지하며, 다함이 없는 하나님의 사랑에 응답-하는 인간 존재로 거듭나야 한다.

팬데믹과 기후위기 시대의 존재와 윤리[157]

송용섭영남신학대학교

서론

본 논문은 코로나 팬데믹의 현황과 사회적 파장을 요약하고, 국내 개신교의 대응을 비판적으로 소개하며, 코로나 팬데믹에 적절히 대응하기 위한 철학적, 신학적 대안들을 위해 자크 아탈리와 슬라보예 지젝과 월터 브루그만의 주장들을 요약할 것이다. 이 세명의 학자들은 코로나 팬데믹이 근본적으로 우리가 누리고 있는 사회 경제적, 문화적, 자연 환경적 요인에 의한 것이라면, 우리가 고통스럽게 경험하는 팬데믹을 통하여 이러한 근본적 원인을 어떻게 변혁시켜 새로운 사회를 구축해야 하는지에 대한 방안을 제시하고 있다. 하지만, 이러한 새로운 사회, 새 창조는 과연 가능할 것인가? 본 논문은 이러한 질문 앞에서 희망과 탄식에 대한 우리의 선택을 강조한다.

본론

코로나 바이러스 COVID-19

2019년 12월에 중국 우한에서 발생되었다고 알려진 COVID-19 본문의 약칭 코

157) 본 논문은 2021년 1월 28일에 연세대학교 미래융합연구원 소속의 '생태와 문화 융복합 연구센터'와 기독교환경교육센터 '살림'이 공동으로 주최한 세미나에서 발표한 논문을 수정보완하였음.

로나 팬데믹은 박쥐에게 기생하던 코로나바이러스가 중간숙주를 거쳐 사람에게 전파된 것으로 추정되고 있으며, 사람간에는 주로 비말을 통해 감염되어 경우에 따라 치명적인 호흡부전과 심한 폐렴 증상 및 2차 합병증을 유발하기도 한다.[158] 빠른 감염력과 변종을 지닌 코로나는 전세계적으로 약 3.5%의 치명률을 가지고 있지만 국가 및 연령별로 매우 상이하다.[159]

코로나 바이러스는 국내에는 2020년 1월 20일에 최초 확진자가 발생했다. 일년 후인 2021년 1월 20일 현재 국내 확진자는 73,518명 및 사망자 1,300명으로서, 사망률은 약 1.77%에 이르렀고, 30대 연령의 사망률이 0.06%인 반면, 70대의 사망률은 6.21%로 증가하고, 80세 이상에서 사망률은 20.12%에 달하고 있다.[160] 전세계적으로는 2021년 1월 20일 현재 약 9천4백만명의 확진자와 2백3만명 가량의 사망자가 발생하였고, 주요 국가별 사망률은 싱가포르 0.05%, 일본 1.36%, 미국 1.67%, 인도 1.44%, 영국 2.62%, 프랑스 2.45%, 호주 3.16%, 이탈리아 3.45%, 중국 5.23%, 멕시코 8.57% 등에 달하나,[161] 각 국가별로 확진자 진단검사 능력과 범위가 각각 다르기 때문에, 이러한 사망률 만으로는 각국의 코로나바이러스 위기 대처 능력이나 기타 사회적 합의를 국가별로 상호비교하기는 어려워보인다.

그런데, 이번 코로나바이러스COVID-19는 사망율은 더 높았지만 비교적 낮은 사망자수를 기록하고 사라져버린 2002년 및 2003년의 사스SARS나 2012년

158) 바이러스질환연구과, 질병관리청, https://cdc.go.kr/contents.es?mid=a40509010000.
159) 식품의약품안전처, "R&D 웹진 코로나 19 특집호," http://nifds.go.kr/webzine/08/page01.html.
160) 질병관리청, "코로나바이러스감염증-19(Covid-19) 국내발생현황," http://ncov.mohw.go.kr/bdBoardList_Real.do?brdId=1&brdGubun=11&ncvContSeq=&contSeq=&board_id=&gubun=.
161) 질병관리청, "코로나바이러스감염증-19(Covid-19) 국외발생현황," http://ncov.mohw.go.kr/bdBoardList_Real.do?brdId=1&brdGubun=14&ncvContSeq=&contSeq=&board_id=&gubun=.

및 2015년의 메르스MERS와 같은 코로나바이러스와 달리, 더 빠른 전파력과 오랜 지속력을 가지고 더 심각한 질병을 유발함으로써 판데믹으로 발전하였다. 이 과정에서 대한민국을 비롯한 일부 국가들을 제외하고 세계의 대다수 국가들과 WHO 등의 국제기구는 적절한 판단을 하지 못하여 초기에 코로나바이러스를 제어하지 못하였다. 재레드 다이아몬드에 따르면, 국가적 위기 상황에서 "국가의 결정은 궁극적으로 개인의 견해, 특히 국가 문화를 공유하는 지도자의 견해에 의존"[162]하는데, 다수의 국가 지도자들중에는 신종 코로나바이러스를 "가벼운 감기에 불과하다"며 안일한 인식을 보이기도 하였다.[163]

결국, 초기에 제어하지 못한 신종코로나바이러스는 폭발적인 전파를 거듭하여, 전세계적으로 확진자 1억명을 앞두고 있는 상황으로 악화되었다. 무엇보다, 서구사회에서 코로나바이러스에 대한 개인과 국가의 안일한 인식과 대처에는 신종코로나바이러스에 대한 몰이해와, 마스크 착용에 대한 서구인들의 거부감과 개인주의적인 서구문화를 들 수 있지만, 동시에, 개인의 일상과 국가경제를 코로나확산 이전처럼 최대한으로 유지하고자 했던 개인과 국가의 욕망이 자리잡고 있었음을 알 수 있다. 하지만, 이 모든 것의 결과로 인하여 팬데믹을 맞이한 세계는 역으로 더 깊은 경기침체와 자유의 억압과 불평등과 부정의를 경험하게 되는 아이러니를 경험하게 되었다. 이러한 아이러니 속에서, 많은 사람들은 하루라도 더 빨리 이전의 세상으로 돌아가고 싶은 욕망을 꿈꾸고 있지만, 자크 아탈리의 말대로, 이러한 코로나 팬데믹이 사라져버린다 해도 우리는 "이전의 생활 방식을 되찾을 순 없을 것"이며, 보다 냉철히 생각해본다면 "지금 우리가 겪고 있는 위기를 자초한 그 세계로 돌아갈 날을 꿈꾼다는 사실" 그 자체가 분노

162) 제러드 다이아몬드, 『대변동』, 강주헌 역 (파주: 김영사, 2019), 69.
163) 박형기, "감기 취급·마스크 무시… 만용의 트럼프, 확진" NYT 신랄한 보도," 머니 투데이, https://news.mt.co.kr/mtview.php?no=2020100216168241774.

할 만한 것이다.[164] 팬데믹은 "변화를 부추기는 매우 과격한 가속장치가 될 것이 분명"한 상황에서, 우리는 팬데믹 이전에 누렸던 삶과 경제로 회귀를 욕망하기보다 오히려 "오늘의 팬데믹을 … 극복과 전환의 순간"으로 만들어야할 것이다.[165]

코로나와 사회적 파장: 원인 vs. 증상

오늘날의 코로나 팬데믹 상황에서, 우리들은 코로나바이러스의 단백질 구조적 특성을 파악함으로써 이에 맞는 백신을 개발하여 더 나아가서는 치료제를 개발함으로써 집단 면역을 이루어 코로나 팬데믹의 종식을 가져올 수 있다고 믿는다. 하지만, 마크 호닉스바움은 과거 전염병에 대한 역사적 통찰이, "병원균의 정체를 밝히고 질병의 원인을 찾기만 하면 유행을 막을 수 있다고 생각"하는 것이 오산이라는 점을 알려준다고 지적하였다.[166] 세균이나 바이러스는 인간의 면역체계와 다양하게 상호작용을 한다. 예를 들어, 어떤 사람에게는 별다른 증상이 없이 지나가는 바이러스가 다른 사람에게는 큰 병을 일으키기도 하고, 약물을 통하여 완전히 사멸하는 것이 아니라 인체에서 오랜 잠복기를 거치다가 면역체계가 약화되었을 때 재활성화되는 경우도 많다.

팬데믹을 이해하는데 있어서 더 중요한 문제는 우리가 인간의 건강을 해치는 원인으로써 "특정 미생물에 초점을 맞추면 더 큰 그림을 놓칠 위험이 생긴다"는 점이다.[167] 예를 들어, 최근에 우리는 일련의 코로나바이러스 전염병들이 열대우림이나 자연삼림을 과도하게 침해해 들어간 인간이 박쥐나 중간 숙주 동물

164) 자크 아탈리, 『생명경제로의 전환』, 양영란 역 (서울: 한국경제신문사, 2020), 15-16.
165) Ibid., 16-19.
166) 마크 호닉스바움, 『대유행병의 시대』, 제효영 역 (서울: 로크미디어, 2020), 17.
167) Ibid., 17-18.

과 접촉하거나 도축하여 식생함으로써 발생하게 되었음을 알게 되었다. 조지 버나드 쇼의 희곡 속 의사의 견해처럼 "질병과 관련된 특정 미생물은 병의 원인이 아니라 증상인지도 모른다."[168] 이 말의 의미를 해석하자면, 유행병의 발병률과 첫 발생에 환경, 사회, 문화적 요소"가 매우 중요하여, "병이 생기는 경우 대부분은 생태계의 평형 상태가 깨지거나 환경이 병원균의 지속적 생존이 가능한 곳으로 변형된 것이 원인"이라는 것이다.[169] 오늘날의 팬데믹은 세계화와 도시화로 인하여 인간의 지역간의 이동이 자유로워져서 "새로운 생태학적, 면역학적 요소가 조합된 환경"과 만나는 곳이 발생의 이상적인 조건이 된다.[170] 즉, 오늘날 팬데믹은 매개체를 지닌 인간이 비행기와 같은 빠른 교통수단을 가지고 국경을 넘어 새로운 기후 조건과 풍토속에 당도하거나, 도시와 같이 인구가 밀집되어 있거나 다양한 인종과 연령이 마주치는 공간 또는 여행지, 혹은, 병원이나 요양원같이 한 공간에 환자가 수용되어 있거나 열악한 생활 환경에 노출된 장소 등과 같이, 환경, 사회, 문화적 요소에 큰 영향을 받아 발생하게 된다. 이렇게 팬데믹의 원인을 넓게 확장시켜 이해할 때 보다 근본적인 발생 원인 혹은 구조적 문제에 대하여 성찰할 수 있는 것처럼, 이와 유사한 방식으로 팬데믹이 개인과 사회에 미친 파장을 이해할 때 우리는 우리 사회가 가진 근본적이고 구조적인 문제를 직시할 수 있게 되어 보다 적절한 대안을 모색할 수 있게 될 것이다.

코로나 팬데믹은 다음과 같은 사회적 파장과 문제를 드러냈다. 먼저, 석유자본주의로 대표되는 성장중심주의적 현대 자본주의 시스템의 구조적인 문제와 한계를 드러내 주었다. 우리는 어서 빨리 악몽과도 같은 코로나 팬데믹 상황이 종료되어, 이전의 일상생활로 되돌아가기를 꿈꾸고 있다. 하지만, 코로나 팬데

168) 조지 버나드 쇼, 『의사의 딜레마』, ibid., 18.에서 재인용.
169) Ibid., 24.
170) Ibid., 26-27.

믹은 완전한 종료가 어려울 가능성이 높고, 우리는 새로운 백신의 효과를 의심케 하는 수많은 변종 코로나바이러스의 등장을 지켜보는 가운데 결국 이번 코로나 바이러스와 공생해야만할 가능성이 있다. 따라서, 환경과 인간을 고려하지 않고 성장과 편리만을 추구해온 이전의 석유자본주의 체제와 삶의 방식은 더 이상 똑같이 상태로 되돌아갈 수는 없을 지도 모른다.

둘째, 코로나 팬데믹은 우리 사회가 가지고 있는 공리주의적 경향성을 더욱 분명히 드러내 주었다. 의료체계가 무너진 국가에서는 몰려드는 환자들 중에서 접수 순서가 아니라 증세에 따라 선택적으로 치료해야 하는 상황에 처하게 되었다. 결국, 이탈리아와 같은 국가에서는 "상황이 더 악화된다면 80세 이상의 노인들과 다른 심각한 지병을 앓고 있는 사람들이 그냥 죽게 내버려두겠다고 선언" 함으로써 "'적자생존의 논리'를 수용"했다.[171] 어느 뉴스 보도에 따르면, 코로나 상황으로 인하여 새롭게 발표된 윤리지침 논문에는 통상적인 치료방식을 적용하지 말고, "나이가 어리고 기존의 건강 문제가 적은 이들 중에서 중증인 환자를 우선으로 치료"하도록 하였는데, 이는 "'살릴 수 있는 인명의 숫자와 이를 통해 늘어나는 수명 측면에서의 효용을 극대화하는 게 가장 큰 고려사항'"이 되는 것이다.[172]

셋째, 코로나 팬데믹은 공동체의 안전을 위한 개인의 위치 추적 및 안내 활용에 따른 개인정보보호 침해 이슈를 불러 일으켰다. 특히, 국내에서는 코로나의 위협에 대해 선제적으로 대응하기 위하여 확진자와 접촉가능성이 있는 밀집 접촉자의 휴대폰의 위치를 선동의 없이 추적하거나, 국내 귀국자에게 위치추적 앱 설치를 강제함으로써, 서구 국가들의 우려를 자아내기도 했다. 이렇게 공동체의

171) 슬라보예 지젝, 『팬데믹 패닉』, 강우성 역 (서울 : 북하우스, 2020), 108.
172) BBC NEWS코리아, "코로나19: 살릴 자와 죽을 자를 결정해야 하는 의사들의 고민," https://www.bbc.com/korean/news-52512510.

안전과 개인정보보호의 문제는 상충되기 쉬운 문제이고 특히 국가가 개입될 때 조지 오웰의 "빅 브라더"를 연상시키는 우려를 낳게 되지만, 국내에서는 안전을 위한 광범위한 사회적 공감대와 더불어 정부가 민감한 사적정보 부분을 익명처리후 웹사이트에 공개함으로써 이 문제를 비교적 잘 헤쳐 나갈 수 있었다. 오히려, 개인정보보호와 감시의 문제는 우리가 무심코 동의하고 지나침으로서 발생하는 구글이나 페이스북의 위치추적 및 빅데이터 처리를 통한 선택적 광고의 경우가 더욱 민감하고 심각한 문제일 수 있다.

넷째, 코로나 팬데믹은 금융자본주의 사회속의 빈부 격차의 민낯을 드러내었고 이를 강화시켰다. 코로나 팬데믹 상황속에서 개인들이 자가격리에 들어가면서, 최상위 부자들은 자가용 요트나 무인도에서 초호화 격리 생활을 즐기고 SNS 등에 올림으로써, 그럴 수 없는 다수의 공분을 자아내기도 하였다. 이러한 최상위 부자들은 코로나 팬데믹 상황 속에서 경기가 침체되는 상황 속에서도 개인의 부를 더욱 축적할 수 있어서 빈부격차가 심화되었다. 이러한 빈부격차의 현실은 개인의 영역에만 머무르지 않고, 국가 간의 격차와 이에 따른 국민의 생명보장의 문제도 부각시켰다. 즉, 신종 백신의 구입과 접종에 있어, 서구 국가 위주로 독점적 선구매가 이루어진 반면, 제3세계의 가난한 국가들은 구매와 접종에서 배제되어 경제적 불평등이 의료적 불평등 및 생존의 불평등으로 이어지고 있음을 보여주었다. 마지막으로, 코로나 팬데믹은 한국 사회에서 잘 드러나지 않던 택배 및 돌봄 노동자 등의 존재를 드러내었고, 이들에 대한 사회적 관심을 불러 일으켰다.

다섯째, 코로나 팬데믹은 보이지 않지만 현실적 위협으로 다가온 바이러스를 인간이 종식시킬 방안이 마땅치 않은 상황에서, 누구나 잠재적 확진자가 될 수 있다는 사실은 정신적 불안감을 야기시켰다. 마스크 착용과 사회적 거리두기와 같은 일정 수준의 격리만이 감염으로부터 어느 정도의 안전을 보장할 수 있었으나, 일부 개인주의적 시민들 중에는 이를 이기적으로 무시하고 모임을 지속함으로써 지역 공동체를 파괴시키고 사회적 비난을 받기도 하였다. 사회적 거리두기에 참여하고 있는 사람들 중에서도 끝이 보이지 않는 바이러스 전파와 경기 침체로 인하여 감염에 대한 불안과 가계의 생존에 대한 불안함을 떨쳐버리지 못하고 있다.

여섯째, 코로나 팬데믹은 위기의 순간에 타자에 대한 혐오를 강화시켰고, 미디어는 이를 조장하였다. 코로나 팬데믹의 초기에 외국인에 의한 감염이 우려가 되면서 국내 사회에는 중국인으로 대표될 수 있는 외국인에 대한 혐오가 증가하였다. 외국인 입국 금지에 대한 이슈에서부터 국내 체류 외국인에 대한 국내의 시선에 이르기까지, 일부 한국인들은 불안감 속에서 외국인을 대상으로 혐오 발언을 하기도 하며 차별적 시선과 의식을 드러내었다. 타자에 대한 혐오는 외국의 경우도 마찬가지여서, 미국이나 유럽, 호주 등지에서 여행하던 중국인들이 "코로나 바이러스"라는 욕을 듣거나 구타를 당하는 사례가 발생하였고, 외모가 비슷한 한국인들이 중국인으로 오해를 받아 유사한 사례를 당하기도 하였다. 심지어, 온라인 상에는 "나는 중국인이 아니다" "나는 한국인이다"라는 문구가 크게 새겨진 티셔츠가 팔려 나가기도 하였다.

하지만, 국내외로부터의 감염에 대한 방역 문제는 해당 외국인 확진자의 부주의나 이기적인 방역태도에 의한 것일 수도 있지만, 동시에, 국가의 행정 기능에 속하는 것이기도 하다. 코로나 확진자가 증가하게 되어 해당국가의 방역 기능이 제대로 작동하지 않는 상황에서 시민들의 불안감이 증폭될 때, 타자에 대한 혐오 역시 증가하게 되는 것이다.

뻔만 아니라, 타자에 대한 혐오는 미디어를 통하여 조장되기도 하였다. 티비나 뉴스와 같은 전통적인 미디어에서는 국내외 확진자의 동선이나 방역위반 사항을 지나치게 자세하게 묘사하거나 자극적으로 표현함으로써, 인권침해 논란이 일 정도로 방역에 필요한 정보 이상의 혐오 이미지들을 양산해 냈다. 예를 들어, 확진자가 동선을 숨긴 이유가 동성애자이기 때문으로서 그가 어느 클럽에서 어떤 쇼까지 관람하다가 다른 곳으로 옮겨서 또다른 쇼를 보면서 파트너를 구하려 했다는 식의 언론 보도는 방역과 무관할 뿐만 아니라 황색 저널리즘의 대표적 사례가 될 수 있을 것이다.

또한, 코로나 상황에 대한 오보는 방역 체계를 흔들고 불안감을 심화시키며 타인의 생명을 위협하기도 하였다. 미디어의 선정적인 보도는 전통적 미디어에서 뿐만 아니라 유튜브나 트위터 등의 소셜 미디어에서 더욱 빠르게 퍼져 나가기도 하였다. 대표적인 사례가 정부가 의도적으로 코로나를 확산시키고 있다거나, 2020년에 접종한 독감 백신이 예년에 비해 특별히 더 위험하다거나, "코로나 백신을 맞으면 DNA 구조가 바뀌어서 정부의 노예가 된다"는 식의 가짜 정보들이다. 이러한 자극적인 내용들은 소셜 미디어를 통해 전파되어, 가짜 정보를 접한 사람들의 마음을 불안하게 할 뿐만 아니라, 많은 이들이 실제로 백신접종을 거부함으로써 사망에 이르기까지 하였다. 결국, 코로나 팬데믹의 위기속에서 흔들리기 시작한 불안감은 미디어에 의해 더욱 조장되어, 일부 사람들의 타자에 대한 혐오나 반사회적인 행동을 더욱 자극하게 되었다.

코로나의 역설

코로나 판데믹은 사회 경제적 위기와 감염에 대한 불안 및 죽음에 대한 공포와 혐오를 조장하였지만, 역설적으로 다음과 같은 부수적 효과를 가져오기도 하였다. 중국의 경우에 코로나 팬데믹으로 인하여 경기가 침체되고 대기오염의 근원지였던 공장들의 가동율이 감소하면서, 대기의 질이 향상되었다. 이에 따라, 초미세먼지와 같은 대기오염 사망자의 감소가 두드러지면서, 중국내 전체 사망자의 수는 감소하였다. 즉, 중국 사회에서 코로나 감염으로 인한 사망자들의 숫자는 급격히 증가하였지만, 대기오염으로 인한 사망자들의 숫자는 이보다 더욱 감소함으로써 전체 중국 사회의 사망자 숫자는 줄어든 것이다.[173]

뿐만 아니라, 코로나 팬데믹을 예방하기 위하여 개인들이 방역수칙을 지키기 시작하면서, 마스크 착용과 손 씻기의 효과는 코로나 바이러스 뿐만 아니라 독감 바이러스 차단에도 영향을 미쳐 전세계적으로 독감으로 인한 사망자 수가 크게 감소하였다. 국내에서도 독감 바이러스로 인한 사망자는 예년에 비하여 90% 가량 감소하였고, 현재까지는 바이러스로 인한 전체 사망자 수도 예년에 비하여 감소한 상황이다. 하지만, 여기서 개인방역을 따를 수 없는 저개발 도상국에서는 코로나에 의료적 주의와 처치가 집중되어, 다른 감염병이나 질병을 감당할 수 없게 되었고 이로써 사망자가 증가하는 결과를 초래하기도 하였다.

한편, 코로나 바이러스로 인하여 도시와 지역 사회에서 인간의 활동이 멈추게 되자 자연환경이 회복되는 역설적인 현상이 나타났다. 인간의 활동이 멈춘 지역에 사라졌던 야생 동물들이 다시 나타나기 시작했고, 자동차에 치여 로드킬을 당하는 동물들의 숫자도 급감하여 개체수가 늘어났다. 전 세계적으로 봉쇄에 들어가면서 공장과 운송 수단들이 멈추었고 전력 수요가 감소하면서,[174] 대기의 질이 향상되고 탄소배출량도 감소하였다. 하지만, 코로나바이러스로 인한 지난 일년 간의 경제 봉쇄 또는 축소로 인한 각 국의 자연 환경의 회복은 전 지구적 기후재난을 예방할 정도로 큰 영향을 미치지는 못하였다. 따라서, 지난 1월에는

173) 지젝, 『팬데믹 패닉』, 112-13.
174) 이재은, "코로나에 석탄 가격도 급락 '올해 수요 8% 감소'," 조선비즈, https://biz.chosun.com/site/data/html_dir/2020/05/05/2020050502259.html.

시베리아 한파가 남진하여 국내에 강추위를 몰고오기도 했으며, 사하라 사막에 흰 눈이 내리고 낮에도 녹지 않는 등 기상이변이 그치지 않았다.

코로나의 역설은 기술적인 측면에서도 나타났는데, 코로나로 인하여 온라인 비대면 수업과 재택 근무가 활성화되면서 온라인 강의와 근무를 위한 기술기반이 크게 발전하고 확산되었다. 코로나바이러스 상황이 아니었다면 비대면 수업과 같은 기술혁신적인 방법들이 사회적으로 수용되는데 오랜 세월이 걸려야 했겠지만, 대면 수업이 불가능해진 상황에서 온라인 비대면 수업 방식과 기술들은 대안적 방안으로 수용되고 비대면의 편리함도 경험하게 되면서 비교적 빠른 속도로 정착되었다.

코로나와 국내 개신교

코로나 팬데믹으로 국내에서 가장 주목 받았던 집단은 아마도 개신교일 것이다. 코로나 국내 발생의 초기 단계에서부터 개신교에서 이단으로 취급받는 신천지가 코로나 확산에 많은 영향을 끼쳤다. 정부의 방역 지침을 거부하거나 협조하지 않거나 거짓말을 함으로써, 코로나를 대규모로 확산시켰고 이에 따라 사회적 비난을 받게 되었다. 뿐만 아니라, 보수반공주의자들이 모인 소위 태극기부대의 집회 등에 일부 개신교인들이 참여하였고, J 목사와 같은 극우 개신교 지도자들이 정부의 방역 지침을 무시하면서 집회를 이어 나가게 되어 코로나 확산의 주범이 되었다.

이러한 개신교 목사들 중에는 믿음이 좋은 크리스찬은 코로나바이러스에 걸리지 않고, 코로나바이러스가 걸려도 쉽게 나을 수 있다고 주장하기도 하였다. 사도행전 같은 성서의 본문에 등장할 것 같은 이러한 사상과 신앙적 태도는 국내 개신교 지도자들의 문제만은 아니고, 미국이나 유럽의 목사들이나 교회에도 나타났다. 미국의 근본주의 교회 지도자나 파리에서 열렸던 개신교 집회 등에서 이러한 태도가 목격되었다. 따라서, 보수주의 개신교 지도자들의 질병에 대한 비이성적 자신감과 치유에 대한 확신은, 그들을 따르는 개신교인들에게 질병에 대처하는 신앙인들에게 성령의 역사와 하나님의 말씀을 있는 그대로 믿고 받아들이는 수준 높은 믿음의 올바른 태도로 여겨졌다.

하지만, 그러한 보수주의적 개신교인들이 전염병 상황에서 "믿는 사람은 안 걸린다"는 근본주의적 태도를 성서적인 믿음의 증거처럼 여기고 따르려는 것은 실상은 전혀 성경적인 것이 아니다. 성경은 전염병과 같은 재난의 상황에서 "믿는 사람은 전염병에 걸리지 않는다"라는 주장을 하기보다, "전염병과 같은 재난의 상황은 믿는 자들이 올바른 길에서 벗어나 있기 때문에 하나님이 내리시는 심판"이라고 주장한다. 진정 보수적이고 성서적인 신앙인이라면, 전염병의 상황에서 "신앙인은 하나님을 믿기 때문에 전염병에 걸리지 않는다"라고 주장할 것이 아니라, "우리의 죄 때문에 하나님께서 전염병으로 우리를 심판하신다"라고 고백하며, 하나님께서 우리의 죄를 용서하시고 심판을 거둬드리시도록 "우리의 죄를 하나님 앞에 회개하고 죄에서 돌이키는 것"이 올바른 신앙인의 자세라 할 수 있을 것이다. 특별히, 앞서 살펴본 대로 코로나 팬데믹이 인간의 자연파괴와 깊은 연관이 있는 만큼, 강단에서 선포되어야 할 말씀은 "청지기로서의 삶을 살지 못한 인간의 탐욕의 죄에 대한 회개와 생태계를 보존하는 삶으로 나아가기를 촉구"하는 것이 되어야할 것이다.

또한, 최근에는 B선교회를 중심으로 코로나가 확산되었다. 해당 선교회 역시 무슬림 선교를 강조하는 보수적인 단체였는데, 정부의 방침을 무시하고 경북지역에서 대면으로 선교대회를 강행했다가 코로나를 확산시키고, 방역을 위한 검사나 격리도 무시하는 안하무인격인 태도를 보임으로써 한국 사회에서 많은 비난을 받았다. 특히, 해당 교회 대표 선교사는 앞서 언급한 "코로나 바이러스 백신을 맞으면 정부의 노예가 된다"는 가짜 뉴스를 퍼트린 장본인이기도 하다.

이외에도 일반 개교회에서는 코로나 방역에 협조하여 비대면 예배로 전환하고 모임을 중단한 경우도 있지만, 최근에는 부산 지역을 중심으로 공개적으로 정부의 방침에 반대하고 천여명이 넘게 대면 예배를 강행함으로써 사회적 비난을 받기도 하였다. 비대면 예배로 진행할 경우에 특히 소규모 교회에 많은 어려움이 있기 때문에 대면 예배를 강조하는 목사들이 있지만, 국내 많은 영역에서 정부의 사회적 격리 지침에 순응하여 영업을 제한하는 분위기에 비추어서 생각하는 많은 비기독교인들은 정부의 방침에 반하여 대면 예배를 강행하는 개신교 목사와 교회에 부정적인 시각을 거두지 않고 있다.

이와 연관하여, 개신교 내에서는 다수의 교회들이 이전처럼 전통적인 대면 예배로 돌아가기를 희망하고 있다. 교회의 관점에서는 비대면 온라인 예배가 대체할 수 없는 많은 장점과 의미들이 대면 예배에 내재되어 있기 때문이다. 하지만, 코로나바이러스 상황이 종식되지 않을 가능성이 있고 기술의 진보로 인하여 가상현실 예배가 가능해질 수 있다면, 개신교회에서 온라인 예배에 대한 신학적 재정의와 선교적 관심을 더욱 가져야할 수도 있다. 특별히, 코로나 이전에도 일상에서 예배의 생활화를 말해온 개신교에서, 사회적 거리두기가 전통적 예배나 교회를 파괴하기 위한 것이 아니라 나와 이웃을 살리는 참사랑의 실천으로 이해될 수 있다면 대안으로서의 비대면 예배의 의미 역시 재해석될 수 있을 것이다. 뿐만 아니라, 성서적으로도 전염병의 상황에서 격리는 공동체를 보호하고 거룩함을 유지하기 위한 수단이었기에 코로나바이러스 시대의 사회적 격리와 이에 따른 비대면 예배는 성서의 정신과 삶에 위배되지 않을 것이다.

코로나 위기와 대응 방안

우리가 경험하고 있는 코로나 팬데믹은 전례없이 빠른 전파 속도와 치명률로 인하여 전 세계적으로 약 1억명 이상의 확진자와 수백만명의 사망자를 발생시킬 것이며, 빠른 변종들의 끊임없는 등장으로 인하여 우리 주위에서 사라질 가능성도 높지 않음을 살펴보았다. 우리 주위에서 항존하게 될 코로나바이러스로 인한 불안과 죽음의 공포를 통해, 우리는 많은 사회경제적 혼란과 위기를 경험하고 있다. 하지만, 낯선 코로나 팬데믹 시대에 우리가 경험하고 있는 앞에서 거론한 많은 문제들은 새로운 것이라기보다 기존에 잘 드러나보이지 않던 개인적 사회적 문제가 위기의 순간에 더욱 부각된 것이다. 즉, 코로나 팬데믹 시대는 기존의 우리 사회가 지니고 있던 문제들이 무엇이었으며, 앞으로 무엇을 고쳐나가야하는지를 보다 명확히 보여주고 있다.

자크 아탈리는 이를 "이기주의적 생존경제에서 이타주의적 생명경제로의 전환"이라고 표현하였다. 이번 팬데믹의 위기가 종식되면 많은 사람들은 이전의 삶으로 되돌아가려 할 것이고, 자본은 예전처럼 노동자를 착취하고 생명을 중시하지 않게 될 것이다. 하지만, 팬데믹은 "우리에게 모든 생명을 이어주는 상호의존성"을 가르쳐주고 있으며, 이제는 사회나 기업이 이전과는 다른 방식으로 개인과 직원들과의 관계를 설정해야만 전염병의 확산을 막을 수 있음을 보여주었다.[175] 그에게 있어 생명경제란 "어떤 방식으로든, 가까이에서든 멀리에서든 우리 모두를 더 잘살게 해주기, 우리의 삶을 더 낫게 만들어 주기를 임무로 삼는 모든 기업을 다 포괄"하는 것으로서, 서로가 서로에게 연계되어 있으며 민주주의의 토대속에서만 지속성을 기대할 수 있다는 것을 알려준다.[176] 그는 현재의 팬

175) 아탈리, 『생명경제로의 전환』, 192-93.
176) Ibid., 242-43.

데믹이 지나간다해도 환경재앙과 기후온난화로 인하여 또다른 팬데믹이 발생할 것을 거의 확신하면서, 현재 코로나 팬데믹에서 대다수의 세계 국가들이 보여주었던 "방임형 민주주의에서 전투적 민주주의로 전환"해야 한다고 주장하였다.[177] 전투적 민주주의란 생명경제에 우선권을 주기 위하여 "민주적인 전시경제 체제로 전환"하는 민주주의라 이해할 수 있는데, 이를 위하여는 대표성을 지닌 민주국가의 선출직이, 생명을 보호하는 생명경제를 추구하며, 현재의 위기에 겸손하게 질문하고 고민하고 토론하며, 공정하게 사회정의의 필요성을 인정하고, 민주적으로, 미래 세대의 이익을 고려하는 원칙들을 실천해야 한다.[178]

슬라보예 지젝 역시 코로나 팬데믹이 금새 물러갈 것이라는 환상을 버려야 한다고 주장한다. 우리의 바램과는 달리 코로나 바이러스가 우리 주위에 머물러 있을 것이며, "이번 파동이 물러가더라도 감염병은 새롭고 어쩌면 더 위험한 형태로 재출현할 것"이기 때문이다.[179] 우리의 삶은 어떻게든지 예전의 일상과 유사한 것으로 돌아가겠지만 이전과 동일하지는 않을 것이다. 우리는 이전의 익숙했던 삶을 더 이상 당연하게 여기지 못하고, 늘 위협에 시달리며 살아가는 법을 배워야할 것이며, 이러한 가운데 "우리는 삶을 대하는 태도, 다른 생명체들 가운데서 살아가는 존재로서 우리 실존을 대하는 태도 전부를 바꿔야할 것이다."[180]

지젝이 제안하는 새로운 삶의 태도는 코로나 팬데믹 상황에서 언론의 보도행태처럼 개인의 책임만을 지나치게 강조하는 것이 아니라, "경제적이고 사회적인 시스템 전체를 어떻게 바꿀 것인가"라는 보다 큰 문제에 관한 것으로서, "생태주의 투쟁"과 연관되어 있다.[181] 이것은 야생에서 인간으로 전이되는 전염병이

177) Ibid., 260-83.
178) Ibid., 281-84.
179) 지젝, 『팬데믹 패닉』, 59.
180) Ibid., 100-01.
181) Ibid., 111.

란 결국 경제발전의 대가임을 깨닫고, "인간을 위한 일종의 전 지구적 통합 건강 관리 시스템"을 만드는 것을 넘어 "자연이 통째로 포함"된 시스템으로 나아가는 것이다.[182] 생태주의적 태도는 "우리가 우리보다 더 거대한 집합체 내부에 결박되어 있는 존재라는 사실을 인식"하고, "이러한 공적 존재들의 요구에 좀 더 민감해져야 하며, 자기 이해를 새로운 의미로 정식화하여 그것들이 처한 곤경에 반응"하는 것이다.[183]

사회적, 경제적, 문화적, 자연적 요소들이 복잡하게 얽혀 있는 코로나 팬데믹을 대할 때, 우리는 "하나의 복잡한 집합체에 속한 행위주체들 중 하나"이지만 동시에 "정확히 인간 주체로서만" 우리는 이 집합체를 파악하고 따라서 대응 방식을 선택할 수 있다. 이때, 우리의 "가치와 신념"을 쉽게 무시해서는 안된다.[184]

따라서, 지젝에 따르면, 우리는 코로나 바이러스와 함께 살아갈 방법을 터득해야 하며 새로운 삶의 방식을 재구축해야 하는 상황에 놓였는데, 현실에서는 특정한 파국을 회피하고자 하는 이러한 노력 때문에 그러한 파국이 발생할 수도 있다는 역설적인 상황이 발생할 수도 있다는 문제가 있다.[185] "보수주의적 포퓰리스트들"은 바로 이러한 점을 노려서, 바이러스의 위협을 모르는 것처럼 무시하고 일상으로 돌아가자고 주장하지만 이는 거짓 선동일 뿐이다.[186]

코로나 팬데믹에 대응하는 지젝의 해법은 경제적이거나 과학적인 것이 아닌 명확히 정치적인 것이다. 지젝에 따르면 코로나 팬데믹에는 장기적으로 뚜렷한 출구전략은 없으며, 이 시대에 우리는 이윤 추구라는 경제 논리를 뛰어넘어, "한 사회가 계속 작동하기 위해 자원들을 동원할 능력이라는 측면에서 생각하기 시

182) Ibid., 11-112.
183) Ibid., 138.
184) Ibid., 142.
185) Ibid., 144.
186) Ibid., 147.

작해야 한다. 우리는 이미 충분한 자원들을 보유하고 있으며, 해야 할 일은 그것들을 시장의 논리와 상관없이 직접 배분하는 일이다"라고 주장한다.[187]

또한, 코로나 팬데믹의 위기 상황에서 우리는 더 크게 찾아올 감염병의 위험 뿐만 아니라, 소위 "감시 자본주의"라 불리는 디지털 통제와 레이 커즈와일이 "특이점"이라고 부르는 포스트-휴먼의 차원으로의 진입을 눈앞에 두고 있다. 이를 비판적으로 볼 때, 우리 인간에게는 이러한 감염병과 인간의 개별성 상실 중에 무엇이 더 위험한지 판단하기 어렵다.[188] 이때, 지젝은 우리가 경제적 논리를 넘어 연대와 협력을 통해 자원을 배분함으로써 미래의 팬데믹에 잘 준비할 수 있을 지, 아니면 건강위기에 집중하다가 결국 인간의 존재와 가치를 말살시키는 새로운 야만적 자본주의 시대로 빠져버릴 지, 결국 "우리가 어떤 길을 갈지, 이 선택은 과학이나 의학과 상관없는, 철저하게 정치적인 선택"이라고 주장한다.[189]

한편, 이 두 철학자의 주장과 유사하게 구약성서학자 월터 부르그만은 코로나 팬데믹 시대의 우리의 연대와 사회적 변화를 촉구하지만, 신학적 해석을 바탕으로 새로운 대안에 대한 신학적 정당성을 부여한다. 본 논문은 부르그만의 이러한 신학적 작업을 예언자적 전통과 새창조의 윤리라 부르려 한다. 부르그만에 따르면 구약 성서에서 전염병에 대한 해석은 크게 세 가지로 나뉠 수 있는데, 첫번째 해석 가능성은 "언약의 집행 방식"으로써 율법에 대한 순종에 따르는 축복에 상반되는 불순종에 대한 벌로서 전염병을 이해하는 것이다.[190] 두번째 해석 방식은 하나님이 "그분의 특정한 목적들을 실행하기 위해서 목적의식을 가

187) Ibid., 169-70.
188) Ibid., 179.
189) Ibid., 180-81.
190) 월터 브루그만, 『다시 춤추기 시작할 때까지』, 신지철 역 (서울: IVP, 2020), 22.

지고 권능을 행하심"으로 해석하는 것인데, 이는 출애굽을 위하여 바로가 다스리는 이집트에게 재앙을 내리시는 하나님의 해방 행위에서 잘 나타난다.[191] 세 번째 해석의 가능성은 욥기에서처럼 "어떤 이유나 설명이나 책임도 없이 하나님은 전적으로 자유롭게 그분의 거룩하심을 드러내실 수 있으며, 어떤 목적도 초월하는 것처럼 보인다"는 것이다.[192] 물론, 부르그만은 이러한 세가지 전통적 해석들이 오늘날 코로나 팬데믹에 그리 유용하거나 흥미를 끌지 못하고, 우리들이 현 상황을 극복하기 위하여 과학이나 전문가 또는 정치를 더 필요로 할 것이라 생각한다.[193] 하지만, 그는 코로나 팬데믹 같은 위기의 시기에 하나님의 말씀을 살펴보는 것은, 설교자들이 "이러한 당혹스러움wonderment의 시기에도 활용할 수 있는 놀라운 해석적 원천들"을 얻을 수 있다고 주장한다.[194] 부르그만에 따르면, 당혹스러운 코로나 팬데믹 시기의 결말은 백신과 같은 형태로 올 수도 있지만, 설교자에게 그 시작은 "바로 야웨 하나님을 경외하는 것"이며 그는 "온 세상을 다스리시는 하나님의 통치하나님 나라!를 증언하도록 부름 받았다."[195]

이러한 관점에서 부르그만은 코로나 팬데믹 상황에서도 희망을 발견하려 한다. 코로나 팬데믹은 인간이 만들어낸 사회적 현실과 관련이 있지만, 그렇다고 해서 "이 바이러스가 세계화를 촉진해 온 인간의 오만, 천연자원의 무분별한 남용, 약자들에 대한 착취에 대해 하나님이 되돌려주시는 역풍이라는 식으로 이해해서는 안될 것"이라고 주장한다.[196] 예를 들어, 그리스도의 사역이 십자가의 죽음에 그치지 않고 그 이후의 부활로 이어지듯이, 우리가 신앙인으로서 이해해

191) Ibid., 28.
192) Ibid., 38.
193) Ibid., 48.
194) Ibid., 54.
195) Ibid., 54-55.
196) Ibid., 68.

야 할 코로나 팬데믹의 마지막은 "하나님의 자비"라 상상할 수 있는 것이다.[197] 즉, 신앙인에게 암울한 코로나 팬데믹의 시작은 인간의 죄악이 되겠지만, 그 과정에 있는 우리가 상상해야 할 팬데믹의 끝은 죽음이 아닌 부활, 절망이 아닌 희망, 심판이 아닌 자비가 된다.

부르그만은 이러한 신학적 비전을 설명하기 위하여 예언자 예레미야를 인용하는데, 예레미야는 예루살렘에 임박한 하나님의 심판과 죽음을 예언하지만, 곧 이어 "황무지와 재앙과 황폐함의 장소에서 또다시 축제를 기념하며 즐거워하는 소리가 들릴 것을 기대한다."[198] 이스라엘은 그들이 역사속에서 경험한 "야웨의 헤세드 곧 '한결 같은 사랑'"을 찬양하는데, 브루그만은 이 헤세드를 "견고한 유대감"이라고 번역하였다. 그는 코로나 팬데믹 시대에서 교회가 해야 할 일은 "집요하고 타협하지 않는 희망을 붙드는 것"과 "하나님의 영속적 헤세드견고한 유대감을 증언하는 것"이라고 주장하며, 이러한 증언은 말로 증언하는데 그치지 않고 동시에 행동으로 표현하는 것이다.[199] 이러한 헤세드의 구체적 행동의 예로서는, "두려움의 시기에 진정한 이웃으로 처신하는 것, 모두가 자기 자신에게만 몰두해 있는 시기에 이웃으로서 관대함과 환대를 보이는 것, 남의 것을 빼앗으려는 탐욕에 맞서 이웃을 배려하는 정책들을 펴는 것"이라 주장하며 헤세드에서 나타나는 이웃과의 유대감과 연대의 실천을 강조하였다.[200]

부르그만은 이사야를 인용하며, 코로나 팬데믹이 과학을 신봉하던 세계가 "초월하는 신비에 직면하여 한계를 드러내는 것"을 보고 있으며, 우리의 힘이 위협을 막을 수도 없고, 우리의 부가 안전을 보장해줄 수도 없다는 것을 우리가

197) Ibid., 69.
198) Ibid., 76.
199) Ibid., 80-81.
200) Ibid., 81.

보고 있다고 현 상황을 해석한다.201 이러한 두려움과 불안의 상황에서 우리는 이전에 안주하던 것을 붙잡고 싶어하지만, 예언자적 전승은 오히려 이전 것을 기억하지 말고 새 일을 기대하라고 촉구하고 있다.202 부르그만은 이러한 새 일, 새 창조가, "고뇌와 해산의 고통을 통해 새로움"에 이르는 것처럼, 우리가 코로나 팬데믹의 고통스러운 현실 속에서 부르짖고 탄식함으로써 시작된다고 주장한다.203 그는 새 창조의 도래를 위한 우리의 탄식을 인간의 편에서 숙고해보면, 우리는 현 상황이 인간의 탐욕으로 인한 옛 창조의 실패임을 인정해야 하고 "정의, 자비, 긍휼, 평화, 안전의 새로운 세상으로 이동하기 위해서는 사회 경제적이고 정치적인 관점에서 이전에 누렸던 것을 포기하고 회개하며 내어주고 양보해야 한다"고 주장하였다.204

따라서, 오늘날 우리는 "미래 없는 탄식이 아니라 탄식 없는 미래에 주목"해야 한다. 십자가의 죽음없이 부활을 기대하고, 죽음과 출산의 고통 없이 쉽게 새 것과 생명을 얻을 수 있다는 기대와 확신은 철저한 탄식에 의해 폐기되어야 한다. 브루그만은 탄식을 통한 새 창조를 "돌봄을 위한 새로운 네트워크"라 칭하였는데, "그것은 지배와 착취의 종말, 진리의 통제와 확실성을 독점하는 것에 대한 종말, 석유에 의존하여 누렸던 안락함의 종말을 요구한다."205 브루그만은 "실패한 창조세계를 인정하면서도 탄식하기를 거부하는 부인"과 "탄식 이후에 새로움을 기대하지 않는 절망"을 새창조를 막는 우리의 두 가지 습성이라 비판하며 "인간은 반드시 새 창조를 맞이하기를 희망해야 한다"고 강하게 주장하였

201) Ibid., 125-26.
202) Ibid., 128.
203) Ibid., 131-33.
204) Ibid., 139.
205) Ibid., 143.

다.[206] 하지만, 그가 더욱 강조하고 싶었던 것은 탄식으로서, 오늘날 세대가 과학기술에 기반한 새 창조를 믿고, 고통의 시기를 충분히 기다리려 하지 않는 합리적 낙관주의를 신봉하기 때문이다.[207] 브루그만은 이를 비판하며, "새로움은 그것이 부재할 때 온다. 그래서 신실하고 솔직하며 기대하는 상상력의 역할은 그 부재를 온전히 활용하며 있는 힘껏 탄식하는 것"이라 주장하였다. 공교롭게도, 코로나 팬데믹을 맞이한 한국 사회에서 현재의 사회 경제적 고통에 대한 신음 소리는 들려오지만, 이러한 고통을 초래한 우리의 사회적, 경제적, 정치적, 환경적 착취와 탐욕을 회개하고 포기하고 양보하려는 철저한 탄식은 사회나 교회 속에서 들어볼 수 없었기에, 오늘 이 시점에서 그 필요성이 더욱 부각된다. 새창조를 위한 새 윤리에는 우리의 철저한 탄식이 필요하다.

결론: 새창조는 가능한가?

코로나 팬데믹은 우리에게 불안과 공포를 불러일으키며, 우리들의 일상을 바꾸었다. 전례 없는 감염속도와 높은 치명률은, 물리적인 격리나 사회적 거리두기가 나와 이웃을 살리는 사랑의 행위가 될 수 있다는 역설적 상황을 낳았다. 코로나 팬데믹의 상황은 많은 혼란과 혼동을 초래했고, 그 가운데서 인간으로서 우리가 지닌 한계와 가능성을 더욱 분명하게 드러냈다. 코로나 팬데믹의 한가운데에는 인간과 자연에 대한 인간의 탐욕과 이기심이 자리잡고 있고, 우리가 팬데믹에 적절히 대응하기 위해서는 개인과 사회 체계속에 투영된 탐욕과 이기심을 포기할 수밖에 없다는 것을 깨닫게 되었다. 이는 코로나 팬데믹을 통해 우리

206) Ibid., 145.
207) Ibid., 146.

가 세계속에 얽힌 존재와 생명의 상호의존성을 다시 한번 경험하게 되었기 때문이다. 우리는 이제 코로나 팬데믹을 초래한 기존의 사회 경제적, 정치적, 문화적 체계를 넘어 인간과 자연에 대한 깊은 유대와 연대를 통한 새로운 경제 정치적 체제를 선택해야할 시점에 몰리게 되었다. 신학적으로 이는 브루그만의 용어를 활용하여 진정한 탄식을 기반으로 "헤세드 연대" 또는 "헤세드 네트워크"를 통해 "새 창조"를 기대하며 이를 향해 나아가는 것이라 말할 수 있을 것이다.

하지만, 우리는 코로나 팬데믹이 몰고온 위기의 순간에 과연 진정으로 탄식하려 할 것인가? 우리는 코로나 팬데믹의 한 가운데서 이웃과 자연과 연대하려 할 것인가? 코로나 팬데믹을 통하여, 새창조는 가능할 것인가?

이러한 심각한 질문에 대답을 하기 위하여, 본 논문은 앞에서도 인용했던 조지 버나드 쇼의 말을 인용하며 분위기를 환기시키고자 한다. 쇼의 묘비명에는 이런 말이 적혀 있다고 한다: "우물쭈물하다 내 이럴 줄 알았지." 이 한글 의역은 본래, "I knew if I stayed around long enough, something like this would happen" 라는 문장을 오역했다고 비판받기도 하는데, 풍자적이고 냉소적인 촌철살인으로 유명했던 버나드 쇼의 문체를 고려한다면 그래도 재미있는 의역일 것이다.

이러한 묘비명의 진위 여부나 오역 여부를 떠나서, 현재를 대하는 우리의 태도와 이의 결과로서의 죽음을 말하는 본 문장은 오늘날 코로나 팬데믹 시대에도 많은 시사점을 주고 있다. 즉, 앞뒤의 문장에 생략되고 함축된 단어들around 뒤에 생략된 명사 및 this가 지시하는 함의에 어떤 단어를 넣느냐에 따라서 본 문장은 다양하게 해석될 것이다. 예를 들어, 냉소적주의자들에게 이 문장은 "우리가 탐욕스런 삶을 누리다가, 이렇게 코로나 팬데믹이 올 줄 알고 있었다"라는 말로 활용되거나, 보다 심각한 비판가에게는 "코로나 팬데믹의 위기속에서도 우리가 이전의 탐욕스런 삶에 유지하려 한다면, 결국 죽음이 들이닥칠 줄 알고 있었다"라는 말로 여겨질 수도 있을 것이다.

하지만, 팬데믹 시대에 우리에게 필요한 신앙적 태도는 탐욕스런 우리 삶과 세상에 대한 풍자적이고 냉소적인 비판이 아니라 회개와 구원에 대한 직접적이고 희망적인 확신이다: "우리가 철저한 탄식을 지속한다면, 새창조가 일어날 줄 알고 있었다." 코로나 팬데믹의 불안하고 암울한 위기 속에서도 사회와 교회내에서 코로나 팬데믹을 초래한 탐욕스러운 삶과 체제에 대한 철저한 회개와 탄식의 목소리가 거의 들리지 않는 현실속에서, 불가능하게 보이는 새창조는 우리가 신앙이 주는 상상력을 통한 희망을 선택함으로써 시작되고, 철저한 탄식을 선택함으로써 실행될 수 있을 것이다.

참고문헌

BBCNEWS코리아. "코로나19: 살릴 자와 죽을 자를 결정해야 하는 의사들의 고민." https://www.bbc.com/korean/news-52512510.

브루그만, 월터Brueggemann, Walter. 『다시 춤추기 시작할 때까지』. 신지철 역. 서울: IVP, 2020.

다이아몬드, 제래드Diamond, Jared M.. 『대변동』. 강주헌 역. 파주: 김영사, 2019.

호닉스바움, 마크Honigsbaum, Mark. 『대유행병의 시대』. 제효영 역. 서울: 로크미디어, 2020.

"R&D 웹진 코로나 19 특집호." 식품의약품안전처, http://nifds.go.kr/webzine/08/page01.html.

지젝, 슬라브이Žižek, Slavoj. 『팬데믹 패닉』. 강우성 역. 서울 :: 북하우스, 2020.

바이러스질환연구과. 질병관리청, https://cdc.go.kr/contents.es-?mid=a40509010000.

박형기. ""감기 취급·마스크 무시…만용의 트럼프, 확진" Nyt 신랄한 보도." 머니투데이, https://news.mt.co.kr/mtview.php?no=2020100216168241774.

이재은. "코로나에 석탄 가격도 급락 "올해 수요 8% 감소"." 조선비즈, https://biz.chosun.com/site/data/html_dir/2020/05/05/2020050502259.html.

자크, 아탈리. 『생명경제로의 전환』. 양영란 역. 서울: 한국경제신문사, 2020.

질병관리청. "코로나바이러스감염증-19Covid-19 국내발생현황." 질병관리청, http://ncov.mohw.go.kr/bdBoardList_Real.do?brdId=1&brdGubun=11&ncvContSeq=&contSeq=&board_id=&gubun=.

———. "코로나바이러스감염증-19Covid-19 국외발생현황." 질병관리청, http://ncov.mohw.go.kr/bdBoardList_Real.do?brdId=1&brdGubun=14&ncvContSeq=&contSeq=&board_id=&gubun=.

나 역시 남자가 아니다:

포스트휴먼 시대의 성(性)과 젠더에 대한 성찰[1]

박일준 감리교신학대학

우선 필자는 페미니스트가 아니다. 만일 페미니스트가 여자들만을 위한 용어라면 말이다. 적어도 여성의 권리를 위한 운동이라는 점에서 나는 페미니스트적 주체가 아니며, 될 수도 없다고 생각한다. 필자는 이 글에서 소위 '남성-페미니스트'인 척하고자 하지 않는다. 오히려 필자가 말하고자 하는 요점은 내가 가부장적 사회에서 '남자'가 아닐 수도 있다는 사실을 지적하는 것이다. 무한경쟁과 승자독식의 세계 속에서 '남자'란 곧 '가부장'patriarch의 자리에 있는 사람을 의미한다. 어느 집단이든 조직이든 가부장 혹은 수장the head은 1명이다. 그리고 나머지 사람은 그를 위해 존재한다. 위계적 조직의 본질이다. 가부장적이고 위계적인 사회조직이란 바로 이런 구조를 의미하는 것이다. 이렇게 수직적으로 상하의 위계질서로 오밀조밀하게 짜여진 구조 속에서 99%에 속하는 생물학적 남성들은 사회적 남성이 되도록 요구받는다. 비록 그들 각자는 그 자리에 오르지 못하더라도 말이다. '그래도 넌 남자잖아'라는 말이 이러한 조직 구조 속에서 와닿지 않는다. 누가 더 고통을 많이 당하느냐가 우리 문제의 본질이 아니기 때문이다. 그렇게 좌절당하고 상실당한 '남성'으로서의 정체성을 부둥켜 안고 살아가려면,

1) 본 원고는 2017년 방한한 캐서린 켈러와 장로회신학대학교에서 "신학과 페미니즘의 대화"를 주제로 열린 국제학술대회에서 발표된 원고이다. 이 원고의 내용을 바탕으로 보다 더 진척된 논의가 "소수자로서 여성-되기", 『소수자의 신학』, 한국문화신학회 편 (서울: 동연, 2017), 319-352에 수록되어 있으며, 본 글과 거기에 게재된 글은 본래 한 쌍으로 연결된 글임을 일러둔다.

자신이 여전히 남성의 자리에 있음을 확인하는 도착적 행위들이 발동하기 시작한다. 가부장으로서 좌절당하고 차단당한 자존심이 자신보다 약한 자들, 특별히 가정의 여성들을 향해서 도착적으로 과시되기 시작하는 때, 이 문제는 단지 의식없고 부도덕한 개인의 문제가 아니라 구조의 문제일 수도 있다는 것을 필자는 지적하고자 하는 것이다. 페미니즘은 물론 무엇보다도 여성들을 위한 운동이다. 하지만 필자는 남성들에게도 페미니즘이 필요한 이유를 말하고자 한다. 우리는 모든 우리의 언어가 화이트헤드가 말한 '잘 못 놓여진 구체성의 오류'를 벗어나지 못함을 인식해야 한다. '잘 못 놓여진 구체성의 오류'란 구체적인 것을 추상으로 오해하고, 추상을 실재로 혼동하는 오류를 가리킨다. 즉 '남성'이라는 말은 추상으로서, 생물학적인 남성의 남성다움을 구체적으로 가리킨다기 보다는 우리 사회와 구조가 남성이라는 말로 가리키며 지시하는 어떤 추상적 질서를 나타낸다. 우리는 이 추상적 단어 '남성'이 무한경쟁과 승자독식의 세계 속에서 어떤 기능과 함의를 지니고 있는지 성찰하지 않은채, 그저 넌 남자가 되어야 한다는 사회적 무의식을 주입받는다. 남자란 어떤 존재인가? 이 물음을 삶의 구체성 속에서 답을 찾으려면, 우리는 '남자란 누구인가' 혹은 '남자란 무엇인가'라는 물음에 대한 답을 구하는 과정 속에서 찾으면 안 된다. 왜냐하면 우리의 모든 언어는 이미 구조화되어 있어서, 우리의 말은 이미 언급되지 않은 찰스 테일러가 말하는 '사회적 상상'social imagery 속에서 작동하고 있기 때문이다. 이 경쟁위주의 구조 속에서 남자란 무엇인가를 알기 위해서는 우리는 좌절당한 남성이 자신의 남성다움을 확인하고 과시하는 상대방, 즉 여성이 어떤 위치에 놓여있는지를 보아야 한다. 그래서 어느 영화의 제목처럼, "여자는 남자의 미래이다." 역설적으로 이 가부장적인 소비질서의 환상 속에서 우리는 '여성'을 만나지 못한다. 자본주의적 승자독식의 구조가 여성을 남성들의 환상 속에서 끊임없이 치환하고 있기 때문이다.

비존재로서 여성

라캉의 정신분석에서 여성은 "모두가-아닌"not-All 혹은 "전체가 아닌"not-whole 존재로 표기되고, 그래서 여성이라는 이름 위에 삭제 표시가 표기된다: ~~여성~~. 이 삭제된 여성~~여성~~은 여성의 존재성이 취소되었다는 것 혹은 여성-됨의 상태가 지워졌다는 것을 의미할 것이다. 이 '삭제 표시'는 여기서 특별한 기능을 갖고 있는데, 바로 여성은 무존재non-existent가 아니라 '존재함으로 간주되지 않음'in-existent을 의미하기 때문이다. 여성은 존재하지 않는 것이 아니다. 생생하게 존재한다. 문제는 그렇게 생생하게 구체적으로 존재함에도 불구하고, 가부장적 의식 구조 속에서 마치 존재하지 않는 듯이 간주된다는 말이다. 이렇게 비존재로서 존재하는 여성은 오로지 남성화된 여성—이는 여성이 남성처럼 된다는 말이 아니다—으로서, 보다 정확히 말해서, 남성들의 투사된 이미지 혹은 환상 속에서 존재의 자리를 갖는다는 말이다. 그래서, 바디우 식의 표현을 차용하자면, 여성은 일자로 셈하여지지 않는다. 체제는 언제나 모든 존재를 일자의 존재로 셈한다. 그렇게 셈하여지는 존재만이 존재로 간주되고, 셈하여지지 않는 존재는 그저 다수the multiple로 간주된다. 이 일자의 셈법으로 구성되는 체제 속에서 다수란 명석판명한 존재로 간주될 수 없는 애매하고 위험한 존재를 의미한다. 바로 이렇게 '셈하여지지 않는' 존재의 자리가 바로 '모두가-아닌' 것으로서의 여성의 존재의 자리이다. '모두가-아니'라는 것은 우선 '모두'All라는 것이 기존의 셈하기 구조로부터 일어나는 추상이라는 것을 의미하며, 그렇게 기존 체제의 셈범이 구현하는 추상의 세계 속에 여성이 존재로서 포함되지 않는다는 것을 의미한다.

이 비존재의 자리는 지구촌 자본주의의 체제 구조 속에서 지구 인구의 99%의 자리를 가리키는 말이기도 하다. 1 대 99의 구조가 지금 지구촌 모든 사회경제정치의 구조를 특징지운다는 사실을 확인하기 위해 우리 모두가 피케티의 『21세기 자본론』을 읽어야 할 필요는 없을 것 같다. 우리가 혐오 사회, 증오 사회로 진입하고 있다는 것은 바로 이 "1 대 99"의 구조가 문명적으로 엄청난 부작용을 일으키고 있다는 증거가 되고 있기 때문이다. 여기서 필자는 바로 이 비존재in-existent의 자리를 대표적으로 상징하는 것이 바로 '여성'이라고 주장한다. 바로 그렇기 때문에 소위 '남자'가 여성을 혹은 페미니즘을 알아야 할 이유가 여기에 존재한다. 그것은 비존재로 취급받는 여성들에 대한 동정심 때문이 결코 아니다. 오히려 자신 스스로가 비존재의 자리로 내몰리면서도, 여전히 자기는 사회의 주류를 형성하는 남자라는 허위의 의식 속에서 살아가는 스스로에 대한 진정한 성찰을 수행하기 위해 우리 시대는 남성이 페미니즘을 공부해야 할 것을 요청한다. 바로 이런 맥락에서 들뢰즈는 '여성-되기'becoming-woman를 '동물-되기'와 '기계-되기'와 평행하여 놓았다. 또한 해러웨이는 여성과 동물과 사이보그를 동일한 존재의 반열에 놓고, 이들 간의 연대를 주장하였다.

우리 시대 가부장적 체제는 바로 우리, 즉 생물학적으로 남성으로 태어난 이들에게 '남자답게 살고, 남자답게 행동해야 한다'는 말을 주입한다. 하지만 라캉의 성차 도식이 우리들에게 드러내는 진실은 모든 남자는 이미 거세되었다castrated는 진실이다. 단 한명을 제외하고 말이다. 그 한명의 자리에 이를 수 있는 남자는 없다. 모든 사람이, 부유하든 가난하든 간에, 모두 각자의 상처를 부둥켜 안고 살아가는 속절없는 '패배자'loser라는 사실이 은폐된다. 우리 모두가 거세되었다는 말은 생물학적 남성의 의미가 삭제되었다는 말과 같다. 이것이 바로 라캉의 여성, 즉 '전체가 아닌' 것으로서의 여성이라는 기호가 진정으로 가리켜주는 의미의 지평이다. 당신은 누구인가?

여성은 가부장적 체제 속에서 어떻게 구성되는가?: 남자들의 이야기

여성은 남자들의 세계 속에서 존재being로 존재하는 것이 아니라, 환상fantasy으로서 존재한다. 주로 성적인 환상으로 말이다. 여성에 대한 남자들의 성적 환상은 주로 사춘기 또래 문화 혹은 남자들의 뒷담화 문화 즉 음담패설 문화로부터 유래한다. 뒷담화나 음담패설은 그저 아무 의미가 없는 언설이 아니다. 사실 우리들의 올바르고 정당한 담론보다, 뒷담화나 음담패설이 어쩌면 우리들의 사회적 상상을 구성하는데 더 결정적인지도 모른다. 공적으로 당당하게 배울 수 없는 내용들은 그 뒷담화와 음담패설은 담고 있고, 인류의 진화사에서 사실 이 뒷담화는 스토리-텔링 애니멀story-telling animal인 인간에게 생존의 지혜를 제공하는 원천이었다. 하지만 이 뒷담화는 올바른 것 혹은 정당한 것을 알지 못한다. 생존을 돕기 위한 장치인 만큼, 어떤 식으로든 살아남는 것이 아름답거나 강한 것이라는 생각을 주입한다. 사회적 무의식을 통해서 혹은 사회적 상상을 통해서 말이다.

사춘기 시절 또래남자들에게 남자다운 친구란 누구인가? 학교와 가정이 공식적으로 가르쳐 주지 않는 비밀스런 지식을 소유한 친구이다. 즉 여자와의 성적 행위에 대한 경험이 있는 친구 말이다. 혹은 자신이 학업이나 체력이나 리더십 등이 결여되어 있을 때, 이런 비밀스런 경험적 자산이 자신을 또래들로부터 업신여김을 받지 못하게 하는 구실을 한다. 이 또래문화의 성적 뒷담화 속에서 여자들은 성적으로 대상화되어가고, 지배의 대상이 되어간다. 대부분의 친구들은 순진하고, 그래서 경험이 없으므로, 이런 경험을 가졌다고 말하는 또래들의 뒷담화를 따라간다.

아울러 이 시기 청소년들은 권력에 대한 복종을 배우는 시기이기도 한다. 이 시기의 권력은 바로 인기있거나, 성적 경험을 갖고 있는 또래 친구들이다. 또래들 사이의 인기라는 것은 다소 경쟁적인 구조를 갖고 있어서, 남다른 경험이나 가족적 배경 혹은 실력을 보유함으로서, 또래들로부터 뒤처지지 않으려는 심리가 권력적 구조를 강화한다. 이 또래들의 모임은 또래집단 별로 그렇게 권력화되고 구조화된다. 이 시기에 남자들이 남자다움을 배우는 원천을 토니 포터는 "맨 박스"the Men Box라고 불렀다. 이 맨 박스를 통해 이 시기 사내아이들은 1) 여성은 남자들의 성적 대상이다, 2) 여성은 남성의 소유이거나 전리품이다, 그리고 3) 여성은 남성보다 하등하다는 사회적 명제를 주입받는다. 이러한 성차별적 담론 명제가 이 시기에 이미 작동하고 있다는 것은 이 시기 문화가 무한경쟁과 승자독식 그리고 약육강식의 구조로 형성되고 있다는 것을 의미하며, 물론 이러한 경쟁체제적 구조는 이 시기 또래문화로부터 비롯되는 것이 아니라, 소비자본주의의 극치를 구성하고 있는 21세기 지구촌 자본주의 체제 아래 모든 사회적 구조를 특징짓는 핵심을 십대들의 문화가 스스로 내재화하고 체현하고 있는 것이다.

이 여성비하적 담론들이 공통적으로 가리키는 것은 바로 이런 경쟁체제 속에서 '남자란 무엇인가'의 지평이다. 남자들은 그 누군가의 대상이거나 소유이거나 전리품이 아니며, 따라서 하등할 수 없다는 것 말이다. 이를 속된 말로 '수컷본능'이라고 표현할 수도 있을 것이다. 바로 이 자본주의의 무한경쟁과 승자독식 그리고 약육강식의 구조가 변화되지 않는 한, 또래문화들 속에서 이런 사회적 약자들에 대한 악마화 혹은 비하적 외면abjection이 그치지 않을 것이다. 그리고 '공정한 경쟁'fair competition이라는 환상이 우리 사회가 차별이 극복되고 정의가 실현된 세상이라는 착각을 불러 일으킬 것이다.

다수로서 여성

카라 워커Kara Walker는 음영의 실루엣을 통해 그림을 만드는 예술가인데, 그녀의 그림들은 주로 남북전쟁 이전 미국의 풍경들을 그려주고 있다. 그녀는 이 시기의 흑인들의 삶을 낭만화하거나 악마화지 않고, 그저 있는 그대로의 풍경을 그림 속에 담아내길 원했다. 그녀의 유명한 그림 들 중 〈톰 아저씨의 최후〉라는 그림이 있는데, 이 그림 속에는 한 가지 이해할 수 없는 형상이 담겨있다. 그것은 바로 '뚱뚱한 흑인 유모'의 형상이다. 제목은 뚱뚱한 유모 한 사람의 형상으로 달려 있지만, 그림을 보면, 전혀 하나가 아니다. 오히려 다수the multipe로 구성되어 있고, 이 형상 속에 여성들은 뚱뚱하지도 않다. 그런데 등장하는 형상 속에 여성들은 서로가 서로를 향해 수유를 하고 있다.

가부장적 체제 속에서 여성은 일자the One가 아니라 다수the multiple임을 이미 언급한 바 있다. 사춘기는 라캉의 상징계로 진입하는 시기를 말하는데, 이는 곧 아버지의 시대로 진입하는 것을 말한다. 이 상징계적 경험에서 여성은 남성과 다른 경험을 하게 된다고 라캉은 말한다. 즉 남자 아이는 엄마를 절대적으로 이상화하면서, 상징계적 질서로 진입하는 반면, 여자 아이는 엄마와 유령같은 분신을 구성한다. 즉 여자아이에게 엄마는 절대적 이상으로 다가오지 않으며, 오히려 자기와 다른 타자로

구성되는데, 사춘기 시절 여자아이는 이 타자화된 엄마가 자기 자신의 여성적 정체성과 중첩되고 마는 것이다. 즉 이 시절, 여성과 엄마는 동일한 존재의 다른 말이 아니라, 전혀 다른 존재로 인식되는 것이다.

얽힘은 아무런 관계없는 것들의 긁어모음을 의미하는 것이 아니라, 불가해한 관계성—아인슈타인은 이를 'spooky action'이라 이름하였다—이 그 안에 담겨 있지만, 이를 설명하거나 포착하기는 불가능한 것을 의미한다. 그래서 관계성relationality이 아니라 얽힘entanglement이라는 것이다. 아인슈타인-포돌스키-로젠의 사고 실험은 상대성 이론으로 설명되는 세계 속에서 도저히 설명불가능한 '원거리 작용력'action at a distance을 증명한다. 이를 '양자 얽힘'quantum entanglement 혹은 '양자 중첩'이라고 이름하였다. 말하자면 일자의 체제로 셈하여지는 구조 속에서 다수의 관계는 '얽힘'entanglement로 표기되는 셈이다.

그림으로 되돌아가자. 전체 그림의 제목은 '톰 아저씨의 최후'인데, 그 안에 담겨진 이 '뚱뚱한 흑인 유모'의 형상이 담겨있다. 이는 혹시 톰 아저씨의 최후는 곧 뚱뚱한 흑인 유모라는 뜻으로 읽힐 수 있을까? 워커가 이를 의도했는지는 알 수 없다. 하지만 이는 무한경쟁과 승자독식의 자본주의적 체제 속에서 남자가 궁극적으로 어떤 삶을 영위하게 되는지를 그려주고 있는지도 모른다. 즉 가부장적 체제의 셈하기 속에서 셈하여지지 않는 다수로서 여성이 차별받고 무시당하고 억압당할 때, 그러한 억압과 차별과 무시는 곧 남자라고 스스로를 생각하는 존재들이 살아갈 현재와 미래의 권력구조 자체를 가리키는 형상일 수 있다.

포스트페미니즘으로부터 트랜스페미니즘으로

트랜스페미니즘은 버틀러와 같은 포스트페미니즘 사상가들이 시도했던 여성의 중성화에 대한 의식적 반대로 촉발되었다. 여성이라는 일반 명사가 오히려 가부장적 체제 속에서 남성의 억압논리를 다른 인종과 다른 민족의 여성들에게 그대로 반복하기 때문에 여성의 문제라는 추상적 해방의 논리를 획일적으로 적용해서는 안된다는 말이 곧 여성성feminine은 여자women가 아니라는 말로 표현되었고, 이런 맥락에서 데리다는 자신도 여성feminine이라는 말을 할 수 있었다. 데리다의 제자인 캐서린 말라부Catherine Malabou는 그럼에도 불구하고 우리 시대 가정폭력으로 억압당하는 사람은 여전히 대부분 여성들이라는 현실 인식을 토대로 데리다식의 포스트페미니즘 담론에 이의를 제기한다.

하지만 트랜스페미니즘은 '제2의 물결' 시대의 페미니즘 즉 전적으로 성적인 차이sexual difference에 기반한 페미니즘으로 단순히 복귀하려는 운동은 아니다. 크리스핀Crispin은 최근 저서 『나는 페미니스트가 아니다: 페미니즘 선언』2017이라는 모순된 제목의 책을 출판했는데, 우리 시대 페미니즘 운동이 본래의 정신, 즉 사회의 구조에 대한 근본적인 변화를 목표로 하기 보다는 특정의 일탈적 개인을 징벌하는데 전념함으로써, 다시금 가부장제의 구조에 이중구속되고 있다고 고발한다. 예를 들어, 우리나라도 생물학적 여성이 대통령이 되었다가 탄핵되었다. 생물학적 여성이 기업의 CEO가 많이 되고, 사회의 지도층을 구성하는 자리에 생물학적 여성이 많이 배치된다고 해서, 페미니즘이 목표로 한 세계, 즉 차별과 억압이 극복된 세계가 도래하는 것은 아니라는 말이다.

오히려 그런 양적인 목표를 전면에 내세우면서, 자칭 페미니즘 열풍은 가부장적 구조의 근원적 동력, 즉 무한경쟁과 승자독식 그리고 약육강식의 논리를 그대로 반복할 위험성을 갖는다는 것이다. 성공한 여성들을 역할 모델로 삼는 페미니즘 운동은 일자의 체제 속에서 셈하여지지 않는 다수를 위한 운동이 되지 못하고, 역으로 가부장적 체제를 정당화하는 논리가 될 위험성을 갖는다는 점을 비판적으로 지적하고 있는 것이다. 그러면서 페미니즘 운동의 진정한 아름다움 즉 상호의존성과 얽힘의 급진성을 희석시킨다는 비판이다. 그러면서 크리스핀은 "여성들이 대면하는 현실적 장애물들과 불평등은 대부분 오로지 가난한 사람들만이 겪어야 하는 장애물들이다—중산층 혹은 그 이상의 계층에 속한 여성들은 자본주의적 체제 속에서 권력과 평등에 대한 접근 권리를 구매할 수 있다"는 사실을 지적한다. 즉 페미니즘이 극복해야 하는 진정한 적은 남자/여자의 이분법이 만들어내는 추상적 남성이 아니라, 애초에 이러한 이분법을 구조화하고, 사회의 모순을 남성이라는 추상적 명사 속에 투사하도록 만드는 자본주의적 구조라는 것이다.

> 만일 우리가 보다 나은 세계를 창조하기를 원한다면, 다른 토대들이 필요하다. 가부장제를 구축하는 것과 동일한 토대가 아니라 말이다. 그러나 이는 까탈스런 문제여서 애둘려 말하기 어렵다: 대부분의 여성들은 대부분의 남자들보다 근본적으로 더 낫지 않다.[2]

> 우리는 개인의 문제로 여성혐오를 다루어서는 안전한 세계를 창조할 수 없다. 오히려 우리 문화 전체, 즉 그 문화가 돈에 의해 돌아가고, 비인간성에 보상을 주고, 관계단절과 고립을 독려하며, 거대한 불평등과 고통을 야기하는 문화, 바로 그것이 우리의 적이다. 그리고 바로 그것만이 투쟁할 가치가 있는 적이다.[3]

---

2) Jessa Crispin, *Why I Am Not a Feminist: A Feminist Manifesto* (Brooklyn: Melville House, 2017), 103.
3) Ibid., 105.

트랜스페미니즘은 가부장적이고 위계적이고 경쟁을 위주로 권력을 쟁취하는 일자의 셈하기 체제 속에서 셈하여지지 않는 다수들multiplicities을 종단하며 trans- 다양한 해방의 연대를 실현하자는 운동이며, '여성'은 그 셈하여지지 않는 다수의 대표적인 이름임을 인식하는 운동이다. 켈러는 이 다수의 형상을 얽힘entanglement으로 언어화했고, 이를 들뢰즈의 '접층'the fold과 연결시켰다. 영어에서 이 접층의 어원은 "ply"인데 이는 본래 "열심히 일한다"to work diligently를 말한다. 이는 성공만을 셈의 지표로 삼아 사람들을 과로사회로 몰아가는 자본주의적 경쟁체제 속에서, 진정한 성공은 과정의 성실이지 결코 결과가 아니라는 것을 주장하는 것이다. 우리가 하나님으로부터 올바른 일이라고 소명받은 일을 열심히 하는 데에는 실패가 없다. 왜냐하면 처음부터 성/패가 판단의 기준이 아니기 때문이다. 자신의 성誠을 이루는 것은 하늘의 성聖이지 결코 남성적 탐욕으로서의 성性이 아닌 것이다. 하지만 제2의 성이 철저히 억압당하고 배제당하는 구조 속에서 제1의 성으로 존재할 수 있는 존재도 없다. 왜냐하면 모든 생물학적 남성은 이 억압과 차별의 구조 속에서 이미 거세당했기 때문이다. 하지만 이 구조로부터의 해방은 단순한 남/녀의 이분법만을 가지고서는 불가능하다. 오히려 억압받고 차별받는 다양한 집단들이 서로 소통하고 연대하면서 각자의 접층에서 진정성authenticity 혹은 성스러움divinity를 이루어가는 과정들을 통해서만 진정한 해방이 가능할 것이다.

부록_설교문

종말의 한(恨), 희망의 살림[4]

캐서린 켈러

2017년 10월
향린교회, 서울

성경말씀

오직 여호와를 앙망하는 자는 새 힘을 얻으리니

독수리의 날개 치며 올라감 같을 것이요

달음박질하여도 곤비치 아니하겠고

걸어가도 피곤치 아니하리로다 사 40:31.

또 저가 수정 같이 맑은 생명수의 강을 내게 보이니 하나님과 및 어린 양의 보좌로부터 나서 길 가운데로 흐르더라. 강 좌우에 생명나무가 있어 열두 가지 실과를 맺히되 달마다 그 실과를 맺히고 그 나무 잎사귀들은 만국을 소성하기 위하여 있더라 계 22:1-2.

---

4) 본 설교문은 2017년 10월29일 향린교회 주일설교에서 행한 원고를 본서의 취지와 목적에 맞게 수정한 것임을 일러둔다.

여러분과 함께 있음으로 인해 느끼는 기쁨과 감사—살림salim—를 함께 나누고 싶습니다. 나는 옛 제자이자 지금은 미국대학에서 교수를 역임하는 지아 소피아 오Jea Sophia Oh 박사의 첫 번째 책『탈식민지 생명 신학』에서 살림에 대해 배웠습니다. 그녀는 지구적 생태환경 위기에 다루면서 우리가 그것에 대응할 수 있도록 도와주는 신선한 신학적 목소리를 제시하고 있습니다. 예를 들어, 과정 신학은 우주의 모든 생명이 우리 각자 안에서 서로 연결되어 있다고 봅니다. 여성신학은 하나님의 형상으로 창조된 남자와 여자의 새로운 연대를 요청합니다. 한국[민중]신학은 살림이 한국의 생태적 살림 운동으로 흘러 들어가기를 꿈꿉니다. 그녀는 살림을 모든 생명과 행위를 살리는 것으로 이해합니다. 그래서 나는 여러분의 모든 특별한 삶이 지닌 다양한 은사를 느낍니다—이 살림을 통해 여러분은 세상을 살[릴] 것입니다.

그러나 그와 동시에 나는 여러분 가운데 있으면서, 어떤 한恨을 느낍니다. 나는 한국계 미국 신학자 앤드류 박Andrew Sang Park으로부터 한을 배웠습니다. 나는 여러분이 광기어린 핵 대화를 보면서 느낄 수 있는 한을 상상할 수 있습니다. 나는 내가 미국인이라는 것을 미국에서보다 여기에서 더 잘 인식하게 되고, 이것이 그 자체로 한을 가져옵니다: 나는 북한의 무모하고 위험한 선동에 대한 미국 대통령의 위험하고 무모한 접근 방식 때문에 부끄럽고 화가 납니다.

그래서 오늘 "민족들의 치유"healing of nations라는 성경 말씀을 묵상하려고 합니다. 대국인 나의 조국 미국은 병들었습니다. 여러분의 작은 이웃 국가 북한도 역시 병들었습니다. 하지만 여러분은 한 민족으로서 촛불 시위들의 살림을 통해 깊은 치유를 경험했습니다. 그 치유 효과 때문에 이 촛불시위는 세계를 위한 희망의 징표를 대변합니다. 촛불 시위는 희망을 실천하는 방법을 가르쳐줍니다. 그러나 희망은 종말과 무슨 관계가 있을까요? 요한계시록은 세상의 종말에 관한 책이 아닌가요? 요한계시록은 만약 세상이 핵전쟁으로 곧 멸망하지 않는다면, 곧 수세대 안에 지구온난화로 끝장날 것이라고 생각하도록 만들지 않나요?

어느 쪽이든 우리는 종말론적으로 너무 과열된 것처럼 보입니다!

지난 주 나는 유례없는 북캘리포니아 화재 현장에 있었던 한 학생의 안부를 확인했습니다. 그는 무사했습니다. 하지만 산불, 가뭄, 홍수, 허리케인을 이전보다 자주 발생시키는 기후는 결코 그렇지 않습니다. 형제자매 여러분, 저는 지금 세상의 종말을 말하고 있는 것이 아닙니다.

오늘 설교는 단지 한 편의 설교이고 여러분이 아주 많은 설교를 듣고 있다는 걸 알고 있습니다! 여러분은 제가 말한 내용 대부분을 잊어버릴 것입니다. 하지만 이것만은 잊지 마시기 바랍니다. 성서에 묘사된 종말은 세상의 종말에 관한 것이 아니라는 것입니다. 훌륭한 성서학자들은 모두 여러분에게 이렇게 말할 것입니다—성경 어디에도 "세상의 종말"이라는 문자적 표현은 없습니다. 성서에는 인간의 불의와 광기 때문에 초래된 대재앙들에 대한 경고가 있습니다. 바울이 우리 세계의 도식, 즉 세계의 질서라고 부르는 것의 종말이 있습니다. 그러나 예언자들은 마지막 파멸과 뒤이어 초자연적인 사후 구원이 이루어질 것이라고 가르치지 않습니다. 아닙니다. 예언자들은 생명을 살리는 정직한 희망을 가르칩니다. 살림의 희망 말입니다.

그래서 요한계시록은 —온갖 상징적인 대재앙 이후— "민족들의 치유"로 끝납니다. 민족들, 즉 복수의 국가입니다. 단 하나의 신정국가가 아니라 우리가 익숙한 민족들의 다수성multiplicity입니다. 이것은 "바벨론의 매춘부"the whore of Babylon라고 불리는 하나의 거대한 바벨 제국이 붕괴된 후에 나타납니다. 이것은 유감스러운 은유입니다—세계의 악에 대한 이미지로서 여성성을 이용하는 여성혐오에 대해 많은 글들이 발표되어 왔습니다. 그렇습니다. 그 당시는 혹독한 가부장적 시대였습니다. 하지만 거대한 매춘부great whore가 상징하는 것을 놓치지 말아야 합니다: 바로 이것저것 가리지 않는 탐욕스러운 세계 경제 말입니다—성서에서는 사치품, 특히 포도주, 감람유, 자색 염료, 노예를 거래하는 세계 무역선의 선장들로 묘사됩니다. 이것은 머리가 일곱 개 달린 짐승과 연결됩니다. 이 짐승은 사도 요한 시대의 억압적인 로마제국을 상징합니다. 우리 시대의 로마국가는 어느 나라일 것 같습니까?

나는 밧모섬의 요한이 나의 조국 미국의 제국주의적 야수성이나 세계를 집어삼키고 있는 세계 자본주의의 탐욕을 예견했다고 말하려는 것이 아닙니다. 나는 요한이 2천년 후의 미래를 예언했다고 말하는 것이 아닙니다. 예언자적 비전은 사실을 예측하는 것과는 다릅니다.

요한은 악에 대하여 경고하는 예언자적 비전의 전통을 잇는 사람이었음을 나는 말하고자 하는 것입니다. 즉 권력과 부를 둘러싼 국제적인 체계적 폭력에 의해 야기된 악, 다시 말해서, 죽임이라는 악을 경고하고 있었다는 것입니다. 종말apocalypse은 본래적으로 이런 의미를 갖고 있습니다: 그리스 어에서 종말은 베일을 벗는 것unveiling, 즉 폭로 혹은 감추인 것의 드러남dis/closure을 의미합니다. '죽임'이 베일을 벗고, 그것이 무엇인지를 드러내는 것—그래서 '살림'이 번성해 나갈 수 있도록 하는 것입니다. 감추인 것의 드러남dis/closure은 폐지closure가 아닙니다! 그것은 새로운 길들의 열림, 즉 함께 존재함의 길들을 열어 나가는 것을 의미합니다.

나는 기독교 근본주의 맥락에서 설교를 하고 있지 않기 때문에 여러분에게 이렇게 말할 수 있습니다. 여러분은 성서의 상징적 이야기를 시대적 맥락에 맞게, 즉 고대 근동이라는 시대적 맥락에 맞게, 그리고 더 나아가 여러분의 현 시대적 상황 즉 동아시아의 급변하는 상황에 맞게 해석하도록 교육받았을 것입니다.

그러나 어떤 분들은 만일 우리가 기독교인이고 하나님이 세상의 모든 일을 주관하신다는 것을 믿는다면 하나님의 뜻과 다른 어떤 일도 일어나지 않을 것이라고 여전히 생각할 것입니다. 그렇다면 미국 대통령이 또 다른 전쟁을 시작한다면, 또는 우리가 지구를 살릴 수 있을 정도로 탄소 배출가스를 줄이지 않는다면 그것은 어떤 식으로든 하나님의 책임이라는 뜻입니다.

하나님이 세상에서 벌어진 일을 야기하지 않는다는 우리의 해석 전통을 설명하는 또 다른 방법이 있습니다—하나님이 세상을 부르신다. 하나님은 독재자가 아니며, 사건을 지시dictate하지 않습니다. 영어 단어 'dictate'의 또 다른 의미에서 하나님은 성경의 문자적 단어를 그대로 받아 적도록 말을 불러주시지dictate 않습니다. 하나님은 힘이 아니라 사랑이십니다. 예를 들어, 하나님은 우리가 도저히 감당하기 힘든 세월호 참사를 일으키지 않으셨습니다. 여러분은 끔찍한 일들에 대해 신학적 설명을 제시할 필요가 없습니다. 우리가 하나님이라는 이름으로 부르는 존재는 여러분과 함께 그 끔찍한 일들로 고통스러워 하십니다. 하나님은 자발성과 자유로 가득한 세상을 불러 일으켜 오셨습니다. 하나님은 우리가 책임적인 존재가 되도록, 즉 서로에게 응답함으로써 하나님의 부르심에 응답하도록 요청하십니다. 예를 들어, 하나님은 우리에게 세월호의 비극을 일으킨 인간의 타락에 맞서 대대적으로 항거하고, 피해자들의 고통에 대한 자비로운 응답을 하도록 요청하셨습니다.

하나님은 그러한 응답을 독려하셨습니다—하지만 이것은 자유로운 인간의 응답입니다. 더 나아가, 신명기, 복음서, 바울 서신은 이웃, 타인, 심지어 원수까지도 사랑하지 않으면 하나님을 사랑하지 않는 것이라고 말씀합니다. 이것은 우리가 그들을 좋아하거나 동의한다는 뜻이 아닙니다. 그들의 인간성을 인정한다는 뜻입니다. 따라서 나는 대부분의 한국인들이 지금 같은 극단적인 순간에도 북한에 있는 이웃 대부분의 인간성을 인정하는 것으로 알고 있습니다.

나는 하나님이 북핵 위기나 지구적인 기후 위기 또는 다른 모든 위기에서 좋은 결과를 보장하실 것이라고 말하려는 것이 아닙니다. 하나님은 우리의 고난에 함께 고난받으시며, 심지어 거대한 로마제국의 십자가에서 죽임이라는 고난을 받으셨습니다. 뿐만 아니라 하나님은 우리의 기쁨에 기뻐하십니다. 하나님은 권위주의적인 아버지가 아니라 우주적인 사랑의 영이십니다. 하나님은 하나님 자신 안에서 서로 연결된 모든 만물, 즉 인간과 인간 이외의 존재들 모두를 포함하는 피조세계를 그렇게 붙들고 계십니다. 하나님은 우주의 독재자가 아니라 우주적 살림의 살림입니다. 이것은 생명수의 강인 새 예루살렘을 통해 흘러나오는 살림입니다. 새 예루살렘은 위로부터 명령하는 초자연적인 해결책이 아닙니다: 그것은 모든 도시가 사회적 정의와 생태적 살림으로 다시 새로워지는 것을 상징합니다—새로운 뉴욕, 새로운 서울.

이것은 기독교적 희망이 값싼 낙관주의가 아니라는 말입니다. 낙관주의는 자본주의와 서구적 진보 개념이 사용하는 큰 도구입니다—그의 핵심은 결과를 보장한다는 것입니다. 희망은 희망에 담지된 한恨에 정직합니다—사람들의 끔찍한 고난과 종말론적 환상 속에 상징화된 지구의 한에 대해 정직합니다. 희망에는 비탄과 애도의 때가 있습니다. 희망은 열심히 노력합니다. 여러분의 촛불 시위와 트럼프 대통령 취임 후 전세계적으로 벌어진 '우먼스 마치'여성들의 행진처럼 말입니다.

이사야가 희망을 가장 잘 설명하는 것 같습니다.

> 오직 여호와를 앙망하는 자는 새 힘을 얻으리니.

이 말씀은 주님이 전능하신 능력을 사용해 우리의 일을 대신해 주실 것이라는 뜻이 아닙니다. 희망—우리를 위한 하나님의 비전에 우리 자신을 여는 것—은 우리의 힘을 새롭게 합니다. 이 소망은 낙관주의나 확실한 보장이 아니라 살림이 우리 안으로 흘러들어오는 것입니다. 희망은 우리에게 용기를 주고 여러분 각자가 더 온전히 여러분 자신이 되게 합니다. 이 희망을 공유하는 사람들에게 이사야는 이렇게 씁니다.

독수리의 날개 치며 올라감 같을 것이요
달음박질하여도 곤비치 아니하겠고
걸어가도 피곤치 아니하리로다.

나는 달리기를 하지 않지만 이 시를 아주 좋아합니다! 여러분이 하는 모든 일에 치솟아 오르는 독수리 같은 살림이 있기를 기원합니다. 여러분의 특별한 소명에, 여러분의 학문적인 작업에, 여러분의 일상생활에, 여러분의 목회와 공동체에, 독수리같은 살림이 있기를 간구하며, 민족들을 치유하는 한국의 아름다운 푸른 잎들의 나무를 돌보는 여러분의 사역에 동일한 살림의 은혜가 있기를. 그리고 푸른 지구에게도 동일한 은혜가 있기를 간구합니다.

아멘.

편역자 서문

" 얽힌 희망의 타래를 캐서린 켈러와 함께 풀어가기"

박일준 원광대학교

본서 『캐서린 켈러, 얽힌 희망의 타래를 풀어가는 생태신학』은 캐서린 켈러가 그동안 한국을 방문하면서 가졌던 발표들과 강연문들을 엮으면서, 그녀와 더불어 이 기후재난과 생태재난 시대에 함께 '신학하기'를 고민하는 한국 신학자들이 함께 발표했었거나, 켈러와의 공동작업을 통해 진척된 자신의 사유를 전개하는 글을 함께 덧붙였다. 켈러가 여기에 수록한 글들은 다른 저술들이나 발표들에 사용되었던 것들이 섞여 있기도 하지만, 때로 일부 원고는 한국에서 처음 발표한 것도 있고, 혹은 기존의 원고를 한국적 상황에 맞게 수정하면서, 한국 신학과의 대화를 시도하기도 하였다. 그래서 여기에 엮인 켈러의 글들은 내용상으로 다소 그녀의 최근 저작들이나 활동과 겹치기도 하지만, 동시에 한국적 상황을 대입해가며, 그녀만의 '지구정치신학'Political Theology of the Earth를 한국적으로 서술해 나아가는 그녀의 모습을 볼 수 있다. 아울러 다소 학술적 정보와 그녀만의 용어로 무척 응집적으로 서술된 『지구정치신학』이 한국 청중들과의 만남을 위해 보다 쉽게 서술된 글을 볼 수 있다는 재미를 선사한다.

켈러 교수가 '지구정치신학'을 본격적으로 출판하고 전개하는 시기는 미국정치에 도널드 트럼프가 전면으로 등장하여 대통령에 당선되고, 재선에 실패하는 기간을 포괄한다. 기후 위기와 생태 위기에 대응하는 국제정치의 협력과 노력들이 너무나도 절실히 요청되는 시기에 미국정치는 도널드 트럼프의 당선으로 지구의 위기를 더욱 가속화하고 있었던 시기이다. 아주 역사적으로 흥미롭게도 최근 트럼프는 다시 대선 경쟁을 시작했고, 아이오와 코커스에 이어 뉴햄프셔 프라이머리에서도 공화당 대선후보로서 1위를 달리고 있으며, 많은 외신은 바이든 대통령과 트럼프의 재대결에서 트럼프가 당선될 가능성을 높다고 보고 있으며, 이에 대해서 많은 이들이 우려하고 있다. 또다시 모든 노력이 물거품으로 돌아갈 가능성을 상상하면서 말이다.

이러한 상황은 켈러 신학의 중요한 주제 하나를 상기시킨다: '우리는 실패할 것이다. 그러나 절대 포기하지 않는다.' 우리의 실패가 하나님의 실패는 아니기 때문이다. 켈러는 '지구정치신학'의 출판 이래로 이 주제를 절대 포기하지 않는다. 그런데 기후재난과 생태 위기 시대에 우리는 점점 더 많은 절망과 실망으로 가득 차 가고 있지 않은가? 켈러의 신학은 바로 민주주의가 종말을 고하고 있는 바로 이 시대를 배경으로 하고 있다. 오늘날 우리들의 정치는 국내외적으로 전적으로 실패하고 있고, 따라서 민주주의는 실패하여 붕괴하고 있는 것처럼 보인다. 기후변화와 생태 위기를 경고하는 엄중한 목소리들이 수십년 전부터 우렁차게 그리고 점점 더 크게 울려대고 있지만, 현재 국제정치와 국내 정치, 그리고 세계 경제와 국내 경제 모두 이러한 우려들과 목소리들에 아랑곳하지 않은 채, 자본주의적 성장경제를 포기하지 못하고 있다. 우리가 이대로 달려가면 결국 우리가 맞이할 상황은 우리 인간을 포함한 수많은 생물종의 '공멸'임을 예감하고 있으면서 말이다.

여기서 켈러는 이 실패가 결코 '우리'의 실패가 아니라, 세계자본주의global

capitalism의 권력과 체제의 실패라는 사실을 분명히 한다. 십자가 상에서 '하나님, 하나님 어찌하여 나를 버리시나이까'라고 절규하는 예수의 외침은 비단 역사적 예수 개인만이 느끼는 깊은 절망과 허무가 아니었다. 그 누구보다 열심히 자신의 삶을 위해 달려온 청년들이 대학 졸업 후 아르바이트를 전전하며, 취업의 높은 문에 눈물을 흘려야 하는 상황, 평생 개미처럼 성실하고 열심히 살아왔지만, 노년에 빈곤층으로 삶을 연명해야 하는 우리 시대의 수많은 어머니와 아버지, 전쟁과 격변으로 출렁이는 세계 경제의 직격탄을 맞아 대량 해고당해야 하는 수많은 노동자, 달리 살아갈 방법이 없어 영혼까지 빚을 끌어모아 주택시장과 주식과 가상화폐에 투자했다 삶의 나락으로 떨어져 버리고 만 영혼 등. '우리는 하나님으로부터 버림받았다'라는 깊은 절망감, 켈러는 이 절망감을 억누르지 말자고, 외면하지 말자고 제안한다.

그 깊은 절망감 속에서 우리는 '하나님이 우리를 포기하고 버리신 것'이 아니라, 오히려 우리 시대의 체제와 권력이 하나님을 철저히 외면하고 버렸다는 사실을 깨닫게 된다. 이 세계로부터 버림받은 하나님처럼, 우리도 철저히 세계로부터 버림받고 외면받았다. 누가 버림받은 우리와 함께 할 것인가? 이는 세상이 잔인한 무신론의 세계로 전락해 버렸다는 것을 단지 의미하지 않는다. 오히려 하나님을 믿는 사람이나 믿지 않는 사람들이나 모두 잔인한 세계 권력의 네트워크 속에서 깊은 절망과 좌절로 인해 일어나는 분노를 혐오와 증오로 토해내고 있지 않은가? 한국 정치를 증오와 혐오의 정치로 변질시킨 주역이 광화문에서 본회퍼의 말을 인용하며 '하나님 까불지 마'를 감히 외쳐대던 개신교 사이비 전광훈 같은 인물이었고, 그에 수많은 기독교 우파 성향의 교인들이 동조했음을 잊지 말아야 할 것이다. 이 증오와 혐오의 세계는 종말을 고해야 하지 않을까? 그러기 위해서는 우리의 '기독교'가 진정으로 변혁되어야 하지 않을까? 그러한 변혁을 위해서는 지금의 이 세계는 '종말'을 맞이해야 하는지도 모른다.

그런데 켈러는 '아포칼립스'가 세계의 종말을 고하는 사건이라기보다는 오히려 하나님을 저버린 혐오와 증오의 세계에 종말을 고하고, 새로운 세계 즉 새 하늘과 새 땅을 열어갈 가능성을 힘겹게 복잡하게 그리고 피땀을 들여 찾아야 한다고 말하고자 한다. 이는 절망 대신 희망을 품자는 단순한 말을 하고자 함이 아니다. 우리는 하나님을 저버렸고, 예수를 저 버렸다. 우리는 혐오와 증오의 정치에 휘말려, 우리와 정치적 의견이 다른 이들을 우리 또한 혐오하고 증오하며 우리가 답이라는 확신으로 '희망'을 어설프게 포장하려 한다. 하나님과 예수를 저버린 그 '우리'가 스스로 '기독교인'으로 포장하며, 어설픈 진리를 주장하는 현실 속에서 우리가 과연 희망을 말할 수 있을 것인가? 지금과는 다른 세상을 향한 가능성을 말할 수 있을 것인가?

우리의 희망은 존재란 '얽힘'entanglement이란 사실로부터 시작한다. 다양한 차이들이 얽혀있는 현실, 그 급진적 차이들을 가로지르는 연대의 가능성을 켈러는 페미니즘의 연대로서 '트랜스 페미니즘'transfeminism으로 제안한다. '트랜스-'trans-라는 접두어는 '가로지르다' 혹은 '이동한다'는 뜻이다. 여성참정권 운동으로 촉발된 페미니즘은 여성의 권리를 위한 운동으로 시작되었지만, 이내 '여성'이라는 포괄적인 단어 속에 담지 된 무수한 차이들을 발견하게 되고, 이내 이것들이 갈등으로 이어지기도 하였다. 흑인 여성들이 '여성주의'feminism란 우산 속에 자신들의 상황과 처지가 반영되지 못하고 있음을 지적하며, 우머니즘womanism 운동을 전개하였고, 유럽 자본주의에 여전히 종속된 경제 식민주의 상황에서 살아가는 라틴 아메리카 여성들의 목소리를 반영하기 위해 '무에리스타 신학'mujerista theology 운동이 전개되었고, 인도의 탈식민지 상황을 반영하기 위한 '탈식민지 신학'postcolonial theology 운동에 아시아와 아프리카의 여성운동들이 동참하면서, 여러 다양한 여성운동들이 전개되었다. 이 대안적 여성운동들의 공통점은 '페미니즘'이 미국이나 유럽의 중산층 백인 여성을 위한 권리 운동의 한계를 안고 있다는 사실을 지적하는 것이다. 그를 통해 이 대안적 운동들은 '여성운동'의 핵심이 기존 사회체제 아래에서 엄연한 인간이지만 그런데도 전혀 인간으로 취급받지 못하는 존재가 되어야 했던 이들을 위한 운동으로 방향성을 재정립하는 것이다. 즉 여성을 위한 운동에서 모두를 위한 운동의 방향성 전환 말이다. 억압과 차별로부터 모두를 해방하는 운동은 생각보다 쉽지 않다. 왜냐하면 우리들의 상황과 처지가 언제나 얽히고 맞물려 있기 때문이다. 한국에서 페미니즘 논쟁이 봉착하고 있는 난관도 바로 이 얽힘의 상황이다. 여성들의 권리와 해방을 찾기 위한 운동이 의도치 않게 다른 억압된 주변부의 존재들을 차별하는 상황으로 이어질 때, 갈등과 분열이 일어날 수밖에 없다. 켈러가 주창하는 트랜스 페미니즘은 그렇기에 '모두의 해방'을 이야기할 때, 그 '모두'를 획일적으로 단순하게 정의하는 오류를 이제는 진지하게 성찰해야 할 때임을 강조하는 것이다.

이제 기후변화와 생태 위기는 우리에게 '모두를 위한 해방'이라는 구호 속에서 그 '우리'가 누구를 가리키는지를 보다 더 치열하게 성찰하도록 만들고 있다. 백인 중산층 여성뿐만이 아니라, 유색인종의 여성들과 경제 식민지의 여성들, 그리고 세계 자본주의라는 신제국주의하에서 자본 식민지의 여성들을 넘어, 거기에서 억압받는 주변부의 사람들을 포괄하는 데까지 나아가는 것으로는 우리가 지금 당면한 기후변화와 생태 위기를 극복하는 것은 충분치 않은 것으로 보이기 때문이다. 이미 생태여성주의ecofeminism의 운동들이 여성과 자연에 가하여지는 억압의 논리가 제국주의 체제의 같은 논리임을 오랫동안 주창하여 온 바가 있지만, '여성'이라는 이름이 그 이름 하의 다양한 여성적 존재들을 획일적으로 묶어버리면서 다양한 억압과 차별의 상황을 간과하게 만드는 효과가 있었듯이,

'자연'이라는 이름도 그 이름 하의 다양한 존재들이 처한 억압과 차별의 상황들을 그저 '자연'이라는 이름으로 획일화시키고 단순화시키는 위험이 있음을 기후변화와 생태 위기 시대에 점차 더 명확하게 인식하게 된다. '포스트휴먼 신학'이라는 용어가 점차 확산하고 있지만, 그 '포스트휴먼'의 지칭 범위가 동물 유기체에 한정되는 것도 이와 비슷한 사례라 여겨진다. 오늘날 우리가 처한 기후변화와 생태 위기의 상황 속에서 '비인간' 존재들의 무수한 사례들이 함께 공존하고 있는데, 여기에는 식물 유기체뿐만 아니라 동식물로 분류되기 어려운 균류와 곰팡이류 및 박테리아와 바이러스 같은 존재들과 함께 얽혀있고, 우리는 이미 팬데믹을 통해 이러한 사례를 아주 뼛속 깊이 생생하게 체험한 바 있다. 더 나아가, 티모시 모튼Timothy Morton은 기후 시스템, 해류 시스템, 대기 시스템 등의 지구 시스템들은 생물학적으로 전혀 유기체가 아니지만 존재들의 행위 주체성들에 응답하여, 행위 주체성을 발휘하는 역량을 갖추고 있으며, 우리는 이를 '기후변화를 통해 기후 위기'로 지금 경험하는 중이다.

켈러의 『지구정치신학』은 이상의 인식을 한국 신학자들에게 전해주는 데 매우 중요한 역할을 하였다. 생태신학 담론은 이미 1990년대 초부터 한국 신학자들에게 회람되었지만, 우리들의 생태운동은 주로 생명 담론 혹은 유기체 담론에 머물고 있었다. 그때 당시 우리가 세계적으로 인식하는 생태 위기의 담론이 그 정도 수준이었다. 하지만 이후 여러 과학분야의 발전에 따라, 우리는 이 지구적 위기가 간여하는 '얽힘'entanglement이 생명으로 획일적으로 지시되는 유기체 수준을 넘는다는 것, 그래서 '비인간'nonhuman이라는 말로 지시되는 대상이 동물 유기체와 식물 유기체를 넘어, 비유기체적 존재들과 물질적 존재들까지 포괄하게 된다는 사실을, 적어도 신학계에서는, 켈러의 책을 소개받아 읽는 과정에서 인식하게 되었고, 그에 따라 뜻을 같이하는 한국 신학자들은 이미 이러한 인식을 『생태사물신학: 팬데믹 이후 급변하는 생태신학』서울: 대한기독교서회, 2022이라는 제목으로 엮어 출판한 바 있다.

특별히 켈러의 '지구정치신학' 제안이 각별한 이유는 기후변화와 생태위기와 연관하여, 우리 정치를 이분화시키고 있는 진보/보수의 담론이 모두 '이중구속'double bind된 상황을 지적하고 있기 때문이다. 극단적 우익 담론은 여전히 근대 자본주의의 자유주의적 이상을 따라, 공정한 경쟁을 통한 경제발전이라는 철 지난 패러다임에 매여, 기후변화와 생태 위기가 가져올 충격과 의미를 외면하고, 부인하고, 희석하기에 바쁘다. 반면 진보 담론은 생태 위기를 '생명'이라는 획일적이고 단순한 담론에 담아, 티모시 모튼이 지적하는—예를 들어, 기후 시스템과, 대기 시스템 및 해류 시스템과 빙하 시스템 등—'초객체들'hyperobjects의 존재를 개념화하고 있지 못하다. 켈러는 이를 우파의 기후 부정론과 좌파의 기후 허무주의라는 말로 압축하여, 양자를 비판한다. 이 부정론과 허무주의 사이에서, 적어도 오늘날 서구에서는, '묵시적 종말론'이 소비되며, 우리가 문명과 삶을 다르게 만들어 나갈 가능성을 희석하는 중이다.

여기서 켈러는 '희망'과 낙관주의optimism을 구별하는 것이 결정적으로 중요하다고 주장한다. 희망은 낙관주의가 아니며, 희망은 우리가 바라는 것들이 이루어진다는 보증은 더더욱 아니다. 오히려 기후재난과 생태재난 시대에 희망은 '수의로 덮인 희망'hope draped in black이거나 '어둠 속의 희망'hope in the dark이다. 희망은 절망과 좌절을 외면하지 않는다. 그 절망과 좌절과 그로 인한 아픔이 우리를 지금과는 다른 세상을 꿈꾸게 만드는 동기가 될 것이며, 그를 통해 우리는 요한계시록의 진정한 비전, 즉 새 하늘과 새 땅의 비전을 우리의 삶과 행위를 통해 물질적으로 구현할 기회를 얻는다.

최근 한국학계는 브루노 라투르, 제인 베넷, 티모시 모튼, 스티븐 샤비로 등 비인간의 행위 주체성을 성찰하는 통찰들이 많이 소개된 현실에서, 켈러의 '지구정치신학'은 그러한 세속 담론들에 의존하지 않고, 우리가 당면한 지구적 현실 문제의 핵심을 포착할 수 있도록 해 주었다는 점에서 의미가 있다.

여기에 실린 한국 신학자들의 켈러의 지구정치신학에 대한 응답들은 매우 제한적이다. 우선 양적으로 그렇다. 여기에 실린 글들은 지난 수년간 캐서린 켈러의 방한 행사들에 함께하면서, 발표하고 생각을 공유한 이들의 몇몇 글들만 실렸다는 점에서 그렇다. 아울러 아직 한국 신학자들 사이에서 '생태-사물-정치-신학'에 대한 통찰들이 널리 공유되고 있지는 못하다는 점에서 그렇다. 하지만, 이미 언급했듯이, 『생태사물신학』2022의 출판은 한국 신학자들의 노력들이 진척되는 과정들을 보여주고 있는 신호이며, 이후 더 진척된 노력들이 계속 이어질 것으로 기대된다. 부록으로 수록된 한국 학자들의 글을 통해 켈러의 지구정치신학에 대한 한국적 응답과 목소리들이 호소력 있고 설득력 있게 다가가기를 기대한다.

본서의 출판이 있기까지 캐서린 켈러와의 공동연구과정을 함께 해 주었던 '인간-기술 공생 네트워크'대표: 김은혜의 동료 학자들에게 깊은 감사를 드리며, 또한 기꺼이 출판을 맡아준 도서출판 대장간의 배용하 대표님에게도 깊은 감사를 드린다. 본서를 통해 지구정치신학과 '생태사물신학'의 아이디어들이 여러분들에게 공유되어, 대안적 문명을 일구어 가는 데 일조할 수 있기를 감히 바라본다.

익산에서 모두를 대신하여 박일준